Karl Christ
Hannibal

GESTALTEN DER ANTIKE

Herausgegeben von
MANFRED CLAUSS

Karl Christ

Hannibal

Wissenschaftliche Buchgesellschaft

Gedruckt auf säurefreiem und alterungsbeständigem Papier
Printed in Germany

Besuchen Sie uns im Internet: www.wbg-darmstadt.de

ISBN 3-534-15414-2

Inhalt

Vorwort zur Reihe

„Gestalten der Antike" – die Biographien dieser Reihe stellen herausragende Frauen und Männer des politischen und kulturellen Lebens jener Epoche vor. Ausschlaggebend für die Auswahl war, dass die Quellenlage es erlaubt, ein individuelles Porträt der jeweiligen Personen zu entwerfen, und sie konzentriert sich daher stärker auf politische Persönlichkeiten. Sie ist gewiss auch subjektiv, und neben den berühmten „großen Gestalten" stehen interessante Personen der Geschichte, deren Namen uns heute vielleicht weniger vertraut sind, deren Biographien aber alle ihren je spezifischen Reiz haben.

Die Biographien zeichnen spannend, klar und informativ ein allgemein verständliches Bild der jeweiligen „Titelfigur". Kontroversen der Forschung werden dem Leser nicht vorenthalten. So geben auch Quellenzitate – Gesetzestexte, Inschriften, Äußerungen antiker Geschichtsschreiber, Briefe – dem Leser Einblick in die „Werkstatt" des Historikers; sie vermitteln zugleich ein facettenreiches Bild der Epoche. Die Darstellungen der Autorinnen und Autoren zeigen die Persönlichkeiten in der Gesellschaft und Kultur ihrer Zeit, die das Leben, die Absichten und Taten der Protagonisten ebenso prägt wie diese selbst die Entwicklungen beeinflussen. Die Lebensbeschreibungen dieser „Gestalten der Antike" machen Geschichte greifbar.

In chronologischer Reihenfolge werden dies sein:

Hatschepsut (1479–1457), von den vielen bedeutenden Königinnen Ägyptens nicht nur die bekannteste, sondern auch die wichtigste, da sie über zwei Jahrzehnte die Politik Ägyptens bestimmt hat;

Ramses II. (1279–1213), der Pharao der Rekorde, was seine lange Lebenszeit wie die nahezu unzähligen Bauvorhaben betrifft;

der spartanische König ***Agesilaos (398–361)***, sein Engagement in Kleinasien, seine Auseinandersetzungen mit Athen und Theben veränderten nachhaltig das Erscheinungsbild Spartas und ganz Griechenlands;

Alexander (356–323), der große Makedonenkönig, dessen Rolle in der Geschichte bis heute eine ungebrochene Faszination ausübt;

Ptolemaios I. (323–282), unter den zahlreichen Nachfolgern Alexanders der fähigste Politiker und interessanteste Staatsgründer;

Hannibal (247–183), einer der begabtesten Militärs der Antike und Angstgegner der Römer; seine Kriege gegen Rom haben Italien mehr geprägt als manch andere Entwicklung der römischen Republik;

Sulla (138–78), von Caesar als politischer Analphabet beschimpft, weil er die Diktatur freiwillig niederlegte, versuchte, in einem eigenständigen Konzept, den römischen Staat zu stabilisieren;

Cicero (106–43), Philosoph, Redner und Politiker, von dem wir durch die große Zahl der überlieferten Schriften und Briefe mehr wissen als von jeder anderen antiken Persönlichkeit; sein Gegenpart,

Caesar (100–44), ein Machtmensch mit politischem Gespür und einer ungeheuren Energie;

Kleopatra (69–30), Geliebte Caesars und Lebensgefährtin Marc Antons, die bekannteste Frauengestalt der Antike, die vor allem in den Darstellungen ihrer Gegner unsterblich wurde;

Herodes (73 v.–4 n. Chr.), der durch rigorose Anpassung an die hellenistische Umwelt die jüdische Monarchie beinahe in den Dimensionen der Davidszeit wiederherstellte, dem seine Härte jedoch letzten Endes den Ruf des „Kindermörders" eintrug;

Augustus (43 v.–14 n. Chr.), der mit unbeugsamer Härte, aber auch großem Geschick das vollendete, was Caesar angestrebt hatte; da er den Bürgerkriegen ein Ende setzte, wurde er für die Zeitgenossen zum Friedenskaiser;

Nero (54–68), der in der Erinnerung der Nachwelt als Brandstifter und Muttermörder disqualifiziert war, auch wenn ihn die zeitgenössischen Dichter als Gott auf Erden feierten;

Hadrian (117–138), einer der eigenwilligsten römischen Kaiser, der nach früheren Expansionen das riesige Römische Reich stabilisieren wollte; seine Regierung war durch den Bar-Kochba-Aufstand ebenso geprägt wie durch seine leidenschaftliche Beziehung zu Antinoos;

Marc Aurel (161–180), der so gerne als Philosoph auf dem Thron bezeichnet wird und doch immer wieder ins Feld ziehen musste, als die ersten Wellen der Völkerwanderung das Römische Reich bedrohten;

Septimius Severus (193–211), der erste „Nordafrikaner" auf dem Thron, aufgeschlossen für orientalische Kulte; er förderte die donauländischen Truppen und unterwarf das Reich zahlreichen Veränderungen;

mit ***Diocletian (284–305)*** lässt man die Spätantike beginnen, die sich vor allem durch konsequente Ausübung der absoluten Monarchie auszeichnet;

Konstantin der Große (306–337), der im Zeichen des Christengottes in die Schlacht zog und siegte, hat den Lauf der Geschichte nachhaltig verändert; dem Christentum war nun der Weg zur Staatsreligion vorgezeichnet;

Athanasius (295–373), unter den großen politischen Bischöfen der Spätantike einer der radikalsten und erfolgreichsten in dem Bemühen, den neuen Glauben im und gegen den Staat durchzusetzen;

Julian (361–363), dessen kurze Regierungszeit vieles von seinen Plänen unvollendet ließ und deshalb die Phantasie der Nachwelt anregte;

Theodosius der Große (379–395), von dem man sagt, er habe mit einer rigorosen Gesetzgebung das Christentum zur Staatsreligion erhoben; er bewegte sich mit Geschick durch eine Welt religiöser Streitigkeiten;

Galla Placidia (390–450), seine Tochter, eine jener spätantiken Herrscherinnen, die nicht länger hinter den Kulissen, sondern auf der politischen Bühne agierten;

Anastasius (491–518), der nicht nur den größten Staatsschatz aller römischen Kaiser hinterließ, sondern durch seine Regierungsmaßnahmen wesentlich zur Langlebigkeit des Oströmischen Reiches beitrug;

Theoderich der Große (474–526), der bedeutendste jener „barbarischen" Heerführer, die das Weströmische Reich beendeten,

und schließlich Kaiser ***Justinian (527–565)***, der zusammen mit Theodora die Größe des alten Imperium Romanum wiederherstellen wollte; die Beschreibung seiner Herrschaft kann insofern einen guten (chronologischen) Abschluss bilden.

Mai 2002 Manfred Clauss

Vorwort des Autors

Auf den ersten Blick ist Hannibals Geschichte eine Geschichte des Hasses. Seine Biographie wurde angeblich von frühester Jugend bis zum Selbstmord, vom oft erwähnten Eid vor dem Vater bis zum Hass der Römer auf den machtlosen Flüchtling von eigenem und fremdem Hass geprägt. Diese primär emotionale Grundlinie ist gewiss nicht falsch, doch sie allein genügt nicht, um Hannibals Persönlichkeit gerecht zu werden. Sie verführt zudem dazu, seine Gestalt zu isolieren, ihn gleichsam nur aus sich selbst heraus begreifen zu wollen, wie dies in nicht wenigen modernen Biographien und Miniaturen der Fall ist.

Für eine auf wissenschaftlicher Grundlage konzipierte Darstellung kommt es dagegen darauf an, Hannibal in seinem historischen, strukturellen und politischen Beziehungsfeld zu sehen. Das heißt, seine Bindungen an seine Familie, die Heerführerdynastie der Barkiden, sind ebenso zu berücksichtigen wie jene an die Traditionen seiner Heimatstadt Karthago. Diese wiederum erzwingen eine Einordnung in die weit gespannte mediterrane 'Kolonisation' der Phöniker.

Die ersten Kapitel des Buches sollen deshalb auch jenen Hintergrund und Rahmen von Hannibals Wirken skizzieren. Eine zweite, einleitende Perspektive hat den großen Punier sodann in die Geschichte der römisch-karthagischen Beziehungen einzuordnen, in eine Geschichte, die nicht nur durch Hass, sondern durch eine lange Phase der Koordination politischer Interessen charakterisiert war.

Obwohl beim folgenden Bericht über Hannibals Handeln dann, gemäß einem neueren Forschungsakzent, auch die politischen Konzeptionen und Ziele Hannibals vermittelt werden, muss – trotz aller modischen und einseitigen, antimilitaristischen Strömungen – auch hier seine militärische Leistung im Mittelpunkt bleiben, so wie dies Jahrhunderte hindurch der Fall gewesen ist. Der Feldherr Hannibal, der Befehlshaber, der an der Spitze seines Heeres Pyrenäen und Alpen durchquerte, und der Sieger von Cannae hat die Menschen auf den verschiedensten geistigen Ebenen stets angezogen. Dieser Faszination soll denn auch der Schlussteil des Werkes gewidmet sein.

Um die Leser an die antiken Zeugnisse heranzuführen und ihnen so die Grundlagen jeder modernen Interpretation zu vermitteln, wurden in den Text bewusst Übersetzungen zentraler Quellen integriert. Eine ähnliche Funktion haben die Auszüge klassischer Geschichtswerke und moderner Thesen. Die Bibliographie am Ende des Bandes nennt die wichtigste, weiterführende Literatur; Spezialstudien, die lediglich für Einzelprobleme wesentlich sind, werden dagegen nur im Anmerkungsteil genannt. Alle

Jahreszahlen, sofern nicht anders vermerkt, beziehen sich auf die Zeit *vor* Christi Geburt.

Die Wurzeln dieses Hannibal-Buches reichen weit zurück. Als sich der Verfasser in den sechziger und siebziger Jahren des vergangenen Jahrhunderts im Rahmen seiner althistorischen Lehr- und Forschungstätigkeit an der Marburger Philipps-Universität schwerpunktmäßig mit den Problemen um Hannibal zu beschäftigen begann, stieß er auf eine ungewöhnlich vielfältige Zersplitterung der einschlägigen Spezialforschung; wissenschaftliche Gesamtdarstellungen bildeten die Ausnahme, sodass es neben eigenen Spezialbeiträgen notwendig und sinnvoll erschien, im Rahmen eines Bandes „Wege der Forschung" einen Gesamtüberblick über die Forschungslage zu geben.

Hier hat sich die Situation inzwischen völlig verändert. In dem großen Handbuch zur „Geschichte der Karthager" von Werner Huß und in der ebenso unentbehrlichen Hannibal-Trilogie von Jakob Seibert sowie in einer ganzen Reihe wertvoller Monographien liegen voll dokumentierte Arbeiten vor, die zugleich ein Nonplusultra an bibliographischen Materialien erschließen. Mehr noch: Für die Autoren dieser monumentalen Werke gilt das Wort, das Y. Le Bohec gegenüber einem von ihnen aussprach: „il écrase le lecteur".

Neben der Wiederaufnahme älterer wissenschaftlicher Beurteilungen, an denen der Verfasser noch immer festhalten kann, und der Fortführung seiner wissenschaftsgeschichtlichen Studien musste hier in erster Linie die Auseinandersetzung mit den genannten großen Darstellungen stehen, die auch dort mit Respekt benutzt wurden, wo sich der Autor mit ihren Wertungen nicht identifizieren konnte. In dem engeren, hier gegebenen Rahmen verbot sich dabei, Kontroversen ausführlich auszubreiten. Die eigene Dokumentation wurde so weit als möglich gestrafft.

Dem Angehörigen einer Generation, die gleichsam noch in Mommsens langem Schatten aufgewachsen ist, mag man es nachsehen, dass er sich auch für dieses Buch, das noch dazu in einem Mommsen-Jahr abgeschlossen wurde, immer wieder an Theodor Mommsen orientierte und ihn – gewiss nicht selten – zu Wort kommen ließ. Vielleicht erweist er ihm so einen späten Tribut.

Es ist das Privileg der Autoren, am Ende ihrer Arbeit den Helfern öffentlich zu danken. Dieser Dank gilt erneut Volker Losemann, ohne dessen Literaturbeschaffung und Informationen das Buch nicht hätte geschrieben werden können. Er gilt jedoch insbesondere dem Herausgeber dieser Reihe, Manfred Clauss, der den Band angeregt und in vorbildlicher Weise betreut hat.

Marburg, im Juni 2003 Karl Christ

I. Handlungsrahmen und Traditionen

Phöniker

Das traditionelle Bild der Phöniker[1] wurde deshalb durch die genuin griechische Vorstellungswelt geprägt, weil für sie weder hinreichende eigene noch karthagische Quellen vorliegen; noch immer dominiert hier die Auswertung archäologischer Zeugnisse. Unter 'Phönikern' wurden von den Griechen in einem engeren Sinne ursprünglich die Einwohner der Stadtstaaten an der östlichen Mittelmeerküste, vor allem im Umfeld von Kanaan bezeichnet, in einem weiteren jedoch sämtliche nichtgriechischen Seeleute und Piraten, aber auch Händler und Handwerker östlicher Provenienz. Im Gegensatz hierzu verstand man im späteren lateinischen Sprachbereich unter den verwandten Begriffen Poeni und punicus die mit den Phönikern eng verbundene, aber zeitlich später anzusetzende Welt der Karthager in ihrem ganzen, weiten Umfang.

Die Grundlagen und Zentren der phönikischen Welt, die sich aus Angehörigen semitischer Gruppen formiert hatte, bildeten die alten, längs der syrischen Küste und jener des Libanon gegründeten Stadtstaaten, wie Sidon, Tyros, Byblos und einige weitere. Für sie alle waren von Anfang an einerseits Vermittlerfunktionen, andererseits die weiten Radien ihrer Aktivitäten charakteristisch. Ihre Kontakte zielten schon früh ebenso nach Ägypten wie ins Zweistromland. Umgekehrt erfolgten wiederholt entschiedene militärische und politische Vorstöße aus den Nachbarräumen der assyrischen, neubabylonischen und neupersischen Reiche: Sidon wurde zum Beispiel im Jahre 677 durch Asarhaddon völlig zerstört.

Voraussetzung für die Akzeptanz der phönikischen Aktivitäten und für deren offensichtlichen Erfolg war die erstaunliche zivilisatorische und vor allem ökonomische Überlegenheit des ostmediterranen Raumes in der Epoche vom 12. bis zum 7. Jahrhundert, der Blütezeit der phönikischen 'Kolonisation'. Sowohl in seinen landwirtschaftlichen als auch handwerklichen und künstlerischen Produktionszweigen, insbesondere in den Sektoren Metallurgie und Kunstkeramik, aber auch in der Architektur und nicht zuletzt in der Nautik wie in der Verfügbarkeit einer differenzierten Schrift war das Gebiet dieser Städte den westlichen Zivilisationen weit überlegen.

Zu Beginn des 1. Jahrtausends besaßen die phönikischen Küstenstädte faktisch ein Monopol in der Herstellung wie im Handel mit Purpur, der dort aus dem Sekret der Murexschnecke gewonnen wurde und in seinen verschiedenen Anwendungsformen einen besonders hohen Gewinn versprach. Den Griechen galten die Phöniker daneben als die Erfinder der Glasherstellung, die in Wirklichkeit die Ägypter waren. Glasherstellung hatte vor allem in Sidon ihren Sitz.

Für den Export bildeten weiterhin insbesondere Gefäße und Kleinkunstwerke oder Geräte der verschiedenen Metallsorten, Elfenbeinschnitzereien und Möbel wesentliche Posten, Gegenstände, die hauptsächlich bei den Führungsschichten der angesteuerten Regionen ihren Absatz fanden. Dazu waren die Städte freilich wiederum auf entsprechende Importe von Rohmaterialien angewiesen, so wie dies Hesekiel in seinem Klagelied auf Tyros bezeugt: *Tharsis (Tyros) hat mit dir seinen Handel gehabt und allerlei Ware: Silber, Eisen, Zinn und Blei auf deine Märkte gebracht.*[2]

Entscheidend für die Blüte und die Absatzmöglichkeiten der verschiedenen phönikischen Produktionssparten blieb die Tatsache, dass jene Städte ihre Produkte nicht nur auf den eigenen lokalen Märkten absetzten, sondern sie dank einer hoch entwickelten Seefahrertradition in den gesamten mittleren und westlichen Mittelmeerraum exportieren konnten. Die Basis hierfür war ein weit gespanntes Netz von Handelskontoren und -stationen, das sich bis zur nordwestafrikanischen Atlantikküste sowie zu den Küstenzonen Südwesteuropas erstreckte (Abb. 1).

Soweit die bisherigen archäologischen Fundanalysen ein Urteil erlauben, waren die Beziehungen der Phöniker zu den griechischen Poleis und Inseln des östlichen Mittelmeeres dagegen nicht sonderlich intensiv. Jedenfalls existierte dort kein kontinuierliches Netz phönikischer Faktoreien. Immerhin will Herodot auf Thasos alte phönikische Goldbergwerke besichtigt haben.[3] In ihrer Bedeutung kaum zu überschätzen ist freilich die Tatsache, dass die Griechen die phönikische Schrift übernahmen und adaptierten, sodass damit das moderne Alphabet letztlich auf jenes von Byblos zurückgeht.

Unvergleichlich stärker waren die nach Westen gerichteten Initiativen, wobei hierfür freilich noch immer zahlreiche chronologische und geographische Fragen ungelöst sind. Eine knappe Übersicht mag wenigstens Radien und wichtigste Ziele der phönikischen Unternehmungen skizzieren: Die frühesten Stützpunkte dürften dabei auf Cypern angelegt worden sein, wo Cithium von Tyros aus – wie später Karthago – als 'Neustadt' gegründet wurde. Es ist bezeichnend, dass schon auf Cypern keine direkte Nutzung der dortigen Bergwerke erfolgte, die Phöniker sich vielmehr mit der Übernahme von Handelsfunktionen begnügten.

In Sizilien war der phönikische Einfluss zunächst ganz auf den Westen der Insel konzentriert. Über die ältesten Verbindungen nach Nordafrika verfügte dabei die 'Spinnereistadt' Motye, deren Webereien auch archäologisch vielfältig dokumentiert sind. Daneben weisen Panormos und Soloeis, aber auch die Inseln Malta und Gaulos frühe phönikische Stationen auf. Ebenso stark waren die Kontakte mit Sardinien, das einen regen Silber- und Bleihandel erlaubte, an den später Karthago anknüpfen konnte. Das an der Südküste gelegene Nora dürfte der früheste phönikische Posten gewesen sein.

Im äußersten Südwesten Spaniens wurden Gades ('das Ummauerte') und Tarschisch (Tartessos) zu den wichtigsten Partnern der Phöniker. Das auf einer kleinen Insel gelegene Gades war nicht nur auf Grund seiner Handelsfunktionen, sondern auch durch seinen bedeutenden Melkarttempel weithin bekannt, durch einen Tempel, dem für die Phöniker des Westens eine zentrale religiöse Stellung zukam.

Die 'Schmelzofenstadt' Tarschisch hat wegen ihres Reichtums wie wegen ihrer kulturellen Blüte die Phantasie der Griechen besonders angeregt. Mit ihren eigenen Handelsschiffen war sie für die Phöniker, vor allem für Tyros, ein gleichrangiger Partner. Obwohl nicht wenige Probleme ihrer Chronologie, Geschichte und ihres Einflussbereichs noch immer offen stehen, dürfte für die Folgezeit jene neuere archäologische These zutreffen, wonach *Tarschisch schließlich die Gesamtheit des Gebietes (hieß), das für die zeitgenössische punische Welt von Interesse war, das heißt das Land südlich des Río Segura und der Sierra Morena.*[4] Deutsche Ausgrabungen an der Costa del Sol haben erwiesen, dass die Phöniker dort spätestens im 8. Jahrhundert tätig waren.

Besonders dicht entwickelte sich das Netz der phönikischen Kontore und Handelsstationen in Nordafrika; einzelne von ihnen wurden im Laufe der Zeit zu bedeutenden Städten. So vor allem Utica, Hippo, Hadrumetum, Tanger und Lixos, doch daneben reihten sich viele Dutzende von Posten zu einer weitausgreifenden Kette von Stützpunkten auf.

Wie das Beispiel von Utica zeigt, sind die dabei anstehenden chronologischen Fragen nur schwer zu klären. Utica soll angeblich 287 Jahre vor Karthago, das heißt im Jahre 1101 gegründet worden sein, ein zeitlicher Ansatz, der meist als zu früh angesehen wird. Als wahrscheinlicher gilt heute eine Fixierung etwa auf die Mitte des 10. Jahrhunderts. Auch die Anlage von Karthago um das Jahr 814 durch die tyrische Königstochter Elissa (Dido), der jüngsten 'Neustadt' von Tyros, gehört ebenfalls in diesen Zusammenhang.

Bei einer Gesamtbeurteilung des skizzierten Prozesses ist zunächst die Struktur der Basis zu berücksichtigen. Obwohl die Phöniker in Sprache, Schrift, religiösen sowie anderen Vorstellungen und Sitten, nicht zuletzt in der Formenwelt des Alltags, über wesentliche Elemente einer gemeinsamen Zivilisation verfügten, kam es zu keinem effizienten politischen Zusammenschluss der verschiedenen Siedlungseinheiten. Stets bildeten die Städte den entscheidenden politischen Organismus. Von ihnen genoss seit dem 12. Jahrhundert zuerst Byblos eine Vorrangstellung; es folgte Sidon,

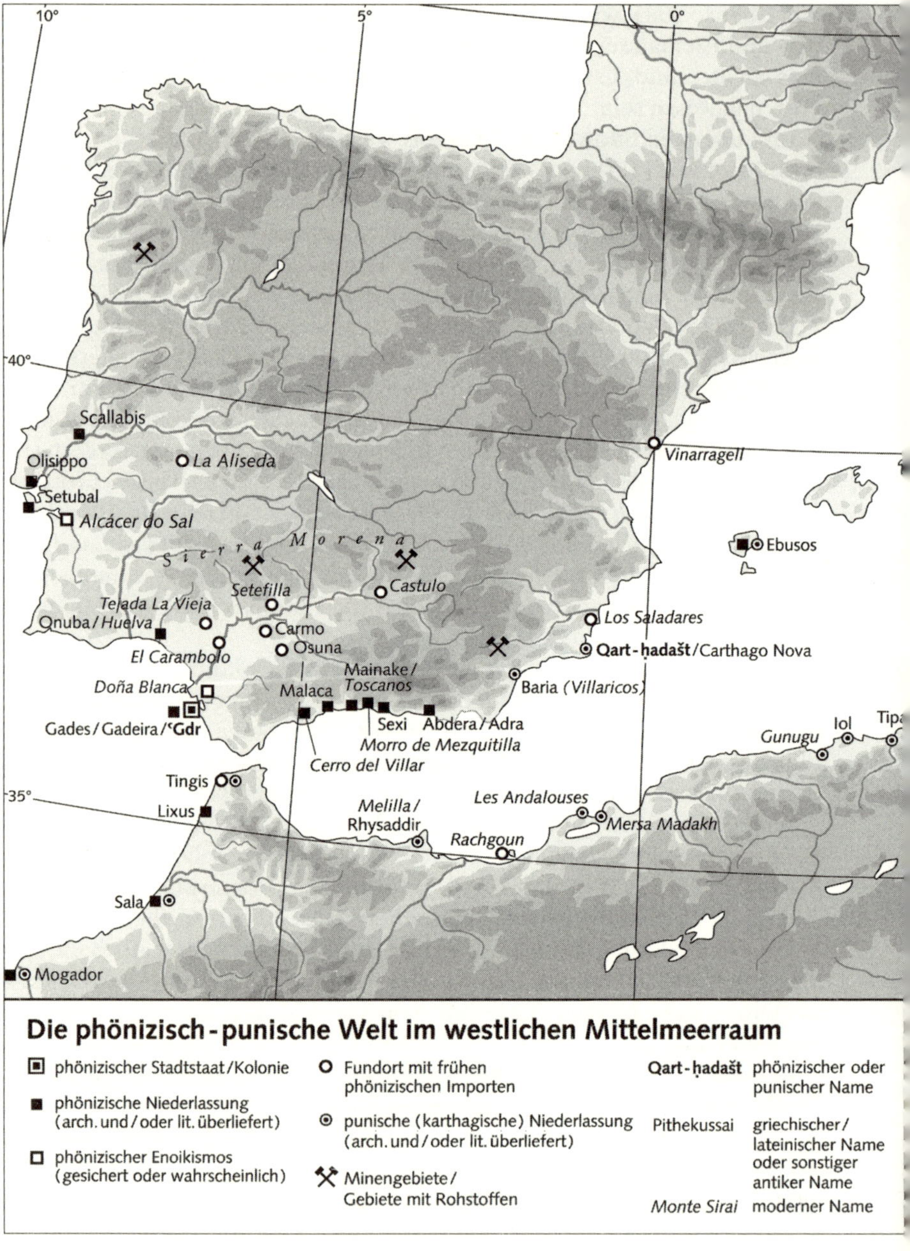

Abb. 1: Die phönizisch-punische Welt im westlichen Mittelmeerraum.

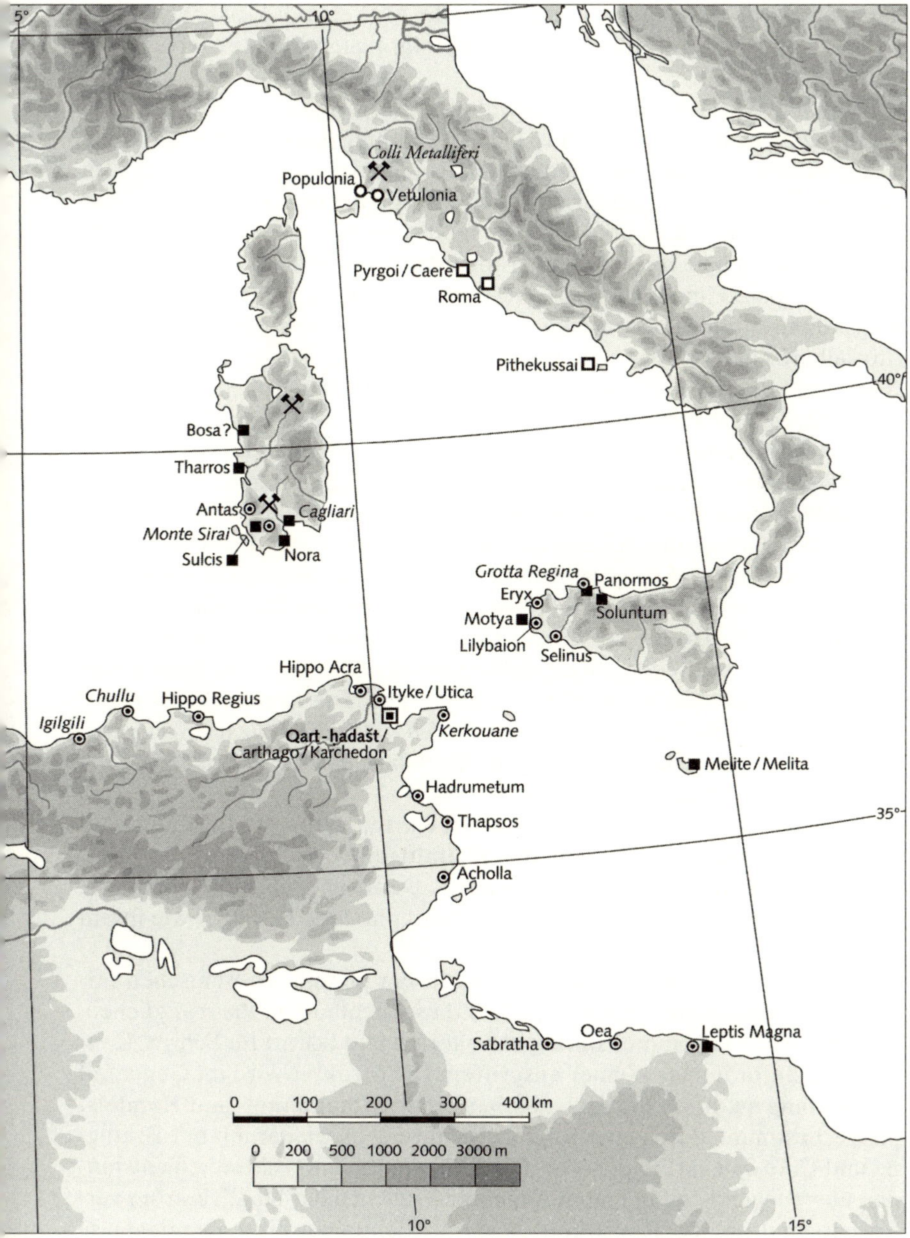
5°
10°
Colli Metalliferi
Populonia
Vetulonia
Pyrgoi / Caere
Roma
Pithekussai
40°
Bosa?
Tharros
Antas
Cagliari
Monte Sirai
Sulcis
Nora
Grotta Regina
Panormos
Eryx
Soluntum
Motya
Lilybaion
Selinus
Hippo Acra
Ityke / Utica
Chullu
Hippo Regius
Igilgili
Qart-hadašt /
Carthago / Karchedon
Kerkouane
Melite / Melita
Hadrumetum
Thapsos
35°
Acholla
Sabratha
Oea
Leptis Magna
0 100 200 300 400 km
0 200 500 1000 2000 3000 m
10°
15°

danach das von Sidon gegründete Tyros, die Mutterstadt Karthagos. Tyros ist von der rasch aufblühenden und erfolgreichen Tochter wiederholt unterstützt worden.

Ein volles Verständnis der geschilderten Vorgänge setzt indessen eine sehr präzise Terminologie voraus. Die Anwendung des Begriffes 'Kolonie' ist dabei nicht weniger problematisch als jene des Begriffes 'Reich'. Im ersten Fall besteht die Gefahr einer Assoziation mit dem griechischen und römischen, nicht zuletzt aber mit dem modernen Koloniebegriff. Doch bei den Phönikern handelte es sich gerade nicht um eine Auswanderung von Einzelnen oder Familien aus übervölkerten Gebieten, nicht um eine Siedlungskolonisation, ebenso wenig um das Bestreben, eine weiträumige Territorialherrschaft oder gar ein 'Reich' zu begründen.

Die Initiativen der Phöniker waren im Gegenteil gerade deswegen erfolgreich, weil sie konsequent von wirtschaftlichen und Handelsinteressen geleitet wurden und keine politischen Aspirationen und Herrschaftsziele verfolgten. Die Führungsschichten des jeweiligen Hinterlandes der Kontore und Stationen profitierten vielmehr selbst von dem ökonomischen Austausch, der zudem ihre gesteigerten Bedürfnisse erfüllte. Über allen Einzelheiten dieses Prozesses ist zudem dessen Rückwirkung auf die Phöniker selbst zu unterstreichen: Er führte zu einer beispiellosen Erweiterung des eigenen Horizontes, zu einem Denken in ganz neuen Dimensionen und Perspektiven. Schon Hegel stellte fest, dass sich hier „ein ganz neues Prinzip" der menschlichen Entwicklung ergab: *Die Untätigkeit hört auf sowie die bloß rohe Tapferkeit, an ihre Stellen treten die Tätigkeit der Industrie und der besonnene Mut, der bei der Kühnheit, die See zu befahren, auch auf die Mittel verständig bedacht ist.*[5]

Gerade in dieser Hinsicht profitierten Karthago wie die Barkiden und somit auch Hannibal selbst von den vielfältigen Fortschritten der Phöniker und den Erfahrungen ihres Handelns, Denkens und Wissens, kurzum von ihrer speziellen Mentalität, ihrem geographischen Horizont wie ihrem Weltbild.

Für das Verständnis der Gesamtstruktur der phönikisch-punischen Initiativen ist schließlich bedeutsam, dass diese nicht einem Prozess glichen, dessen Radien sich immer stärker erweiterten und Schritt für Schritt, Kontor um Kontor immer kühner ausgriffen. Die Struktur wird im Gegenteil von Anfang an durch ihr Ziel, die iberischen Metallminen und Handelsplätze, bestimmt, durch eine Region, die ihrerseits wieder mit der Bretagne und Cornwall verbunden war. Die Stützpunkte und Faktoreien entstanden überwiegend erst in jenem Augenblick, als sich der Handelsstrom verfestigte und als die Konstante dieser Beziehungen eine ausreichende Verankerung des elementaren und existentiell zentralen Seehandelsverkehrs nahe legte. Dabei ist zu berücksichtigen, dass die verfügbaren Schiffe nach modernen Schätzungen in der Regel lediglich eine Tagesstrecke von 30 bis 40 km bewältigen konnten.

So intensiv und weitreichend die Handelsinitiativen der Phöniker waren, ihre Stützpunkte isolierten sich nicht; sie blieben stets Glieder des umfassenden Systems. Nur so ist es zu erklären, dass die einzelnen Basen keine offensive territoriale Expansion betrieben, sondern eine defensive Grundposition wahrten. Innerhalb des Systems gab es zunächst auch keine Emanzipationsbestrebungen. Gerade weil die phönikischen Händler lediglich kleine Vorgebirge und Inseln besetzten, konnte es dank ihrer so effizienten Handelsaktivität zu einer Interessenidentität mit deren Hinterland kommen.

Karthager

Warum und wann im Rahmen der phönikischen Initiativen auch bei Karthago[6] eine Niederlassung tyrischer Seefahrer und Händler gegründet wurde, ist nicht bekannt. Der Vorgang wurde später von Legenden umrankt, die Gründung selbst der tyrischen Königstochter Elissa zugeschrieben. Timaios von Tauromenion nannte das dann kanonisch werdende Jahr 814/3 als Beginn der Stadtentwicklung, die in besonders günstiger topographischer Lage erfolgt war.

Die Frühphase der Siedlung kann lediglich aus allgemeinen geographischen Bedingungen und aus archäologischen Zeugnissen erschlossen werden.[7] Danach war vermutlich die Gegend um die Baie du Krane deren Ausgangspunkt, schon früh indessen auch Plateau und Südostabhang der Byrsa, der späteren Akropolis der Stadt, besiedelt, sodass die Gesamtanlage bereits im 8. Jahrhundert ein Areal von über 50 ha einnahm. Die Gründung erwies sich auch weiterhin als außerordentlich erfolgreich – ohne dass sich genauere Angaben über die Provenienz ihrer neuen Bürger machen ließen. Der relativ 'offene' Charakter der neuen Stadt ist indessen ebenso gewiss wie die bleibende Dominanz ihrer phönikischen Basis (Abb. 2).

Überragende Bedeutung kam von Anfang an Karthagos Häfen zu, die zunächst freilich nur aus bescheidenen Anlegeplätzen bestanden, sich bald jedoch zu einer Agglomeration von Docks, Werften, Arsenalen und Lagerhäusern entwickelten. Wohl zu Zeiten Hannibals entstanden dann ein großzügig ausgebauter, rechteckiger Handelshafen sowie ein eigener runder Hafen für die Kriegsschiffe, in dessen Mitte sich die so genannte Admiralsinsel befand.

Im Zuge der von Friedrich Rakob geleiteten deutschen Ausgrabungen gelang es schließlich auch, die monumentale Stadtbefestigung an der Seeseite zu rekonstruieren: *Wie die Kranzgesimse der Mauerkrone waren auch*

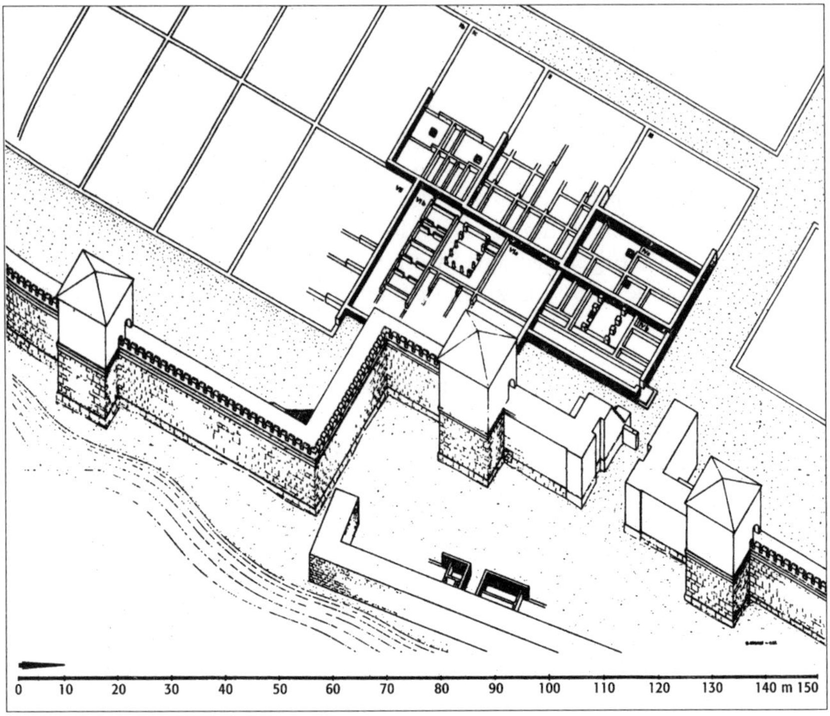

Abb. 2: Die punische Küstenbebauung mit Stadtmauer und Seetor. Rekonstruktionsversuch.

die Mauerquadern aus jenem Muschelkalk vom Cap Bon mit weißem Quaderstuck überzogen. Sie müssen der fast 2 km langen Verteidigungslinie der größten Seemacht des westlichen Mittelmeeres das Aussehen einer aus weißen Marmorquadern errichteten, mit Rechtecktürmen bestückten monumentalen Stadtbegrenzung verliehen haben, die unmittelbar aus den Wellen aufragte.[8] Zur Landseite hin war die Stadt zuletzt durch einen dreifachen Befestigungsring mit 15 m hohen, 9 m tiefen Anlagen und im Abstand von 60 m vorgesetzten Türmen geschützt. Gleichzeitig damit ist auch die systematische Urbanisierung von Karthagos Küstenregion erfolgt (Abb. 3).

Neben der sich so ausbreitenden Unterstadt und dem bevorzugten Areal der Byrsa war zudem eine eigene Vorstadt, Megara, gewachsen, daneben wurden im Norden und Westen des Zentrums weitflächige Nekropolen angelegt. Die Entwicklung Karthagos stand im Übrigen in denkbar engem Zusammenhang einerseits mit dem Schicksal der Mutterstadt Tyros, andererseits mit den Erfolgen ihrer eigenen, zunächst primär han-

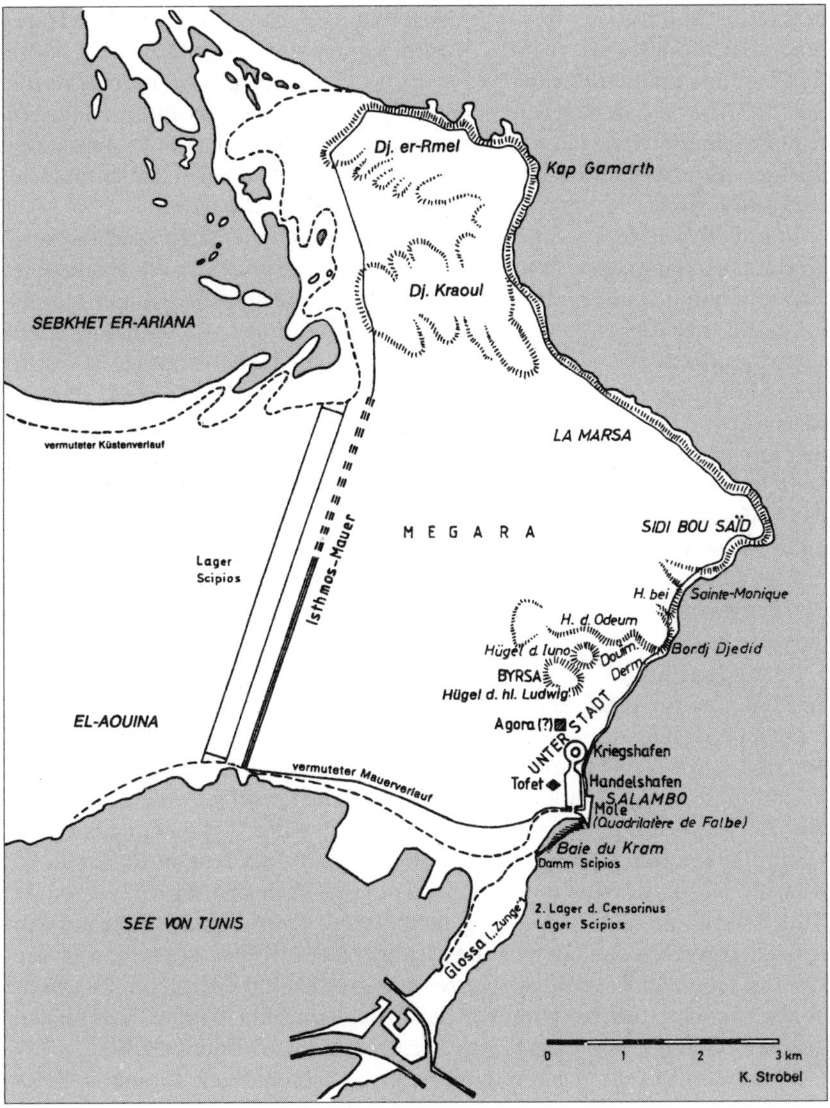

Abb. 3: Karthago im 3. und 2. Jahrhundert v. Chr.

delspolitischen Initiativen. Da Tyros seit der Epoche des assyrischen Herrschers Tiglatpilesar III. (745–727) unter immer stärkerem Druck lag, nahm sein Einfluss im mediterranen Westen zusehends ab. Dies erst recht, als die Stadt 573/2 von den Assyrern erobert wurde. Karthago profitierte dagegen von diesem Machtverfall und fand zudem bald auch die Anerkennung der übrigen phönikischen Anlagen des Westens als Wahrerin der gemeinsamen Interessen.

Vor allem seit dem 6. Jahrhundert nahmen dann die karthagischen Aktivitäten auf den großen Inseln Sizilien, Sardinien und Korsika sprunghaft zu. Neben den wiederholten Interventionen einzelner Vorgänger Hannibals sind die Vorgänge um Aleria auf Sardinien für die damalige Lage symptomatisch: Als die griechische Kolonie um die Mitte des 6. Jahrhunderts durch die Zuwanderung weiterer Bürger ihrer Mutterstadt Phokäa verstärkt wurde, kam es um 540 zu einem Bündnis zwischen Karthago und den Etruskern, deren Interessen hier gleichfalls tangiert wurden. In der Seeschlacht von Alalia 535 siegten die Verbündeten. In weniger spektakulärer, aber durchaus effizienter Weise ist der griechische Einfluss, hier vor allem Massalias, auch im Nordosten der Pyrenäenhalbinsel zurückgedrängt worden,[9] während Metall- und Keramikfunde in Katalonien wie in der Provence das Anwachsen der karthagischen Handelsfrequenz dokumentieren.

Besonders dramatisch und wechselvoll verliefen die Entwicklungen auf Sizilien, das für Karthago geradezu zur Schicksalsinsel werden sollte.[10] Dort kam es im 5. und 4. Jahrhundert wiederholt zu Auseinandersetzungen mit sizilischen Tyrannen wie Gelon, Dionysios I. und II., später mit Machthabern wie Timoleon und Agathokles, der selbst eine Invasion in Nordafrika wagte, und schließlich zu Beginn des 3. Jahrhunderts zum Kampf gegen den König Pyrrhos von Epirus. In der langen Reihe dieser Kämpfe wurde Karthago nicht selten in innersizilische Wirren verstrickt. Eine Ausnahme bildete dagegen der Persisch-Karthagische Pakt des Jahres 483, der nach dem Bericht des Ephoros von Kyme zu einer, mit Xerxes' Griechenlandfeldzug des Jahres 480 gleichzeitig eröffneten Offensive in Westsizilien führte. Hier wurden alte Kontakte wieder belebt, von denen Hannibal nach seinem Scheitern in Italien profitieren sollte.

Allein der Angriff gegen die miteinander verbündeten Tyrannen Gelon von Syrakus und Theron von Akragas scheiterte bei Himera völlig; der karthagische Befehlshaber Hamilkar wählte einen in griechischen Augen provozierenden Freitod. Herodot berichtet darüber: *Bei den Karchedoniern selber wird erzählt – und das klingt glaubwürdig –, dass Hamilkar, während die Barbaren mit den Hellenen vom Morgen bis in den späten Abend kämpften – so lange soll diese Schlacht sich hingezogen haben –, im Lager blieb und auf einem großen Altar opferte, indem er die ganzen*

Opfer verbrannte, dann, als er die Seinigen fliehen sah, sich selber, während er noch beim Opfern beschäftigt war, in die Flammen stürzte. So sei er verbrannt und verschwunden.[11]

Die Katastrophe von Himera hatte zur Folge, dass sich Karthago auf Sizilien Jahrzehnte hindurch zurückhielt, seine Epikratie, den Machtbereich im äußersten Westen der Insel, jedoch behaupten konnte. Erst nach dem Untergang der sizilischen Expedition Athens im Jahre 415 erfolgten neue karthagische Vorstöße, vor allem gegen Syrakus, Vorstöße, die zwar zum Höhepunkt karthagischen Einflusses auf der „Dreiecksinsel" (Trinakria) führten, am Ende dann jedoch am hartnäckigen Widerstand von Dionysios I. und II. zerbrachen.

Unter dem Korinther Timoleon (339) und dem Kondottiere Agathokles von Syrakus kam es dann zu weiteren schweren Rückschlägen der karthagischen Sizilienpolitik, unter Letzterem sogar zum unmittelbaren Angriff auf Karthago selbst (310–307) – ein Vorgang, der Hannibals Strategie entscheidend geprägt hat. Im Ringen gegen Pyrrhos konnte sich zuletzt lediglich noch das stark befestigte Lilybaion halten (276); zwölf Jahre später begann dann mit Roms Eingreifen in Messana eine neue Epoche der Kämpfe um die Insel, aber auch der Geschichte Karthagos.

Anders als im Osten und Norden Karthagos konnte sich dessen Einfluss im Westen und Süden seiner Einflusszone, teilweise in direkter Fortführung phönikischer Ansätze, voll entfalten. Die neuere archäologische Forschung hat dabei festgestellt, dass karthagische Handelsgüter selbst den Nordwesten der Iberischen Halbinsel erreichten, der Radius der karthagischen Handelsinitiativen somit wesentlich weiter gespannt war, als dies früher vermutet wurde.[12]

Dem entsprechen auch die berühmten Fahrtberichte des Hanno und des Himilko aus dem 6. Jahrhundert.[13] Während Hanno damals zunächst bis nach Kerne (an der mauretanischen Arguin-Bucht?) vorstieß, danach in weiteren Etappen den Senegalfluss erkundete, schließlich im Raum des Äquators selbst Gabun erreichte, wagte Himilko eine Fahrt in nordwestlicher Richtung bis zu den Scilly-Inseln, wohl um dort die Möglichkeiten für Zinn- und Bleihandel zu untersuchen. Vor allem die Fahrt Hannos, an der rund 30000 Personen teilgenommen haben sollen, erregte immer wieder die besondere Aufmerksamkeit der späteren Interpreten. Nach einer offensichtlich weit gesteckten Planung kam es zur Gründung einer ganzen Reihe neuer Handelsstationen und damit zu einer Erweiterung des mediterranen Netzes durch einen ergänzenden Strang an der afrikanischen Atlantikküste. Gleichzeitig diente diese Expedition der Orientierung über Verkehrsbedingungen und Handelswege, aber auch der Erkundung von Rohstoffbasen und deren Umschlagmöglichkeiten.

Auch an den näher gelegenen Küsten Marokkos, Algeriens, Tunesiens und Libyens verdichtete sich das Netz der karthagischen Stützpunkte beträchtlich, wobei freilich mitunter ein erheblicher Widerstand zu brechen war. So wurden zum Beispiel die libyschen Stämme in Karthagos unmittelbarem Hinterland erst Mitte des 5. Jahrhunderts unterworfen; so lange hatte ihnen die mächtige Stadt Tribute entrichtet.

Für die Gesamtinteressen Karthagos, sowohl für die Bereiche der Wirtschaft, der Gesellschaft wie der Politik, war der Handel das entscheidende Element. Mit seiner Hilfe haben die Karthager nach Jacob Burckhardts berühmtem Wort *das größte Geschäft der Weltgeschichte gegründet; denn die Stadt war ohne Zweifel geldreicher als die persische Monarchie.*[14]

Grundlagen, Struktur und Radien dieses Handels sind oben skizziert worden (S. 18). Die Seefahrer und Kaufleute der Stadt betrieben ihn in umfassender Weise; sie konzentrierten sich nicht nur auf die Gewinnung und den Umschlag von Metallen und Rohstoffen, sondern betätigten sich jeweils auch bedarfsorientiert an den verschiedensten Sparten des Zwischenhandels in denkbar weitem Umfang, lieferten indessen auch Schmuckstücke und Kleinkunstwerke der verschiedensten Art. Der Sicherung dieses Handels dienten die vielfältigen Verträge, zunächst auch mit Rom, mit denen die Stadt ihre Einflussbereiche zu kontrollieren und zu monopolisieren, ihre Aktivitäten jedoch auch auf Dauer zu verrechtlichen suchte. Handelsgesichtspunkte bestimmten weithin die Mentalität der Führungsschicht: *Überhaupt ist jede Frage eine Geldfrage, und die ganze karthagische Politik kommt unter das Soll und Haben eines unermesslich großen Hauptbuches zu stehen.*[15] Es wird zu klären sein, wieweit Hannibal hiervon geprägt wurde.

Doch die einseitige Konzeption eines Handelsstaates wird der wirtschaftlichen Realität nicht gerecht. Es ist gesichert, dass die karthagischen Aristokraten daneben auf ihren großen Gütern mit beträchtlichen Sklavenscharen eine geradezu wissenschaftlich fundierte Landwirtschaft betrieben und dass auch die zahlreichen kleineren landwirtschaftlichen Einheiten ein hohes qualitatives Niveau erreichten.[16] Daneben entwickelte sich ein differenziertes Handwerk, das schon in der 'Weltstadt' Karthago einen kontinuierlichen Absatz fand. Während Keramik- und Textilproduktion ein notorisch hohes Volumen erreichten, wurde auch in den phönikischen Domänen der Metall-, Elfenbein- und Lederarbeiten die Herstellung weitergeführt.

Die Gesellschaft des karthagischen Machtbereichs war neben den primär ökonomischen Faktoren ebenso durch die Herrschaftsstruktur des politischen Verbandes bestimmt.[17] Dessen oberste Schicht bildeten dabei die privilegierten freien karthagischen Vollbürger, 'die Herren Karthager' der Hauptstadt, die im Allgemeinen weder durch Steuern, Abgaben noch durch andere Zwangsleistungen belastet wurden. Eine Zwischenstellung nahmen die Bürger der alten westphönikischen Städte und der punischen Ansiedlungen und Stützpunkte ein, 'die Abhängigen', Glieder, die mitunter über eine Teilautonomie, in einzelnen Fällen auch über ein lokales Münzrecht verfügten.

Wesentlich schlechter war die Position der 'Untergebenen', hauptsächlich der Libyer und Numider; libysche Bauern hatten zum Beispiel ein Viertel ihrer Ernte abzuliefern. Die Spannungen, die sich hier entwickelten, werden durch zahlreiche, teils äußerst gefährliche Aufstände bis in die Zeit Hannibals dokumentiert. Wesentlich günstiger waren die Bedingungen im Bereich der sizilischen Epikratie, wo lediglich der Zehnte eingefordert worden ist und die einzelnen Städte intern auch einen gewissen Spielraum besaßen. Insgesamt gesehen ergibt sich so eine äußerst differenzierte Grund- und Herrschaftsstruktur, die den Einflussbereich des karthagischen Staates zudem mit einem Minimum von administrativem Einsatz sicherte. Vor allem ist jedoch zu unterstreichen, dass Karthago im Gegensatz zu Rom nie eine systematische Integrations- und Bundesgenossenpolitik auf lange Sicht betrieb, sondern in Krisenfällen lediglich mit speziellen Maßnahmen reagierte.

Obwohl Verfassung und Staatsrecht Karthagos nur in Umrissen zu rekonstruieren sind, ist die Staatsverfassung von griechischen Philosophen und Historikern deshalb positiv bewertet worden, weil sie dem Ideal einer 'Mischverfassung' zu entsprechen schien. Dies deshalb, weil sich in ihr aristokratische und oligarchische Elemente behaupten, monarchische oder demokratische dagegen keinen ausschließlichen Machtanspruch durchsetzen konnten. In der Realität war das Zusammenwirken von Gremien, Institutionen, Kommissionen und Ämtern freilich wesentlich differenzierter.

Zu welchem Zeitraum an die Spitze des karthagischen Staates an die Stelle von Statthaltern aus Tyros und 'Königen' jeweils zwei, von der Volksversammlung für die Dauer eines Jahres gewählte 'Sufeten' (Richter) getreten sind, ist ungewiss. Die Kompetenzen dieser obersten Staatsbeamten waren zweifellos sehr komplex. Sie leiteten den häufig als Senat bezeichneten karthagischen Rat, beriefen auch die Volksversammlung ein, waren an der Gesetzgebung ebenso beteiligt wie an der Überwachung der Finanzen; ihnen unterstand auch die Polizei. Das wichtigste politische Gremium Karthagos stellte der 300 Mitglieder umfassende Rat der 'Mächtigen' dar, der alle wesentlichen Grundsatzentscheidungen beriet und traf, zudem über den effizienten Ausschuss von 30 Angehörigen des 'heiligen Rates' verfügte, der jederzeit rascher reagieren konnte als die Gesamtkorporation.

Die Funktionen der Volksversammlung waren dagegen sehr unterschiedlich. Sie wählte zwar Sufeten und Feldherrn, machte ihren Willen auch in schwerwiegenden Rechtsfragen, zum Beispiel bei Verbannungen, und in weiteren Fällen geltend. Generell blieb sie jedoch von den Initiativen jener politischen Führer abhängig, die sie zu mobilisieren verstanden – wie zur Zeit der Barkiden der Schwiegersohn des Hamilkar Barkas, Hasdrubal.

Eine außerordentlich wichtige Rolle spielte seit der Mitte des 5. Jahrhunderts der Staatsgerichtshof der 104, dessen Existenz und Macht typisch sind für das weit verbreitete Misstrauen innerhalb der Führungsschicht gegenüber ihren eigenen Exponenten und Organen, ein Misstrauen, das sich auch in anderen Kontrollmechanismen niederschlug. Nicht zuletzt herrschte es gegenüber den Befehlshabern der karthagischen Heere und Flotten, die während der Dauer ihres Kommandos einerseits ungewöhnlich weitreichende Vollmachten besaßen, andererseits zur Zeit Hannibals immer wieder Kommissionen der 'Mächtigen' zu akzeptieren hatten, die sowohl berieten als auch berichteten.

Es entsprach den Kriterien der Handelsaristokratie Karthagos, dass große Heere lediglich im Bedarfsfall aufgestellt und eingesetzt wurden, welche im Gegensatz zu Rom nicht aus Bürgeraufgeboten, sondern im Wesentlichen aus Söldnern und Einheiten der Verbündeten bestanden. Nur starke Persönlichkeiten der Aristokratie, Männer mit entsprechenden Spezialkenntnissen, Qualifikationen und Erfahrungen, waren in der Lage, diese aus allen Teilen des westlichen Mittelmeerraums in Dienst genommenen Berufssoldaten vielfältigster Provenienz zu kommandieren und erfolgreich einzusetzen. Die weitgehende Isolierung dieser Befehlshaber war die Regel. Offensichtlich bildete sich schon früh eine nicht selten innerhalb einzelner Familien formierte militärische Führungselite aus, deren Wirkungskreis immer weitere Felder zu bewältigen hatte.

Sowohl durch die Anwerbung von Söldnern als auch durch die Heranziehung von Spezialisten in Beratungsfunktionen sicherte sich der karthagische Staat die Erkenntnisse und Techniken der hoch entwickelten hellenistischen Kriegskunst. Die eigene Kampfkraft war lediglich in der Gardeformation der 'heiligen Schar' mobilisiert, einer aus 2500 Bürgern bestehenden, allseits respektierten Einheit. In der Regel bildeten die Karthager indessen selbst die Besatzungen ihrer zahlreichen Kriegsschiffe, die im 3. Jahrhundert vor allem aus Tetreren und Penteren, Schiffen mit vier oder fünf Ruderreihen, bestanden. Diese große Flotte besaß im 5. und 4. Jahrhundert faktisch die Seeherrschaft im westlichen Mittelmeer.

Der für staatsrechtliche Probleme und Verfassungsfragen so besonders sensibilisierte Theodor Mommsen sah in der karthagischen Verfassung insgesamt primär ein „Kapitalistenregiment".[18] Dies trifft gewiss weithin zu. Doch wenn man diese Verfassung an der Eigenart der wirtschaftlichen und gesellschaftlichen Grundlagen jenes Staates und nicht an idealisierten modernen Verfassungsnormen und -modellen misst, wird man die Zweckmäßigkeit und Effizienz ihrer Strukturen kaum bestreiten können. Festigkeit und Kontinuität der inneren Ordnung Karthagos sind daher, wie schon erwähnt, bereits im Altertum durchaus anerkannt worden.

Völlig verständnislos standen Griechen und Römer dagegen den Phänomenen, Ritualen, Vorstellungen und Artikulationen der karthagischen Religion gegenüber.[19] Deren enge Verbindung mit den phönikischen Gottheiten, an deren Spitze der einst mit Kronos gleichgesetzte Vater der Götter und Menschen, El, stand, wurde vermutlich gesehen, das Wesen der übrigen, oft genug verwirrenden Gottheiten blieb jedoch weithin fremd. Dies galt für den Baal Schamin, den „Herrn der Himmel", wie für den Baal Hamon, den „Herrn der Räucheraltäre", ebenso wie für die, mit ihm eng verbundene Fruchtbarkeitsgöttin Tinit (früher meist als Tanit gelesen) oder für den Heilgott Eschmun, dessen auf über 60 Stufen emporragender, prachtvoll ausgestatteter Tempel einst das Wahrzeichen der Byrsa gewesen ist.

Eine Sonderstellung nahm in dieser Reihe Melkart ein, der „Herr von Tyros", ein Gott der Fruchtbarkeit und des Handels, dessen zentraler Tempel in der Mutterstadt zunächst alljährlich ein Zehntel der karthagischen Gewinne erhielt. Er besaß selbst in Gades ein weithin bekanntes Heiligtum und zählte auch Hannibal zu seinen Verehrern. Als exemplarisch für das maß- und grenzenlose Abhängigkeitsgefühl der Karthager von ihren Gottheiten kann die riesige, 1922 im Westen der Häfen entdeckte und seither systematisch ausgegrabene Grab- und Kultstätte des Tophets gelten,[20] ein Areal, wie es auch für andere phönikisch-punische Städte bezeugt ist. In der Anlage, die im 4. Jahrhundert über 6000 m^2 umfasste, fanden sich viele Tausende von Urnen und Grabstelen, Brandgräber, in denen auch aufgeopferte Kinder der Führungsschicht bestattet waren. In Krisenzeiten häuften sich solche erregenden Vorgänge.

So wurden nach Diodor[21] allein im Jahre 310, zur Zeit der Invasion des Agathokles, rund 500 Kinder aufgeopfert. Die auch alttestamentarisch bezeugte[22] Grundvorstellung des Opfers von Kindern, damit des Opfers des liebsten und kostbarsten Gutes, um in wahrhaft tiefstem Glaubensfanatismus die Hilfe Gottes herbeizuzwingen, galt der Umwelt als Zeichen abstoßendster Inhumanität.

Ähnlich fremdartig wirkten die Zeugnisse der Kunst. Dabei ist zu berücksichtigen, dass wesentliche Bereiche von deren Produktion, wie Großplastik, Architektur und Malerei, fast völlig verloren gingen, zum Teil bewusst zerstört wurden. Erhalten blieben nur Werke der Kleinplastik mit ihrer eigenartigen Formenwelt, häufig Grab- und Opferstelen. Gemessen an griechisch-hellenistischen, etruskischen und italischen Stilidealen mussten sie geradezu 'barbarisch' wirken.

Rom und Karthago

Nach dem großen politischen Kompromiss der licinisch-sextischen Gesetze (367/6), mit denen die fundamentalen inneren Auseinandersetzungen der Ständekämpfe zwischen Patriziern und Plebejern geendet hatten, und nach der erfolgreichen Abwehr der Invasion des epeirotischen Königs Pyrrhos in Süditalien (272) waren Einheit und Geschlossenheit der Römischen Republik stärker denn je zuvor.[23] Die Interessenidentität zwischen den römischen Ständen, der Grundbesitzeraristokratie und den freien römischen Bauern und Bürgern, hatte sich ebenso gefestigt wie der Zusammenhalt der italischen Bundesgenossen mit ihrer am Ende, trotz aller Rückschläge und hohen Verluste, dann doch erfolgreichen Führungsmacht.

Anders als in Karthago war für Rom zudem gerade die Verklammerung des politischen und des militärischen Bereichs charakteristisch – und dies auf allen Ebenen: Die römischen Senatoren wirkten alternierend sowohl als Magistrate in Administration und Rechtsprechung des zivilen Bereichs wie als Offiziere und Befehlshaber des militärischen. Die Bürger wiederum wurden durch den Heeresdienst kontinuierlich schwer belastet. Während Karthago im Allgemeinen Söldner für seine Interessen kämpfen ließ, kämpften in Rom Patrizier wie Plebejer persönlich für die eigene Sache. Stimmten die Bürger in den Volksversammlungen für militärische Aktionen, so hatten sie die Konsequenzen selbst zu tragen.

So konträr somit Voraussetzungen, Struktur und Eigenart der karthagischen und der römischen Macht gewesen sind, gerade deshalb waren sie keineswegs von Anfang an politische Gegner. Wie die insbesondere von Polybios[24] überlieferten Inhalte der Römisch-Punischen Verträge, die Barbara Scardigli so umfassend interpretiert hat,[25] als Fixpunkte für die Entwicklung der beiderseitigen Interessenlagen sowie der politischen und ökonomischen Ziele dokumentieren, waren für die Epoche der frühen und der klassischen Römischen Republik vielmehr während der Dauer von zweieinhalb Jahrhunderten juristisch fundierte, 'freundschaftliche' Beziehungen die Regel.

Der 1. Römisch-Punische Vertrag wird von Polybios, seiner chronologischen Methode gemäß, in das erste Jahr der Römischen Republik (508/7), der Zäsur nach der Vertreibung des letzten etruskischen Königs, datiert. Ein Teil der neueren Forschung zieht demgegenüber einen Ansatz in der ersten Hälfte des 5. Jahrhunderts vor. Partner des Vertrags sind dabei nicht allein die beiden Städte Rom und Karthago, vielmehr werden auch deren Bundesgenossen miteinbezogen. Während diese auf karthagischer Seite nicht näher benannt sind, werden sie im Falle Roms bezeichnenderweise differenziert und teilweise namentlich aufgeführt. Dabei wird einerseits zwischen den untertänigen latinischen Städten (Ardea, Antium, Circei, Tarracina) unterschieden, andererseits ist von jenen nur summarisch die Rede, die nicht unter Roms Oberhoheit stehen.

Es bleibt somit festzuhalten, dass die Römer gleichsam als Schutzherren der latinischen Städte insgesamt auftraten. Ihre Absicht war es, vor allem die latinischen Küstenstädte vor karthagischen Übergriffen zu schützen; Karthager durften in Latium nicht einmal übernachten. Die Festsetzungen der römischen Seite spiegeln somit ein relativ enges, auf Latium beschränktes und typisch territoriales Denken wider. Auf der Gegenseite dominieren im Wesentlichen die Gesichtspunkte einer Handelspolitik, welche die karthagischen Kontroll- und Monopolisierungsinteressen absolut setzte. So wurde römischen Schiffen untersagt, über das 'Schöne Vorgebirge' (Kap Farina/Ras Sidi Ali el-Mekki) hinauszufahren. Selbst in Notsituationen war ausdrücklich nur der Erwerb von Materialien zur Schiffsreparatur und für Opferzwecke erlaubt. Darüber hinaus wurden auch römische Handelsaktivitäten in Libyen und Sardinien unter karthagische Kontrolle gestellt. Lediglich auf Sizilien ist römischen Händlern eine Gleichberechtigung mit den karthagischen eingeräumt worden.

Insgesamt gesehen dürfte somit auch dieser Vertrag als ein Instrument der karthagischen Handelspolitik und -diplomatie in die Reihe der älteren karthagischen Verträge einzuordnen sein. Nach der offensichtlichen Schwächung der Macht der Etrusker wurde nun auch die neue Römische Republik in das Netz der karthagischen Handelsinteressen einbezogen und somit für geraume Zeit ein beide Partner befriedigender Interessenausgleich verrechtlicht.

Der 2. Römisch-Punische Vertrag des Jahres 348 wurde nach Roms Kämpfen gegen die Kelten und während seiner beträchtlichen Probleme mit den Latinern, das heißt in einer Krisenphase der römischen Politik, abgeschlossen. Bei der Nennung der Vertragspartner werden auf karthagischer Seite, differenzierter als im 1. Vertrag, „das Volk der Karthager, Tyrier und Uticaeer sowie deren Bundesgenossen“ aufgeführt. Auch für Rom sind Struktur und Stellung der Bundesgenossen neu gefasst: Die Kategorie der „Untergebenen“ taucht nicht mehr auf; die „Nicht-Untergebenen“ werden in jene mit und jene ohne Friedensvertrag unterteilt. Doch trotz der wesentlich ungünstigeren Situation hält Rom nach wie vor an der Wahrnehmung seiner Interessen in Latium fest. Die Möglichkeiten der Karthager wurden dort zwar erweitert, allerdings erfolgte dies mit bestimmten römischen Auflagen.

Noch weitgehender waren die Veränderungen jedoch auf der Gegenseite: Die Seefahrtgrenze für römische Schiffe wurde nun weiter ausgezogen, neben dem 'Schönen Vorgebirge' jetzt auch 'Mastia Tarseion' (im Raum von Cartagena) als Begrenzungspunkt genannt und somit indirekt die

Straße von Gibraltar für römische Schiffe gesperrt. Gesperrt wurden auch Sardinien und Libyen. Dort waren den Römern fortan sowohl Handel als auch die Anlage von Städten ausdrücklich untersagt. Diesen Restriktionen standen Verbesserungen auf Sizilien gegenüber: Karthago beschränkte dort seine Anordnungen lediglich auf das karthagische Hoheitsgebiet, sicherte im Übrigen die Gleichberechtigung karthagischer und römischer Händler sowohl in Karthago als auch in Rom zu.

Schon fünf Jahre später (343), im Zusammenhang mit dem römischen Sieg über die Samniten bei Suessula und mit Karthagos Problemen um Timoleon auf Sizilien, wird der Abschluss eines dritten Vertrags angenommen, dessen Inhalt nicht näher bekannt ist. Er wies wohl aller Wahrscheinlichkeit nach nur geringe Veränderungen gegenüber den Abmachungen von 348 auf. Ähnlich problematisch ist als vierter der so genannte Philinos-Vertrag aus dem Jahre 306 einzuschätzen. Der Historiker Philinos von Akragas berichtete von einem, nach dem Ende der Kämpfe mit Agathokles vereinbarten Abkommen, wonach Karthager nicht in Italien, Römer nicht in Sizilien intervenieren sollten.

Auf sichererem Boden liegen die Dinge wieder beim fünften römisch-karthagischen Vertrag, dem Anti-Pyrrhos-Vertrag von 279/8. Der bei Polybios überlieferte Text markiert den Höhepunkt politisch-militärischer Kooperation bis in die Einzelheiten:

Wenn sie mit Pyrrhos einen schriftlichen Vertrag abschließen, so sollen es beide tun. Damit es ihnen aber (?) möglich sei, einander im Lande derer, die bekriegt werden, beizustehen, welche von beiden immer der Hilfe bedürfen, so sollen die Karthager die Schiffe stellen sowohl zum Transport wie zum Angriff, den Sold dagegen soll jeder von beiden Teilen für seine Leute selbst übernehmen. Die Karthager sollen den Römern nötigenfalls auch zur See Beistand leisten. Die Schiffsmannschaften aber soll niemand zwingen, wider ihren Willen an Land zu gehen.[26]

Der Blick auf die Vertragsserie zeigt, dass sich die primär ökonomischen Interessen der phönikisch-punischen Stützpunktnetze, die sich an Handelskriterien orientierten, sehr wohl mit den territorialen Aspirationen der römisch-italischen Bundesgenossenschaft koordinieren ließen. Es bedurfte einer ganz außergewöhnlichen politisch-militärischen Situation, um die rechtlich gesicherten Beziehungen zwischen den beiden Systemen zu beenden und um einen Kampf aufzunehmen, dessen Verlauf, Dauer und Folgen die Beteiligten gewiss nicht ahnen konnten (Abb. 4).

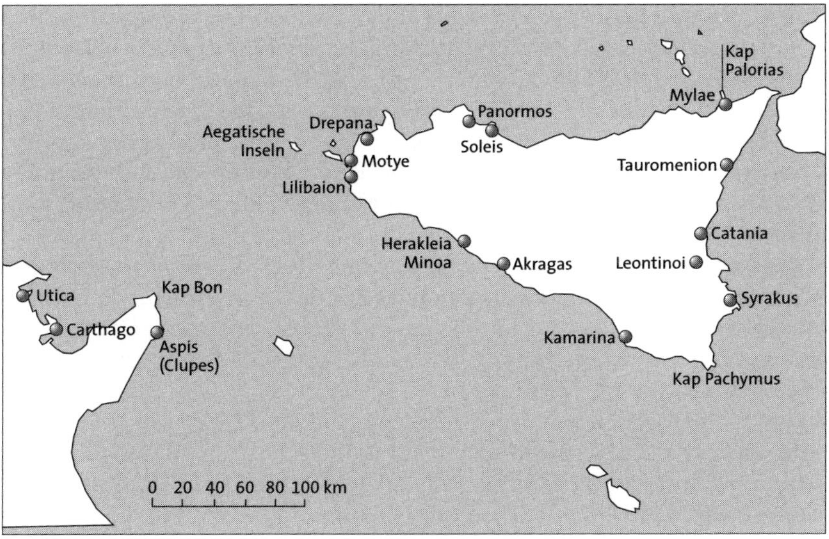

Abb. 4: Sizilien im 1. Punischen Krieg.

Der 1. Punische Krieg

Die Epoche der Punischen Kriege – vom ersten (264–241) über den zweiten (218–201) bis zur Zerstörung der Stadt (149–146) – ist identisch mit dem Übergang der Römischen Republik zur imperialistischen Phase ihrer Politik. Aus einer Intervention in der Meerengenstadt Messana entwickelte sich eine Auseinandersetzung mit Syrakus und vor allem mit Karthago, die rasch nicht nur Sizilien, Sardinien, Korsika, die italische Küste und Nordafrika erfasste, sondern später auch noch die Iberische Halbinsel, die Provence und die Alpen, schließlich ganz Italien und Teile Griechenlands. Sie wurde zum Ringen um die Herrschaft über den gesamten westlichen Mittelmeerraum und tangierte am Ende selbst noch den hellenistischen Osten. Zur dominierenden Gestalt im Zenit dieses Geschehens sollte Hannibal werden.

Für den Verlauf der Entwicklung waren Mentalität und Ziele der römischen Führungsschicht grundlegend. Während sich nach dem Zerfall des Alexanderreiches in der hellenistischen Welt ein polyzentrisches System großer Monarchien herausgebildet hatte, blieb für den römischen Senat jener Epoche die Anerkennung ähnlicher Strukturen, und sei es auch nur eines karthagisch-römischen Dualismus, undenkbar.

Gerade Ausmaß und Dauer der Kämpfe mit ihrem vielfältigen Wechsel von Land- und Seeschlachten, Invasionen und forcierten Angriffen, aber auch lediglich hinhaltendem Widerstand und Phasen eines Zermürbungskrieges, nicht zuletzt die unvorstellbaren Verluste und Opfer trieben die Auseinandersetzung bis zur letzten Konsequenz. Da die Karthager von den Römern in dieser Zeit, ganz ähnlich wie einst die Perser von den Griechen, systematisch 'barbarisiert' wurden, konnte der Kampf in den Perspektiven römischer Mentalität nur mit der völligen Vernichtung Karthagos (146) enden.

Angesichts der Tragweite und Bedeutung dieses Ringens schon in dessen erstem Akt und angesichts der Tatsache, dass eine zwingende Ursache für die Auseinandersetzung der beiden, so heterogen strukturierten Großmächte mit gleichsam 'innerer Notwendigkeit' oder in darwinistischen Perspektiven um die Mitte der sechziger Jahre des 3. Jahrhunderts überhaupt nicht gegeben war, ist es einsichtig, dass in Antike wie Neuzeit die Frage nach Anlässen, Rechtstiteln und Kriegsschuld unaufhörlich gestellt wurde. Sie löste kaum mehr überschaubare wissenschaftliche Kontroversen aus, die bis heute nicht zu übereinstimmenden Auffassungen führten.[27]

Aus der Sicht der großen Mächte wurde der 1. Punische Krieg durch scheinbar marginale Vorgänge in der Peripherie des römischen Blickfeldes ausgelöst.[28] Die Römische Republik war seit den frühen sechziger Jahren des 3. Jahrhunderts, in der Phase nach dem Ende des Pyrrhoskrieges, in erster Linie mit der Sicherung der beherrschten Räume in Italien durch die Anlage neuer Kolonien befasst. Sie wurde indessen in die Probleme der Mamertiner verstrickt, die die Meerengenstadt Messana an sich gerissen hatten.

Bei ihnen handelte es sich um verwilderte ehemalige Söldner des Agathokles, die seit dessen Tod (289) den Nordosten Siziliens terrorisierten; ihren Namen führten sie nach dem sabinischen Kriegsgott Mamers. Diese wüste Bande war von den gutgläubigen Bürgern Messanas aufgenommen worden, hatte die Männer der Stadt bald getötet oder vertrieben, sich der Frauen, Häuser und allen Besitzes bemächtigt sowie auch die weitere Umgebung Messanas ausgeplündert. Unter ihren ständigen Raubzügen litten sowohl freie Städte der Insel als auch solche des syrakusanischen und karthagischen Machtbereichs. Zuletzt schlossen die Mamertiner eine Allianz mit kampanischen Truppen, die einst in Rhegion römische Interessen wahren sollten, inzwischen aber auf ähnliche Weise in jener Stadt hausten.

Seit 275/4 ging Hieron[29], der Beherrscher von Syrakus, gegen die Mamertiner vor. Nach wechselvollen Kämpfen konnte er sie im Jahr 269/8 am Longanos vernichtend schlagen; er wurde daraufhin in Syrakus zum König – Hieron II. – ausgerufen.

Es war nahe liegend, dass sich die Mamertiner in dieser kritischen Lage an Karthago um Hilfe wandten; seit 269 lag auf Messanas Akropolis eine kleine karthagische Garnison. Die Dinge kamen erneut in Fluss, als 265/4 ein neuer Angriff Hierons auf Messana drohte und als es in der Stadt zu Auseinandersetzungen über eine engere Verbindung mit Karthago oder mit Rom kam. Diese endeten damit, dass Gesandte der Mamertiner im römischen Senat die deditio Messanas anboten, eine völkerrechtliche Unterwerfung, welche gemäß römischem Staatsrecht und römischer Tradition Roms Schutz garantierte.

Die Annahme dieser Dedition blieb jedoch im römischen Senat umstritten; eine Entscheidung konnte dort nicht herbeigeführt werden. Angesichts des römischen Verhaltens gegenüber Rhegion wenige Jahre zuvor war der Hinweis der mamertinischen Gesandten auf die gemeinsame „italisch-kampanische Abstammung" wohl nicht sonderlich überzeugend. Im Übrigen sind alle modernen Spekulationen über die damaligen Debatten, Argumente und Motive nicht fundiert.

Jedenfalls verlagerte sich die Diskussion danach in die Volksversammlung, in der sich die Befürworter der Annahme der Dedition auf Grund der Agitation der Konsuln, vor allem des Appius Claudius Caudex, schließlich durchsetzen konnten. Selbst der sich gerade in diesem Zusammenhang auf Fabius Pictor stützende Polybios weist dabei auf die römische Mentalität nach dem Pyrrhoskrieg hin, darauf, dass neben der Machtgier des Staates vor allem die Hoffnung der Menge auf Beute und Gewinn in Sizilien maßgebend waren.[30]

Die Entscheidung der Volksversammlung bedeutete indessen keine Kriegserklärung, sondern lediglich die Annahme der Dedition, freilich mit all ihren Folgen. Erwartet wurde allerdings nur eine begrenzte und lokale militärische Operation, wobei selbst dafür die Schwierigkeiten und Komplikationen bei weitem unterschätzt wurden.

Nachdem Appius Claudius mit der Intervention in Messana beauftragt worden war, wurde dort die karthagische Garnison unter mamertinischer und römischer Pression verdrängt, ein Beweis dafür, dass Karthago nicht mit einer kriegerischen Auseinandersetzung gerechnet hatte. Als Appius Claudius an der Spitze von zwei Legionen schließlich in Rhegion eintraf, war Messana bereits von syrakusanischen und karthagischen Verbänden belagert. Trotz aller logistischen Schwierigkeiten und der Präsenz einer karthagischen Flotteneinheit gelang dem römischen Befehlshaber eine nächtliche Überfahrt in die Stadt. Als Karthago und Hieron II. die Aufgabe der Belagerung ablehnten, erklärte ihnen Appius Claudius, ungeachtet aller juristischen Probleme, den Krieg. In den folgenden Kämpfen sollte es freilich zu keiner effizienten Koordination der Abwehr der karthagisch-syrakusanischen Allianz kommen.

Während die Karthager zuerst zeitraubende Rüstungen und Bereitstellungen einzuleiten hatten, musste Hieron II. einen Angriff der Römer auf Syrakus zurückschlagen. Versorgungsprobleme erzwangen freilich schon bald den Abbruch der mit unzulänglichen Mitteln unternommenen Belagerung; Appius Claudius ging mit seinen Truppen nach Rhegion zurück. Immerhin blieb Messana in römischer Hand. Doch überzeugend waren die Resultate des ersten Kriegsjahres für Rom nicht.

Das Jahr 263 sollte dann zu wesentlichen Veränderungen bei den Kriegsparteien führen. Da das römische Invasionskorps nun unter beiden Konsuln und in doppelter Stärke vorging, damit die Entschlossenheit der Republik zu vollem Einsatz ihres Potentials demonstrierte, zeitigte dessen massive Präsenz bald weitreichende Folgen. Es traten nun nicht nur zahlreiche punische und syrakusanische Siedlungen zu den Römern über, sondern vor allem wechselte der realistisch denkende Hieron II. die Front (Abb. 5).

Er musste in einem Friedensvertrag zwar den Verlust der abgefallenen Städte seines Machtbereiches hinnehmen, eine Entschädigung von 100 Talenten leisten und die römischen Kriegsgefangenen ausliefern, doch unter diesen Bedingungen wurde seine Herrschaft anerkannt. Es sollte sich bald erweisen, dass Rom in ihm einen unschätzbaren Verbündeten und Freund gewonnen hatte, denn bis zu seinem Tode im Jahre 215 leistete Hieron II. der römischen Sache, gerade in kritischen Situationen und nach Katastrophen, wertvollste Dienste. Der große Hafen von Syrakus wurde zu einer von Roms wichtigsten Basen auf Sizilien. Dass daneben auch die seit langem mit Karthago verbundene Stadt Segesta im Westen von Sizilien zu Rom überging, vervollständigte die römischen Erfolge dieses Jahres.

Die karthagischen Gegenmaßnahmen gewannen indessen nur sehr langsam Gestalt. Während Söldneranwerbung und Flottenrüstung fortgesetzt wurden, waren weitere Kräfte nach Sardinien verlegt worden, um von dort aus Plünderungszüge an die italische Küste zu unternehmen, Aktionen, die allerdings, gerade weil sie teilweise Erfolg hatten, eine wohl kaum beabsichtigte Reaktion auslösten. Auf jeden Fall erfassten die militärischen Operationen nun immer weitere Räume und auf beiden Seiten den Einsatz immer stärkerer Kräfte.

Auf Sizilien selbst traten bald (262/1) die Kämpfe um das stark befestigte Akragas im Zentrum der Südküste der Insel in den Vordergrund. Die etwa 50 000 Einwohner zählende Stadt wurde von den Römern sieben Monate lang belagert, von einem Hannibal, einem Namensvetter des Siegers von Cannae, erbittert verteidigt. Nachdem ein karthagisches Entsatzheer unter Hanno, das die Römer erstmals mit Kriegselefanten konfrontierte, unter beträchtlichen Verlusten zurückgeschlagen worden war, konnte Hannibal mit seinen Truppen in einem nächtlichen Ausfall entkommen. Danach fiel Akragas in römische Hand.

Abb. 5: Hieron II. von Syrakus.

Die Stadt wurde völlig ausgeplündert, ihre Bewohner verkauften die Sieger in die Sklaverei. Die Wut der Belagerer über den zähen Widerstand, die Strapazen und Verluste, nicht zuletzt über das Entkommen der Garnison entlud sich in gnadenlosem Hass, der auf Sizilien erstmals auch die Brutalität römischer Kriegsführung in ihrer abstoßendsten Form vor Augen führte. Nach Polybios leitete der römische Sieg bei Akragas eine neue Phase des Krieges ein: *Als die Nachricht von den Ereignissen in Akragas beim römischen Senat eintraf, blieben sie, hoch erfreut und in ihren Plänen kühner geworden, nicht bei den ursprünglichen Absichten stehen und begnügten sich nicht mehr damit, die Mamertiner gerettet zu haben, noch mit der Beute, die ihnen der Krieg gebracht hatte, sondern hofften, die Karthager ganz und gar von der Insel vertreiben zu können und dadurch einen großen Machtzuwachs zu gewinnen.*[31]

Während auf karthagischer Seite Hamilkar die Lage auf Sizilien stabilisieren konnte und Hannibal die Plünderung der italischen Küste fortsetzte, beschloss der römische Senat einen grundsätzlichen Wechsel der Strategie. Da der bisherige Kriegsverlauf das Ungenügen der nautischen Improvisationen von Fall zu Fall und die Folgen der karthagischen Plünderungszüge drastisch genug gezeigt hatte, setzte sich die Einsicht durch, dass der Kampf gegen die dominierende Seemacht Karthago den Aufbau einer eigenen großen Kriegsflotte unumgänglich machte. Dass Rom diese Aufgabe freilich in denkbar größtem Volumen von Grund auf bewältigte, stellte eine seiner folgenschwersten Aktivitäten dar.[32]

Unter der Leitung des für 260 zum Konsul designierten Cn. Cornelius Scipio wurden nicht weniger als 100 Penteren und 20 Trieren auf Stapel gelegt, gleichzeitig an Land die vorgesehenen Mannschaften in einem konzentrierten Drill für ihre Aufgaben ausgebildet. Da jeder Fünfruderer nach modernen Schätzungen etwa 250 Mann Besatzung erforderte, wird allein das für die erste römische Kriegsflotte notwendige Personal auf rund 20000 Mann geschätzt. Dass für diesen Rüstungs- und Ausbildungsvorgang größten Stils in weitem Umfang auf die nautischen Erfahrungen der mit Rom verbündeten griechischen Küstenstädte zurückgegriffen werden musste und auch diesen einen hohen Einsatz abverlangte, dürfte einleuchten.

Offensichtlich gaben sich die für die Aufstellung der Flotte Verantwortlichen keinen Illusionen darüber hin, dass selbst das Massenaufgebot dieser Seestreitkräfte den erfahrenen Karthagern nicht gewachsen war. Sie setzten deshalb auf eine wesentliche Verbesserung der technischen Ausrüstung der großen Schiffe, gleichsam auf deren 'Geheimwaffe', die 'Raben', die corvi[33] (Abb. 6).

Dabei handelte es sich um den Einbau von Enterbrücken: An einem zusätzlichen Mast der Schiffe wurden etwa 6 m lange und 4 Fuß breite Holzplanken mit einem Flaschenzug kombiniert. An ihrem Ende war ein starker Dorn befestigt, der beim Angriff in das Deck des feindlichen Schiffes einschlagen und dieses festhalten musste. Dazu war der 'Rabe' nach den Seiten schwenkbar. Gelang der Einschlag, so konnten die etwa 60 Marineinfanteristen einer Pentere über die Brücke das feindliche Schiff entern. Eine Seeschlacht war damit in Zukunft nach römischer Taktik nicht mehr von den Manövrierkünsten erfahrener Kapitäne abhängig, entscheidend wurde vielmehr der über die Enterbrücken vorgetragene infanteristische Nahkampf zur See und damit eine völlig neue Gefechtsweise, die sich bewähren sollte.

Der Auftakt des ersten Einsatzes der neuen römischen Kriegsflotte im Jahre 260 verlief freilich alles andere als befriedigend. Auf Grund einer falschen Information fuhr der römische Admiral Scipio mit einem Geschwader von 17 Schiffen in den Hafen von Lipara ein, wurde dort von

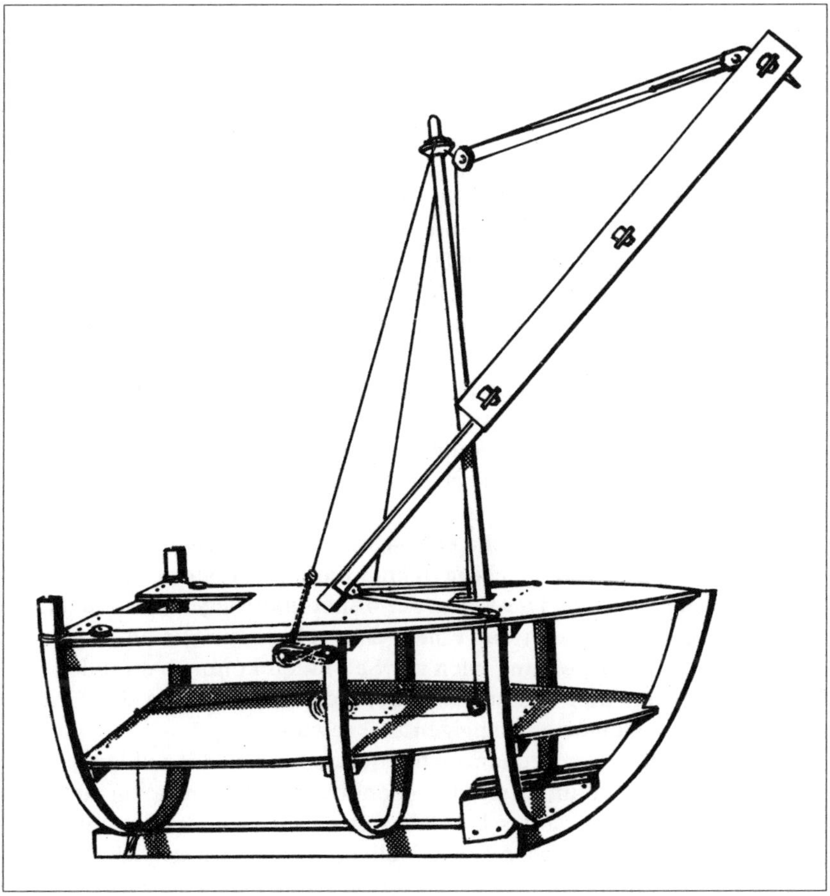

Abb. 6: Modell einer Enterbrücke.

dem karthagischen Befehlshaber Bodo eingeschlossen und zur Übergabe gezwungen. Schiffe wie Gefangene wurden sogleich über Panormos nach Karthago geschafft.

Der als Oberbefehlshaber der römischen Landstreitkräfte auf Sizilien vorgesehene Konsul Gaius Duilius hatte danach das Kommando der sich in Messana versammelnden römischen Hauptflotte zu übernehmen, wie sich erweisen sollte, der richtige Mann für diese schwierige Aufgabe. Als karthagische Schiffe im Raum von Mylae, westlich von Kap Pelorias im Norden Siziliens, plünderten, griff Duilius mit seinen inzwischen 145 Schiffen die 130 Einheiten starke karthagische Flotte an.

Nach den Ereignissen in Lipara war es verständlich, dass der karthagische Befehlshaber Hannibal, dem ein Jahr zuvor der Ausbruch aus Akragas geglückt war, seine römischen Gegner völlig unterschätzte und einzig durch die ungewohnten Aufbauten ihrer Schiffe etwas irritiert wurde. Er hielt es deshalb nicht einmal für nötig, seinen Verband in einer geschlossenen Kampfordnung zu formieren, sondern ging sogleich zum Angriff über. Doch wider allen Erwartens erlitten die Karthager eine katastrophale Niederlage. Auf Grund der Enterbrücken-Taktik büßten sie rasch 50 Schiffe sowie angeblich rund 10 000 Mann an Toten und Gefangenen ein; das Gros ihrer Flotte flüchtete nach Karthago.

In Rom kannte die Begeisterung über den unerwarteten Erfolg keine Grenzen. Duilius wurde der erste Flotten-Triumph der römischen Geschichte zuerkannt; die columna rostrata, eine aus Schiffsschnäbeln errichtete Säule auf dem Forum, erinnerte noch Jahrhunderte später an seinen großen Sieg, dessen Tragweite kaum zu überschätzen ist. Denn tatsächlich hatte sich durch ihn die militärische Gesamtlage der Auseinandersetzung grundlegend verändert.

Gleichsam über Nacht war die karthagische Seeherrschaft im westlichen Mittelmeer durch einen gleichrangigen, wenn nicht überlegenen Gegner in Frage gestellt worden. Der Krieg, der bisher überwiegend als Landkrieg auf Sizilien geführt worden war, erhielt eine völlig neue Dimension, in der die endgültige Entscheidung auch zur See fallen konnte. Auf jeden Fall waren Erringung und Behauptung der Seeherrschaft für die Kriegsparteien fortan zu einem vorrangigen Ziel geworden.

So weitreichende Konsequenzen der Seesieg von Mylae auf lange Sicht zeitigen sollte, in den unmittelbar folgenden Jahren war davon zunächst nur wenig zu sehen. Erst das Jahr 256 sollte dann neue Höhepunkte des Ringens heraufführen. Einen ersten stellte die große Seeschlacht von Eknomon an der Südküste Siziliens dar, in der beide Seiten über 300 Schiffe einsetzen konnten.[34] Erneut erwiesen die Enterbrücken ihre Überlegenheit: Von den karthagischen Schiffen wurden nicht weniger als 64 gekapert, 30 versenkt; die Römer verloren lediglich 24 Einheiten. So bedeutsam die Schlacht, eine der größten der antiken Seekriegsgeschichte überhaupt, schon an sich gewesen ist, ihre wichtigste Funktion lag darin, dass sie den Römern gleichsam den Weg nach Nordafrika öffnete und eine Invasion im Stile des Agathokles erlaubte. Von Messana aus konnten sie jetzt die Überfahrt wagen und an der östlichen Seite von Kap Bon landen. Das Unternehmen blieb ohne nennenswerten Erfolg, sollte aber manche der späteren Entscheidungen Hannibals prägen.

Im Frühjahr 255 geriet die römische Flotte auf ihrer Heimfahrt im Süden Siziliens auf der Höhe von Kamarina in einen der dort üblichen Sommerseestürme, vor dem ihre Befehlshaber vergeblich gewarnt worden waren. Von den insgesamt 364 römischen Schiffen überstanden lediglich 80 die Katastrophe, die Zahl der Ertrunkenen wird auf etwa 100000 Mann geschätzt. Wie hoch sie auch immer gewesen ist, die kaum beschönigende Wertung des Polybios dürfte zutreffen: *Die Geschichte kennt keinen Fall eines größeren Unglücks, das mit einem Male auf dem Meere stattgefunden hat. Die Schuld daran ist nicht sowohl der Tyche, als den Führern zuzuschreiben.*[35]

Das Geschehen der folgenden anderthalb Jahrzehnte wird dann durch weithin isolierte, zersplitterte Aktionen auf allen bisherigen Schauplätzen zu Lande wie zur See charakterisiert. Kleinere und größere Erfolge wechselten dabei mit periodischen Rückschlägen. Zur Entscheidung kam es erst, als sich Rom zu einer letzten Anstrengung aufraffte und im Winter 243/2 eine neue große Flotte auf Kiel legen ließ. Es ist dabei auf den ersten Blick geradezu paradox, dass die traditionelle römische Landmacht, die zuletzt so viele nautische Katastrophen hinnehmen musste, gleichwohl das Ende des Krieges zur See herbeizuführen suchte. Der materiell ausgeblutete römische Staat konnte diesen neuen Aufrüstungsakt, in dem nicht weniger als 200 Penteren gebaut wurden, freilich überhaupt nicht selbst finanzieren; er war auf die Übernahme der Kosten durch reiche Bürger angewiesen.

C. Lutatius Catulus, der römische Flottenbefehlshaber des Jahres 242, konnte seinen überraschenden Angriff auf die karthagischen Festungen im Nordwesten Siziliens mit zwei Paukenschlägen eröffnen: Es gelang ihm, die Häfen von Lilybaion und Drepana in Besitz zu nehmen und damit auch Karthago noch einmal zum Handeln zu zwingen. Doch die letzte Flotte, welche die Stadt noch aufbrachte und die dem Admiral Hanno anvertraut war, erlitt im Frühjahr 241 bei den Aegatischen Inseln westlich von Drepana eine vollständige Niederlage.

Es war erneut die große Stunde der Enterbrücken, denn 70 karthagische Schiffe konnten von den Römern gekapert werden, 50 versenkt, angeblich wurden rund 10000 Gefangene gemacht. Damit war Karthago zur Unterwerfung gezwungen. Der auch beim Gegner respektierte Hamilkar Barkas wurde zur Leitung der Friedensverhandlungen mit Catulus ermächtigt.

Polybios hat den Text der von den beiden Befehlshabern ausgehandelten Friedensbedingungen überliefert. Sie lauteten: *Unter diesen Bedingungen soll Freundschaft sein zwischen Karthago und Rom, vorausgesetzt, dass auch das römische Volk es gutheißt. Die Karthager sollen ganz Sizilien räumen und keinen Krieg gegen Hieron führen noch gegen die Syrakusaner oder die Bundesgenossen der Syrakusaner die Waffen ergreifen. Die Karthager sollen den Römern sämtliche Kriegsgefangenen ohne Lösegeld zurückgeben. An Geld sollen die Karthager den Römern in zwanzig Jahren zweitausendzweihundert euböische Talente zahlen.*[36]

So hart die Auflagen für Karthago waren, der römischen Volksversammlung erschienen sie zu milde. Sie entsandte deshalb eine eigene Kommission, welche die Frist für die Zahlungen auf die Hälfte reduzierte, von Karthago noch einmal zusätzlich 1000 Talente forderte und ferner die Räumung aller Inseln zwischen Sizilien und Italien dekretierte. Karthago blieb keine andere Wahl, als auch dieses Diktat anzunehmen.

Die Folgen

Karthago hatte endlich seinen Friedensvertrag mit Rom – doch Frieden sollte es noch lange nicht finden. Hamilkar Barkas führte seine Söldnerverbände nach dem Abschluss der Verhandlungen nach Lilybaion; von dort aus sollten sie die Insel verlassen. Danach legte er, aus welchen Gründen auch immer, sein Kommando nieder.

Zu seinem Nachfolger war Gisko bestellt worden, der als Erstes die Rückfahrt der Truppen nach Karthago zu organisieren hatte. Er war mit der Situation, vor allem mit der aufgebrachten Stimmung der zahlreichen Söldner, die auf Grund der finanziellen Notlage Karthagos schon lange kein Geld mehr erhalten hatten, gut vertraut. Das Söldnerkorps, dessen Männer zum größeren Teil aus Libyen, von den Balearen, aus Ligurien, Iberien und von keltischen Stämmen kamen, zum Teil auch Halbgriechen aus Sizilien und Unteritalien waren, sollte deshalb in kleineren Gruppen in die Hauptstadt zurückgeführt werden. Gisko wollte auf diese Weise Zeit gewinnen, eine Massierung aller karthagischen Truppen um jeden Preis verhindern und den Verantwortlichen Gelegenheit geben, die so lange Hingehaltenen nach und nach abzufinden.

Allein die karthagische Führung, welche die Stimmung und Mentalität der Söldner offensichtlich nicht realistisch einschätzte, verfolgte ein anderes Ziel und eine andere Verhandlungstaktik. Sie beschleunigte im Gegenteil den Rücktransport, um mit sämtlichen Gruppen gemeinsam verhandeln zu können. Vor allem wollte sie, was angesichts der hohen Tribute an Rom verständlich war, einen teilweisen Soldverzicht erreichen.

Doch schon als die ersten Söldner in Karthago selbst anlangten und als diese seit langem verwilderten und gierigen Männer sich als Herren der Stunde aufführten, kam es zu Gewaltakten und Unruhen. Immerhin gelang es den karthagischen Behörden noch, die Männer, die zunächst lediglich ein Handgeld zur Bestreitung ihrer dringendsten Ausgaben erhalten hatten, dazu zu bewegen, die Stadt zusammen mit ihren Frauen und Kindern zu verlassen und sich in Sikka (El Kef, etwa 150 km südwestlich Karthagos) zu sammeln. Diese zunächst durchaus verständliche Maßnahme, die weitere Verbrechen in Karthago verhindern sollte, erwies sich freilich als äußerst problematisch. Denn gerade die Konzentration der 'Gläubiger' auf engem Raum erhitzte deren Stimmung und trieb deren Forderungen und Erwartungen immer höher. Mit der Durchführung der Verhandlungen wurde von den Karthagern Hanno ('der Große'), der Stratege Libyens, betraut, in dessen Verantwortungsbereich sich die Söldnermassen aufhielten. Es zeigte sich rasch, dass er mit dieser Aufgabe völlig überfordert war. Bereits als er in einer Ansprache die notwendige Soldkürzung erwähnte, brach offene Empörung aus, und der 'Söldnerkrieg' begann, der sich über nahezu dreieinhalb Jahre hinziehen sollte und der nach Polybios' zutreffender Definition zum „gnadenlosen Krieg" wurde.[37]

Die Gefahren, denen sich das materiell wie personell erschöpfte und verzweifelte Karthago hier gegenübersah, waren deshalb so groß, weil es sich bei den Aufständischen um hoch motivierte, erfahrene Berufssoldaten von denkbar großer Kampfkraft handelte, deren Anführer sich als durchaus fähige, ebenso mitreißende Propagandisten wie kluge Taktiker erweisen sollten.

Die Schwerpunkte der Kämpfe lagen einmal bei Tunis, wo die Söldner ihr Lager behaupten konnten, vor Karthago, das zeitweilig vergeblich belagert wurde, im Bagradastal sowie bei den Städten Utica und Hippo Diarrhytus (Bizerta). Letztere fielen erst spät von Karthago ab und mussten am Ende des Krieges wieder zurückerobert werden. Die Auseinandersetzungen erfassten jedoch auch weite Teile des libyschen Umlandes und griffen selbst auf Sardinien über. Der 'Söldnerkrieg', der nun auch zum 'Libyschen Krieg' geworden war, beschränkte sich ferner nicht nur auf die in sich geschlossenen, beiderseitigen Heeresoperationen, sondern er war zugleich, was oft übersehen wird, begleitet von ganzen Ketten einzelner Verbrechen, Plünderungen und Gewalttaten der Marodeure, Versprengten und Flüchtenden im Gesamtgebiet des karthagischen Herrschaftsbereiches.

Am Ende siegte Karthago, doch auf diesen Triumph fiel sogleich ein dunkler Schatten. Wie schon erwähnt, hatte die Söldnerrebellion auch auf Sardinien übergegriffen. Die dortigen Aufständischen errangen zwar zunächst beträchtliche Erfolge, wurden dann jedoch von den Sarden des Landesinneren von der Insel vertrieben. Während sich Rom anfangs zurückhielt, besetzte es nach dem Ende des Söldnerkrieges, als die Wiederinbesitznahme Sardiniens durch die Karthager drohte, unter fadenscheinigen Vorwänden die Insel.

Eine karthagische Demarche wurde mit der Androhung einer Kriegserklärung beantwortet. Karthago hatte keine andere Wahl, als dieses Fait accompli hinzunehmen und auch noch die zynisch geforderten 1200 Talente 'Kriegsentschädigung' zu zahlen. Wenig später ist dann zudem Korsika von den Römern übernommen worden. Die beiden großen Inseln, die seit

Jahrhunderten zum karthagischen Handelssystem gehört hatten, waren schon jetzt für immer verloren.

In dem langen Ringen um Sizilien, Sardinien und Korsika traten die Eigenart der Heeresstruktur, der Seekriegsführung, der Politik und Administration der beiden Gegner besonders deutlich hervor. Die Armeen der Römischen Republik konnten deshalb auf ein zahlenmäßig weit überlegenes Potential zurückgreifen, weil es Rom gelungen war, die militärischen Kräfte und Machtmittel seiner Bundesgenossen in denkbar weitestem Umfang für seine Sache zu mobilisieren. Der Anteil der Bundesgenossen dürfte nicht selten insgesamt die Hälfte der Legionen erreicht haben.[38]

Auf der anderen Seite führte Karthago auf Sizilien zu Lande einen klassischen Söldnerkrieg unter dem Kommando eigener Befehlshaber. Dort, wo diese ihre Verbände effizient leiten konnten und voll akzeptiert wurden, konnten sie sich – wie später die Feldherrn der römischen Berufsarmeen und Heeresklientelen – voll auf ihre Truppen verlassen und – wie zum Beispiel Hamilkar Barkas – trotz ihrer begrenzten Mittel auch beträchtliche Erfolge erzielen.

Der 1. Punische Krieg war für die Karthager, die hier eine charakteristische Struktur der hellenistischen Epoche übernommen hatten, das große Lehrstück eines Söldnerkrieges mit all seinen Voraussetzungen, Konsequenzen und Gefahren. Dass sie diese nicht rechtzeitig erkannt und unterschätzt hatten, sollte sich bitter rächen. Dabei ist zu unterstreichen, dass sich die Grundstrukturen im Heerwesen der beiden Mächte auch in den Auseinandersetzungen mit Hannibal nicht von jenen des 1. Punischen Krieges unterscheiden sollten.

Von militärischer Seite[39] wurde zu Recht darauf hingewiesen, dass die Heeresführung auf beiden Seiten den hohen Anforderungen der Auseinandersetzung nicht entsprach. Der durch die Prinzipien der Kollegialität und der Annuität erzwungene rasche Wechsel der Kommandeure entsprach auf römischer Seite den langfristigen strategischen Aufgaben ebenso wenig wie der wiederholte Austausch der Strategen auf karthagischer. Allen Vorbehalten und Bedenken zum Trotz stellen die Punischen Kriege deshalb bei beiden Parteien eine Übergangsphase zu langfristigen Kommandostrukturen und damit auch zur Ausbildung überragender Befehlshaber dar. Auch in anderer Hinsicht wurde die Insuffizienz der traditionellen politischen und administrativen Formen offenkundig. Auf Grund des geringen Integrationswillens und -vermögens Karthagos in seiner Einflusssphäre war es ihm nicht möglich, die beachtlichen Kräfte seiner Verbündeten im Kampf gegen die römischen Invasoren zusammenzuführen.

Die auf Seiten der Punier stehenden sizilischen Städte beschränkten sich in der Regel auf eine meist isolierte, von Fall zu Fall von karthagischen Truppen unterstützte Selbstverteidigung. Eine Ursache dafür ist gewiss auch in der traditionellen Zersplitterung der sizilischen Poleis und Stämme zu suchen, im Vorrang lokaler Strukturen. Ein aktives Gemeinschaftsbewusstsein und Handeln ganz Siziliens gab es nicht. Im Gegensatz hierzu ist für Rom sowohl in Sizilien als auch in Sardinien und Korsika der Übergang zu Ansätzen einer systematischen Provinzialverwaltung bezeichnend. Waren zunächst die jeweils Krieg führenden Obermagistrate und Heereskommandeure in ihrem Befehlsbereich auch für die Aufgaben der Verwaltung und Justiz zuständig, so musste nach dem Ende der Kampfhandlungen eine neue Regelung gefunden werden.

Im Jahre 227 wurde daher die Zahl römischer Prätoren von bisher zwei auf vier erhöht; von ihnen wurde in Zukunft einer für die Verwaltung Siziliens, einer für jene Sardiniens und Korsikas zuständig. Beide konnten indessen lediglich eine Oberaufsicht über die öffentliche Ordnung und Rechtsprechung in den weiter bestehenden traditionellen Einheiten der civitates ausüben. Eine intensivere Provinzialverwaltung, die freilich stets durch ein Minimum kompetenter Personen gekennzeichnet blieb, konnte sich erst in einem längeren Prozess entfalten. Allerdings waren die Ansprüche der neuen Vormacht von Anfang an wesentlich fühlbarer als jene Karthagos.

II. Die Barkiden – Hannibals Anfänge

Die Barkiden in Spanien

Schon während der Endphase des Söldnerkrieges und der Vorgänge in Sardinien dürften Hamilkar Barkas und Hasdrubal die politischen und militärischen Optionen erörtert haben, die Karthago nach den schweren Rückschlägen und Verlusten verblieben. Da sich eine Wiederaufnahme der Kämpfe mit Rom verbot, lag scheinbar die Fortsetzung jener Initiativen in Libyen und Numidien am nächsten, die 247 in Hannos des Großen Vorstoß bis Theveste (Tebessa nahe der tunesisch-algerischen Grenze) ihren vorläufigen Höhepunkt erreicht hatten. Doch nach all den Zerstörungen des Libyschen Krieges war dort nur ein geringer Gewinn zu erwarten.

Als einzige realistische Möglichkeit für weiterreichende karthagische Aktivitäten blieb deshalb die Konzentration auf die alten phönikischen und punischen Ansätze im Süden und Osten der Iberischen Halbinsel. Vor allem lockten dort die reichen Bodenschätze der Bergbauregion um Huelva und Castulo am Guadalquivir und in seinem weiteren Umfeld, welche die materiellen Ressourcen nachhaltig zu erhöhen versprachen. Voraussetzung für einen solchen Vorstoß war freilich, dass Rat und Volk für diesen Plan gewonnen werden konnten. Dafür musste jedoch von Anfang an mit dem konsequenten Widerstand Hannos und seiner Anhänger gerechnet werden. Voraussetzung für die Verwirklichung der barkidischen Konzeption war ferner, dass Hamilkar Barkas zum alleinigen Oberbefehlshaber ernannt und mit entsprechender Handlungsfreiheit ausgestattet wurde (Abb. 7).

Prinzipiell erstrebten Hamilkar und Hasdrubal ein klares Junktim: Einmal sollten alle ihre Aktivitäten stets in vollem Einklang mit Karthago erfolgen, zum andern jedoch zugleich ausschließliches Wirkungsfeld der Barkiden bleiben. Zu ihnen zählte selbstverständlich auch Hamilkars Schwiegersohn Hasdrubal, der – wie sich erweisen sollte – für die Kontinuität des Einsatzes unentbehrlich war. Entscheidend blieb, dass an eine völlige Verselbständigung des barkidischen Kommando- und Aktionsraumes, etwa nach dem Vorbild hellenistischer Monarchien, nie gedacht war.

Die Voraussetzungen wurden erfüllt, die konservativen Gruppen um Hanno den Großen zurückgedrängt. Im Frühjahr 237 stieß Hamilkar mit seiner Armee nach Gades vor. Er wurde von Hasdrubal, der die kleine Begleitflotte befehligte, und von seiner Familie begleitet. Darunter befand sich auch der damals neunjährige Hannibal.[1] In jenen Zusammenhang ge-

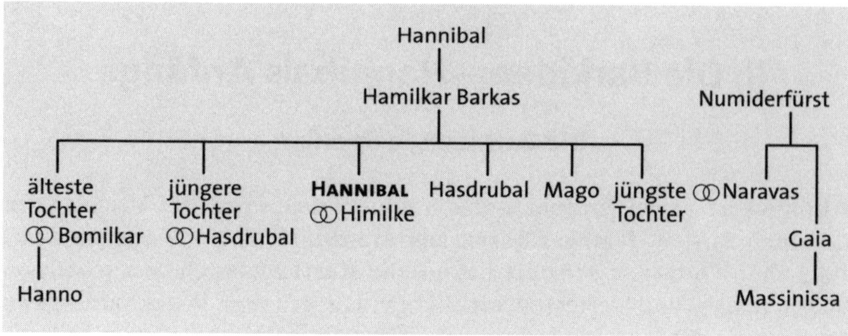

Abb. 7: Dynastie der Barkiden.

hört nun die viel diskutierte Szene von 'Hannibals Schwur'. Polybios setzt dabei Hannibals Bericht über jenen Vorgang in das Jahr 193, als sich dieser gegenüber dem Misstrauen Antiochos' III. zu rechtfertigen hatte. Danach soll Hannibals Vater nach einem Opfer für Zeus (Melkart) vor Antritt der Expedition den Jungen herbeigerufen und ihn freundlich gefragt haben, *ob er ihn auf seinem Zuge begleiten wolle. Als er freudig ja gesagt und nach Knabenart ihn sogar noch dringend darum gebeten habe, da habe jener seine Rechte ergriffen, ihn an den Altar geführt und ihn unter Berührung der Opfer den Schwur leisten lassen, niemals den Römern wohlgesinnt zu sein.*[2]

Doch so eindrucksvoll und anrührend die Geschichte ist – in der neueren Forschung wird überwiegend die Unwahrscheinlichkeit eines solchen Vorgangs betont. Wie immer man sich in der Einschätzung der kleinen Erzählung entscheidet, als Beweis für den sprichwörtlichen, angeblichen 'Hass der Barkiden', der den 2. Punischen Krieg ausgelöst habe, eignet sie sich nicht.

Über die Einzelheiten der Kämpfe in den folgenden Jahren liegen nur wenige, noch dazu ungenaue Nachrichten vor. Es steht indessen fest, dass Hamilkars Operationen gegen Iberer, Tartessier und Kelten erfolgreich verliefen. Ob die feindlichen, zahlenmäßig oft weit überlegenen Kräfte von Isolatios oder Indortes geführt wurden, sie konnten der Reihe nach besiegt werden, da nie eine Zusammenfassung aller bedrohten Stämme gegen die Karthager gelang. Zu vielen Tausenden wurden die Einheimischen erschlagen, Gefangene großenteils in Hamilkars Heer eingereiht. Dass Hasdrubal zeitweilig in Numidien einen Aufstand niederzuwerfen hatte, änderte an der Gesamtlage nichts. Hamilkars Erfolge zeigten Wirkung; bis in den Raum von Kap Nao an der Ostküste Iberiens wurde seine Herrschaft anerkannt.

Ein sicheres Indiz für Hamilkars materielle Gewinne dokumentiert die wachsende Qualität seiner zunächst in Gades angesiedelten Münzprägung.[3] Wurden dort zuerst lediglich wenig ansehnliche Bronzemünzen produziert, so folgte schon bald eine massenhafte Silberprägung hohen Standards, die von einer kleinen Goldserie und weiteren Bronzeemissionen begleitet war. Insgesamt gesehen, ist die zügige Ausbildung eines hochrangigen geldwirtschaftlichen Areals unverkennbar. Als weiteres Zeichen für die Stabilisierung der Macht Hamilkars gilt die Errichtung seines neuen Zentrums Leuke Akra (Alicante). Doch je stärker sich diese Macht zu verfestigen begann, je weiter sie ausgriff und je größer der zu einem Teil nach Karthago überwiesene Gewinn wurde, desto bedrohlicher schien sie auch für jene anderen Mächte zu werden, welche die Entwicklungen auf der Iberischen Halbinsel mit Misstrauen verfolgten.

Es mag sein, dass sich zuerst Massalia in seinen Handelsaktivitäten behindert und seine Handelsstationen in Emporion, Alonis, Rhode und Hemeroskopeion gefährdet sah und deshalb auch Rom alarmierte.[4] Angeblich soll schon 230/229 eine römische Gesandtschaft bei Hamilkar erschienen sein, um von diesem nähere Informationen zu erlangen. Trifft dies zu, so konnte sie offensichtlich beschwichtigt werden. Zudem sollte Rom in den folgenden Jahren durch die Vorstöße der Kelten nach Norditalien eine weit nähere Gefahr erwachsen.

Völlig befriedet war Hamilkars großer iberischer Brückenkopf indessen noch lange nicht; latent herrschten noch immer Feindschaft und die Bereitschaft zum Verrat. Während einer Belagerung der Siedlung von Helike ist Hamilkar 229/8 einer Hinterlist des Orisserkönigs zum Opfer gefallen. Die barkidische Herrschaft wurde durch diesen Rückschlag zwar erschüttert, doch nicht beseitigt. In einer Heeresversammlung ist sogleich Hasdrubal zu Hamilkars Nachfolger gewählt und kurz darauf auch in Karthago anerkannt worden. Als Hamilkar fiel, stand bereits fest, dass seine Konzeption erfolgreich war. Seine Leistung ist unstrittig, obwohl in der Gegenwart die Neigung besteht, sie zu relativieren.[5] Vielleicht sollte man nicht vergessen, dass der alte Cato – gewiss weder Karthager- noch Barkidenfreund – sie über diejenige von hellenistischen Königen stellte.[6]

Theodor Mommsen, der ihn mit Scharnhorst verglich und ihm ein geradezu panegyrisches Porträt widmete, meinte: *Großartiger als von ihm ist vielleicht niemals der großartige Kampf des Menschen gegen das Schicksal geführt worden.*[7] Wie immer es darum bestellt ist, Hannibals Vater gehört jedenfalls zu jenen wenigen Heerführern und Politikern, denen es gelang, ihrem Staat nach denkbar schwersten Katastrophen wieder Erfolge und Hoffnung zu schenken.

Der neue Oberbefehlshaber Hasdrubal hatte sich sogleich durch einen Terror verbreitenden Rachefeldzug zu legitimieren. Das karthagische

Heer in Iberien, das inzwischen auf immerhin etwa 60 000 Mann zu Fuß, 8000 zu Pferde und 200 Elefanten angewachsen war,[8] ging gnadenlos gegen die Verräter und Aufständischen vor. Es durchzog das Gebiet der Orisser am oberen und mittleren Guadianatal und an der Sierra Morena, nahm die Städte Castulo und Orio ein. Der Orisserkönig und die am Verrat beteiligten Stammesführer fanden den Tod, die Wut der Soldaten kannte keine Grenzen, die Siedlungen des Aufstandsgebiets wurden mit hohen Tributen belegt. Das statuierte Exempel wirkte: Auch dem Geschehen benachbarte Stämme unterwarfen sich jetzt Hasdrubals Herrschaft.

Doch dieser setzte nicht allein auf Gewalt und Terror. Er knüpfte vielmehr freundschaftliche Beziehungen zu den nicht in den Aufstand verwickelten iberischen Stammesfürsten an und heiratete die Tochter eines angesehenen iberischen Königs.

Offensichtlich wollte er durch eine engere politische und gesellschaftliche Verbindung mit der iberischen Führungsschicht seine Machtgrundlage erweitern und festigen. Hasdrubals Initiativen zeitigten bald die erhoffte Resonanz: Er wurde von den Stämmen zum gemeinsamen Oberbefehlshaber ihrer Streitkräfte gewählt.

Lagen Hamilkars Aktivitäten einst notgedrungen nahezu ausschließlich im militärischen Bereich, so zögerte Hasdrubal zwar dort, wo es unumgänglich war, keineswegs mit massiven Demonstrationen karthagischer Macht, setzte daneben jedoch weit stärker als sein Schwiegervater auf längerfristige politische Methoden. Einzelheiten über Formen und Sicherung seiner Administration sind nicht bekannt, wenn man von der auffallend starken Geiselstellung der Stämme absieht.

Der sinnfälligste Impuls im Rahmen seines Wirkens lag in dem zielstrebigen Auf- und Ausbau eines neuen karthagischen Macht- und Verwaltungszentrums: Quart Hadasht (Carthago nova/Cartagena) wurde im folgenden Jahrzehnt zum Hauptort der Barkiden in Spanien. Für die Entscheidung des ehemaligen Admirals war es charakteristisch, dass der Ort sich insbesondere durch die Gunst seines Hafens auszeichnete und damit die Logistik wesentlich erleichterte. Ebenso charakteristisch waren für Hasdrubal die Errichtung eines repräsentativen Palastes sowie die Emission von in jeder Hinsicht besonders wertvollen Silberserien.

Um die Jahreswende 226/5 kam es dann zu einem neuen Kontakt mit den Römern. Angesichts der bevorstehenden Kämpfe mit den Kelten war es das Ziel der römischen Gesandtschaft, ein Zusammenwirken Hasdrubals mit den keltischen Stämmen zu verhindern. Nach Polybios schlossen sie deshalb mit Hasdrubal *einen Vertrag, in dem vom übrigen Iberien kein Wort stand, dagegen bestimmt war, die Karthager sollten den Ebro nicht in kriegerischer Absicht überschreiten.*[9] Um die Identifikation des hier genannten „Iberos“ sollte es in den vergangenen Jahrzehnten zu einer intensiven wissenschaftlichen Kontroverse kommen, auf die später noch einmal näher einzugehen ist (S. 51). Wie immer dabei entschieden wird, Hasdrubal dürfte sich damals durch seine Zustimmung in seiner Bewegungsfreiheit nicht eingeschränkt, sondern seinen Machtbereich implizit anerkannt gesehen haben. Da seine Kämpfe gegen iberische Stämme neben all dem weitergingen, forderte er 224/3 den jungen Hannibal, der sich damals in Karthago aufhielt, auf, nach Spanien zu kommen. Hannibal übernahm dort die Funktion eines Kavalleriekommandeurs und damit den Befehl über jene Waffengattung, die in seinen strategischen und taktischen Überlegungen stets eine besonders große Rolle spielen sollte. Es gelang Hannibal sehr rasch, die Akzeptanz und die Sympathie der Truppe zu gewinnen, eine Tatsache, die von nicht zu überschätzender Bedeutung war, als Hasdrubal gegen Ende des Jahres 221 aus privaten Gründen von einem Sklaven ermordet wurde.

Der junge Befehlshaber

Wie bei den meisten bedeutenden Politikern und Heerführern der Antike, so liegen auch bei Hannibal keine ausreichenden Informationen über seine Kindheit und seine Jugendjahre vor. In seinem Falle ist dies vor allem darauf zurückzuführen, dass für ihn überhaupt keine karthagischen Quellen überliefert sind und das Familienleben der Barkiden nahezu unbekannt blieb. Von seiner Mutter ist weder der Name überliefert noch gewinnt sie Profil. Die modernen Versuche, diese Lücke durch phantasievolle Rückschlüsse und Analogien zu füllen, helfen darüber nicht hinweg. Es dürfte richtiger sein, von solchen Rekonstruktionen abzusehen.

Es steht lediglich fest, dass für Hannibals Erziehung neben den Eltern insbesondere der Spartaner Sosylos bedeutsam wurde, ein Mann, der später zu Hannibals engerem Gefolge zählte und auch dessen Geschichte schrieb. Dass er die Vorliebe seines Zöglings für Alexander den Großen vertiefte, ist wahrscheinlich, die Vermittlung weiterer griechischer Autoren zu vermuten. Hingegen steht fest, dass schon der junge Hannibal rasch Zugang zu fremden Sprachen fand und später auch das Lateinische beherrschte. Insgesamt gesehen dürfte er primär jedoch von den militärischen Erfahrungen seines Vaters, daneben von den politischen Aktivitäten Hasdrubals profitiert haben (Abb. 8).

Nach den wenigen bekannten und schon gestreiften Erwähnungen Hannibals im Rahmen der barkidischen Aktivitäten brachte Hasdrubals Ermordung die entscheidende Zäsur. Nachdem auch Karthago die Ausrufung des 26-jährigen Hannibal zum Oberbefehlshaber durch das iberische

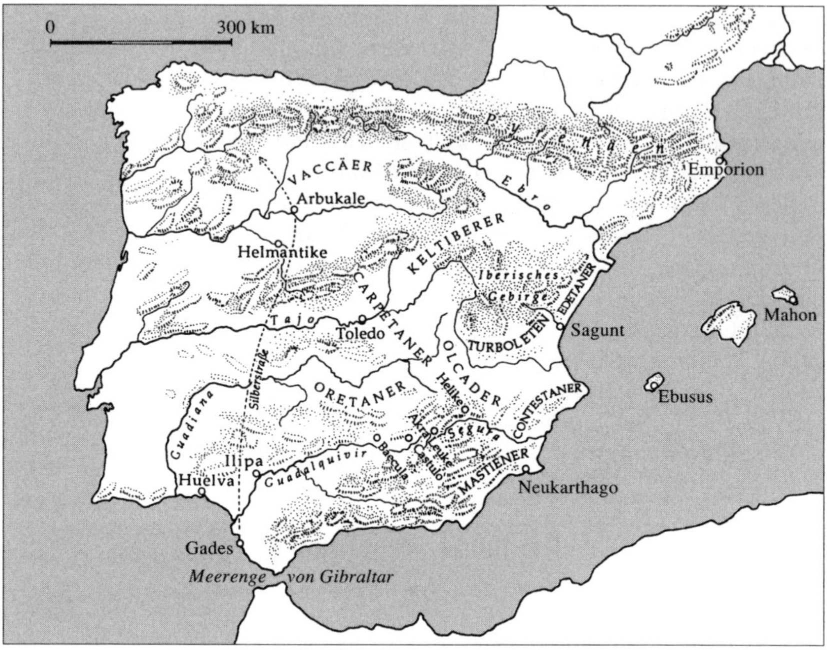

Abb. 8: Die Iberische Halbinsel zur Zeit Hannibals.

Heer akzeptiert hatte, ergriff dieser noch im Jahre 221 sogleich eine militärische Initiative. Sein Vorstoß führte in das Gebiet der Olkader in Räume nordwestlich von Carthago nova. Dabei wurde die Stadt Althia eingenommen und insgesamt eine reiche Beute erzielt, die das Band der Truppen zum neuen Befehlshaber festigte.

Die Operationen des Folgejahres griffen dann weiter aus. Sie galten zunächst den Vaccäern am Mittellauf des Duero und führten zur Besetzung der Städte Helmantike (Salamanca) sowie Arbukale (Toro), danach zu einer großen Schlacht gegen die Karoessier (Carpetani) am Tajo, in welcher der numerisch überlegene Gegner eine vernichtende Niederlage erlitt. Das schwere Gefecht war Hannibals erster, selbständig errungener Sieg in einer offenen Feldschlacht. Während um die Wende von 220 zu 219 das Winterlager in Neukarthago bezogen wurde, sollte sich die politische Gesamtlage dramatisch zuspitzen.

Der Ausbruch des 2. Punischen Krieges

Auf Grund ihres eigenen zeitgenössischen Erlebens ist die moderne Geschichtsforschung für die Probleme von Kriegsursachen und -anlässen, für die Verantwortung von Einzelnen oder Kollektiven besonders sensibilisiert. Im Bereich der Antike hat sich die Geschichtswissenschaft selten so intensiv und so lange mit einem Fragenkomplex befasst wie mit jenem der Vorgeschichte und des Ausbruchs des 2. Punischen Krieges.[10] Diese Konzentration der Studien wird jedoch begreiflich, wenn berücksichtigt wird, dass zentrale Punkte der Entwicklung infolge einer unzulänglichen und nicht eindeutigen Überlieferung unklar sind und deswegen auch nicht mit letzter Sicherheit beurteilt werden können.

Dies gilt bereits für die römische Gesandtschaft des Jahres 230,[11] in besonderer Weise jedoch für den Ebro-Vertrag von 226,[12] für die Vorgänge um Sagunt[13] sowie für Hannibals Übergang über den Ebro[14]. Dabei geht es nicht nur um chronologische Probleme, sondern teilweise selbst um die exakten Identifizierungen – zum Beispiel des „Ebro“ mit dem Júcar[15] oder Segura[16].

Hinzu kommt die unterschiedliche Akzentuierung der Ereignisse: Gab für den römischen Entschluss zur Intervention in Spanien Hasdrubals Anlage von Carthago nova, Massalias Sorge um seine Stützpunkte, Hannibals Vorgehen gegen Sagunt oder erst dessen Überschreitung des Ebro den Anstoß? Nicht weniger umstritten sind Rechtsfragen und Modalitäten: Band der Ebro-Vertrag nur Hasdrubal oder für immer auch Karthago? Entsprach der wohl zwischen 223 und 221 aufgenommene Kontakt zwischen Sagunt und Rom einem fides-(Treue-)Verhältnis, einer amicitia (Freundschaft), einem foedus (Vertrag), doch wohl nicht einer deditio (Unterwerfung) wie im Falle von Messana?

Das Bündel dieser Probleme insgesamt erlaubt jedenfalls keine einwandfreie Verkettung der Ereignisse, sondern höchstens eine mehr oder weniger plausible Rekonstruktion. Noch weniger gestattet es eine präzise Eruierung der Beweggründe, Ziele und Entscheidungen beider Parteien, dies umso weniger, als sie in einer Atmosphäre überspannten Misstrauens und weitreichender Unterstellungen agierten. Hinzu kommt schließlich noch der Faktor, dass die erhaltene Überlieferung das Geschehen nahezu ausschließlich proromisch akzentuierte.

Die Endphase der Vorgeschichte des 2. Punischen Krieges beginnt jedenfalls mit den Vorgängen um die Stadt Sagunt. Angesichts der Ausweitung des barkidischen Machtbereichs war es dort offensichtlich kurz vor 220 zu innenpolitischen Auseinandersetzungen gekommen. Rom hatte in sie eingegriffen, und Anführer der prokarthagischen Gruppe waren getötet worden. Während Hannibal im Inneren der Halbinsel kämpfte, gingen die Saguntiner gegen ihre zum barkidischen Einflussgebiet zählenden Nachbarn, die Torboleten, vor. Wollte Hannibal sein Prestige nicht verlieren, so konnte er diese Handlungsweise nicht hinnehmen.

Nachdem ein Vermittlungsversuch gescheitert war, spitzte sich die Situation weiter zu, als Sagunt an die Hilfe Roms appellierte. Im Spätjahr 220 wurde Hannibal daher in Neukarthago von einer römischen Gesandtschaft aufgesucht, die ihn kategorisch aufforderte, das mit Rom befreundete Sagunt nicht anzugreifen und den Ebro nicht zu überschreiten. Andernfalls drohte sie mit Krieg.

Unter Hinweis auf die juristische Lage lehnte Hannibal die römischen Zumutungen ab. Während er den Vorfall nach Karthago meldete, reisten die römischen Gesandten dorthin und wiederholten ihre Forderungen im karthagischen Rat. Dessen Antwort ist nicht überliefert. Auf Hannibals Bitte um weitere Direktiven überließ ihm der Rat die notwendigen Entscheidungen. Hannibals Verhalten in der sich anbahnenden Krise war ruhig, sicher und bestimmt. Es hatte sich erwiesen, dass Sagunt zu einem zweiten Messana und damit zu einem Trauma karthagischer Politik werden konnte. Jedes Nachgeben gegenüber den Römern und jeder Kompromiss mussten Hannibals Position schwächen. So erklärt sich seine entschiedene Abweisung der römischen Gesandtschaft, die ihn provoziert hatte, sowie sein Entschluss, durch Fakten Klarheit zu schaffen und Sagunt im Frühjahr 219 anzugreifen.

Da es trotz großer zahlenmäßiger Überlegenheit nicht gelang, die Stadt im ersten Anlauf zu nehmen, kam es zu einer achtmonatigen Belagerung des durch seine günstige Lage leicht zu verteidigenden Ortes. Die Siedlung lag etwa 4,5 km vom Meer entfernt auf einem ungefähr 170 m hohen Plateau, das nach allen Seiten abfiel. In der Hoffnung auf baldige römische Unterstützung, die jedoch ausblieb, leisteten die Bewohner einen hartnäckigen und erbitterten Widerstand. In den nicht abreißenden Kämpfen ist Hannibal selbst schwer verwundet worden. Als Sagunt dann endlich fiel, kannte das barkidische Heer keine Gnade. Die Massaker an den Geschlagenen und die Plünderungen sind nicht zu beschönigen, entsprachen indessen durchaus dem Kriegsrecht der Epoche, auch dem römischen.

Die Bedeutung dieser Belagerung für Hannibal wird nicht immer klar genug gesehen. Ihr Ablauf entsprach gewiss nicht seinen Hoffnungen und Erwartungen. Die Dauer des Ringens musste ihn belasten und diskreditieren. Es zeigte ihm die Grenzen seiner Verbände im Belagerungskrieg. Vielleicht trug diese Erfahrung sogar zu seinem Entschluss bei, Rom im Jahre 216, nach seinem überragenden Sieg bei Cannae, nicht direkt anzugreifen, weil er die dortigen Schwierigkeiten realistisch einschätzte oder sie sogar überschätzte.

In Rom wurden die spanischen Probleme offensichtlich zunächst zurückgestellt. Für den Sommer des Jahres 219 war bereits eine militärische Operation gegen Demetrios von Phaleron in Illyrien vorbereitet worden; im Herbst desselben Jahres beschloss der Senat die Anlage von zwei Kolonien in Placentia und Cremona, um die römischen Interessen in Oberitalien besser zu sichern. Erst als die Nachricht vom Fall Sagunts eingetroffen war, entschloss man sich, Konsequenzen zu ziehen.

Unter der Führung des ehemaligen Censors M. Fabius Puteo reisten im Frühjahr 218 fünf Senatoren nach Karthago, forderten die Auslieferung Hannibals und seiner Berater und kündigten bei einer Weigerung die Kriegserklärung an. Auf die Erörterung der karthagischen Vorwürfe und Rechtsauffassungen ließen sie sich nicht ein. In einer klassischen Szene hat Livius die Vorgänge im karthagischen Rat dramatisch geschildert: *Darauf machte der Römer (Fabius) aus seiner Toga einen Bausch und sagte: 'Hier bringen wir euch Krieg und Frieden. Nehmt, was ihr wollt!' Da antworteten sie nicht weniger aufgebracht mit Geschrei, er solle nur geben, was er wolle. Und als er den Bausch seiner Toga ausschüttete und erklärte, er gebe ihnen den Krieg, da antworteten alle, sie nähmen ihn an und würden ihn auch mit dem gleichen Mut führen, mit dem sie ihn jetzt annähmen.*[17] Damit war aus dem lokalen Konflikt um Sagunt ein zunächst westmediterraner Krieg zwischen Rom und Karthago, der 2. Punische, geworden.

Nach der Einnahme Sagunts hatte Hannibal den Großteil seiner Truppen in einen Winterurlaub entlassen; für ihn selbst waren die folgenden Monate mit einer Vielzahl von Aktivitäten ausgefüllt. Denn für den karthagischen Heerführer ist stets eine besonders intensive Erkundung und Aufklärung sowohl der 'Feindlage' als auch der politischen Verhältnisse, vor allem aber der topographischen Bedingungen der beabsichtigten Operationsräume charakteristisch gewesen.[18] Nach den Angaben des Polybios[19] ließ er damals in systematischer Weise die Gegebenheiten im Gebiet zwischen Ebro und Po erkunden.

Diesseits der Pyrenäen ging es ihm dabei vor allem darum, möglichst weiträumig einen freien Durchzug seines Heeres, zum Teil gegen 'Geschenke' und andere Leistungen, zu erhalten. Ein anderer Schwerpunkt lag in der Klärung der Einstellung der oberitalischen Keltenstämme zum Kampf gegen Rom sowie in den Möglichkeiten, mit einem großen Heer durch die Alpen zu ziehen. Es zeichnete sich so schon hier ab, dass es ihm – barkidischer Tradition entsprechend – primär darum ging, in Oberitalien mit möglichst breiter keltischer Unterstützung eine Basis zum Ringen mit Rom aufzubauen. Das Verhalten der Kelten wurde somit für alle weiteren Pläne Hannibals von grundlegender Bedeutung.

Die weitgesteckte Einleitung dieser Aufklärung belegt, dass Hannibal damals nicht emotional handelte. Es ist auch keineswegs sicher, dass er lediglich einen angeblichen Kriegsplan seines Vaters ausführte. Die Maßnahmen bezeugen vielmehr, dass er alles andere als ein Hasardeur gewesen ist, der ohne jede Rücksicht auf die zu erwartenden Verluste, so wie ihm dies die romfreundliche Überlieferung unterstellte, kaum realisierbare Absichten verfolgte. Dass er in jener Konstellation des Winters 219/8, da er mit einer römischen Kriegserklärung rechnen musste, seine Optionen überprüfte und ein Höchstmaß von Informationen zu erlangen suchte, ehe er seine endgültige Entscheidung traf, spricht vielmehr gerade für das Verantwortungsbewusstsein und die Umsicht eines bedeutenden Oberbefehlshabers.

Von ähnlich weitreichender Bedeutung war die Neuformierung des gesamten karthagischen Heeres, die er damals anordnete und die er selbst für so wichtig hielt, dass er sie während der Endphase seines Aufenthaltes in Italien auf einer Erztafel in Lacinium festhalten ließ, von der sie dann später Polybios abschrieb.[20] Prinzipiell ging es Hannibal dabei um eine Verflechtung der verschiedenen ethnischen Elemente der barkidischen und der nordafrikanischen Streitkräfte. Deshalb wurden libysche und numidische Truppen in größerer Zahl nach Spanien verlegt, iberische nach Nordafrika, mauretanische Einheiten in die Nähe von Karthago.

Für den Fall einer eigenen Offensive über den Ebro hinaus wurde Hannibals jüngerer Bruder Hasdrubal mit dessen Vertretung und dem Oberbefehl über die iberische Basis beauftragt. Ihm sind dazu rund 12000 Fußsoldaten, 2500 Reiter, 21 Elefanten sowie 57 Schiffe zur Verfügung gestellt worden, von denen freilich nur 37 seetüchtig waren. Während alle diese Anordnungen umgesetzt wurden, unternahm Hannibal eine Reise nach Gades, wo er im dortigen Melkart-Heiligtum opferte und um den weiteren Schutz und die Hilfe der Gottheit nachsuchte. Da Melkart im außerphönikischen Bereich mit Herakles gleichgesetzt wurde, zudem Hannibals bevorzugter Gott gewesen ist, war der demonstrative Akt sinnvoll. Dass dieser auch an Herakles' mythischen Zug durch die Alpen erinnerte, ist gewiss. Im Übrigen führte Hannibal stets eine kleine Herakles-Statuette mit sich, den so genannten Herakles epitrapezios, der einst von Lysipp als Tafelschmuck für Alexander den Großen geschaffen worden war und später noch von Sulla benutzt wurde[21] (Abb. 9).

Die Armee, mit der Hannibal im Mai des Jahres 218 von Neukarthago aus aufbrach, soll 90000 Fußsoldaten, 12000 Reiter und 37 Elefanten umfasst haben.[22] Mit dieser, für antike Verhältnisse ungewöhnlich großen Streitmacht stieß er zunächst bis zum Ebro vor. Es wird angenommen, dass er für die ungefähr 470 km lange Strecke etwa einen Monat benötigte. Dabei ist zu berücksichtigen, dass die logistischen Voraussetzungen zumindest für die ersten Abschnitte des Vormarsches optimal vorbereitet worden waren.

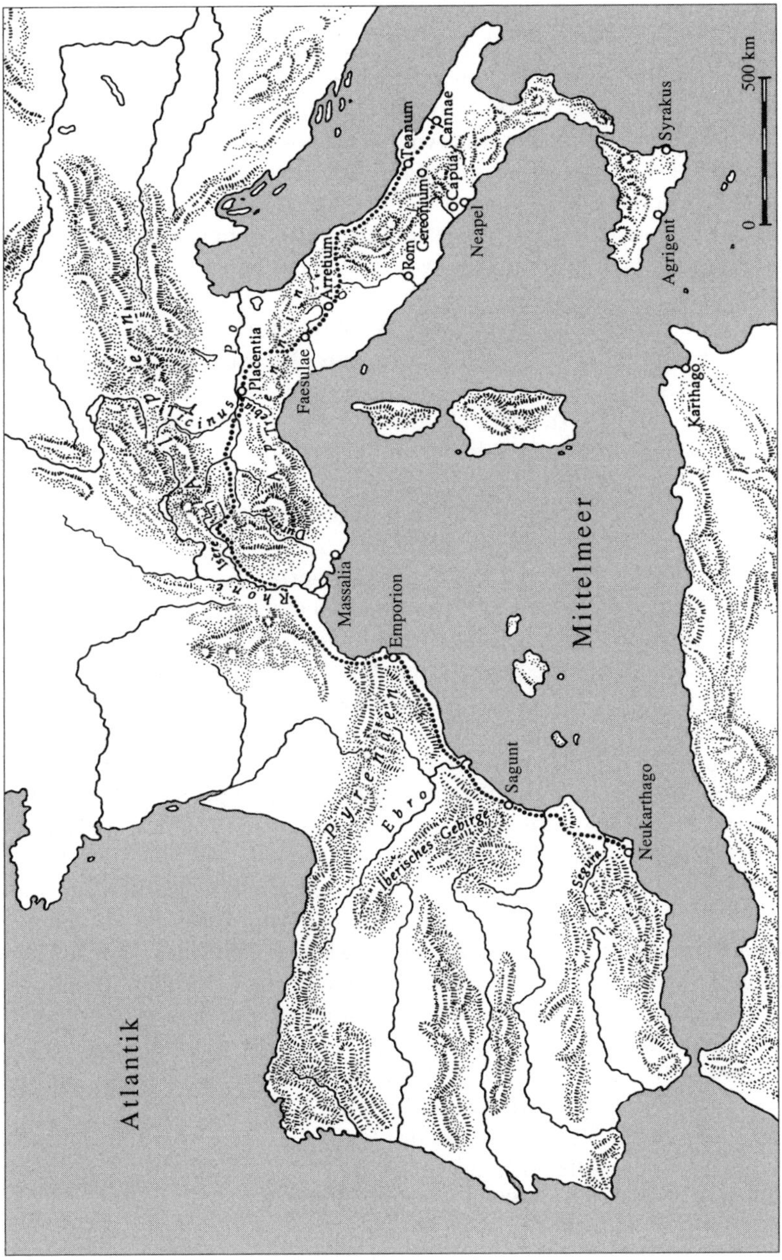

Abb. 9: Hannibals Zug nach Italien.

In drei Korps aufgegliedert wurde der Ebro überschritten und während der folgenden zwei Monate dann der Raum zwischen dem Strom und den Pyrenäen besetzt. Dabei leisteten lediglich die Bargusier, die sich Rom angeschlossen hatten, starken Widerstand. Die übrigen Stämme jenes Gebietes, die Ilergeten, Airenusier und Andosiner fanden sich dagegen mit der karthagischen Herrschaft ab. An die Spitze eines Besatzungsheeres für jenes Gebiet in der Stärke von etwa 10 000 Fußsoldaten und 1000 Reitern wurde der Befehlshaber Hanno gestellt. Er hatte zugleich den Schutz des bisher mitgeführten großen Trosses, der sich bei Kissa konzentrierte, zu gewährleisten.

Nach einer modernen Hypothese Wilhelm Hoffmanns,[23] die freilich nicht unwidersprochen blieb, sollte Hannibals Offensive zunächst lediglich bis zu den Pyrenäen führen, um damit eine römische Invasion an der spanischen Nordostküste zu verhindern. Erst nach dem Bekanntwerden der römischen Kriegserklärung habe Hannibal dann den Entschluss zum Einfall in Italien gefasst. Eine Entscheidung in dieser, immer noch diskutierten Streitfrage fällt deswegen schwer, weil beachtliche Argumente sowohl für als auch gegen die Annahme sprechen.

Die während des Winters 219/8 neu organisierten Truppenverbände und deren Dislokationen beweisen, dass Hannibal damals den Gesamtbereich seines Kommandos im Auge hatte, nicht nur die Ebrogrenze. Seine Planungen für eine denkbare neue Auseinandersetzung mit Rom, mit der er nach der römischen Intervention rechnen musste, berücksichtigten die Verteidigung Karthagos und der nordafrikanischen Gebiete ebenso wie jene Iberiens. Im Rahmen einer solchen Gesamtperspektive und nicht zuletzt durch die umfassende Aufklärung bis in den oberitalischen Raum hinein spricht einiges dafür, dass die Invasion Italiens zumindest als Möglichkeit von Anfang an in Rechnung gestellt war.

Andererseits ist es richtig, dass erst die römische Kriegserklärung vom Frühjahr 218 zu letzten Entscheidungen zwang. Angesichts der komplexen Aufgaben standen diese zudem unter erheblichem Zeitdruck: Wurde Hannibals Heer durch harten Widerstand iberischer und keltischer Stämme zu lange aufgehalten, so war an einen Alpenübergang in diesem Jahre nicht mehr zu denken. Es ist jedoch unbestreitbar, dass Hannibal nach seinen Erfolgen nördlich des Ebro sein Massenheer in eine Stoßarmee umformierte, unsichere Elemente ziehen ließ, die Verteidigung Iberiens verstärkte und sich für die neue Phase des Feldzuges auch vom Großteil seines Trosses trennte. Die Armee, welche die Pyrenäen durchzog, umfasste angeblich noch ungefähr 50 000 Fußsoldaten und 9000 Reiter.[24]

Bei den für Hannibal genannten Heereszahlen dürfte es sich empfehlen, diese einmal mit jenen zu vergleichen, die für die Armee Alexanders des Großen zu Beginn seines Persienfeldzuges überliefert sind.[25] Danach umfasste dessen Heer in seinem Kern rund 30000 makedonische Fußsoldaten und 5000 Reiter, zu denen zunächst noch 7000 beziehungsweise 600 des Korinthischen Bundes kamen, allerdings auch noch 160 Trieren. Von der makedonischen Streitmacht blieb dabei indessen rund ein Viertel der Gesamtstärke unter dem Kommando des Antipatros in Europa zurück. Hannibals Heer war demnach mehr als doppelt so stark wie jenes Alexanders des Großen.

Nach der strapaziösen, aber unbehinderten Überwindung der Pyrenäen stieß Hannibal im Raum von Perpignan auf ein dort gegen ihn bereitgestelltes größeres keltisches Heer. Es gelang ihm jedoch durch geschickt geführte Verhandlungen mit den keltischen Anführern und nicht zuletzt durch beträchtliche Leistungen, deren Einverständnis zum Weitermarsch zu erlangen. Nördlich des Rhônedeltas traf er dann im Bereich der Volker auf eine neue keltische Truppenkonzentration. Sie wollte ihm, wohl auf Initiative Massalias, den Übergang über den Fluss verwehren. Dort sollte es nun aber auch erstmals auf gallischem Boden zur militärischen Berührung mit dem römischen Gegner kommen.

Die Rückkehr jener römischen Gesandten, die Karthago den Krieg erklärt hatten, löste in Rom starke Erregung aus. Die Volksversammlung, die den Kriegsbeschluss fassen musste, konnte erst nach längeren Bemühungen von der Notwendigkeit dieses neuen Ringens überzeugt und durch die Aussicht auf größere Beute zur Zustimmung bewogen werden. Wie sich erweisen sollte, wurden in Rom dabei Dimensionen, Intensität und Dauer dieses Ringens völlig unterschätzt. Verkannt und ebenfalls unterschätzt wurden vor allem die bereits angelaufenen Operationen Hannibals. Denn genauere Informationen über die Lage im Nordosten Spaniens scheint die Republik lediglich durch Berichte aus Massalia erlangt zu haben. Die militärische Planung des Senats[26] ging deshalb von völlig irrigen Vorstellungen aus. Den Hauptstoß sollte danach der Konsul Tiberius Sempronius Longus in Gestalt einer Invasion Nordafrikas und der Belagerung Karthagos führen. Dafür waren zwei Legionen, stärkere Hilfstruppenteile, vor allem aber 160 Kriegsschiffe und 12 Schnellsegler vorgesehen. Mit großer Energie zog Sempronius seine Verbände in Lilybaion zusammen und bereitete dort den, wie er hoffen mochte, entscheidenden Einsatz vor.

Eine zweite, gleichzeitige Offensive sollte daneben der Konsul P. Cornelius Scipio in Spanien eröffnen. Für dessen zwei Legionen konnten jedoch nur 60 Schiffe zur Verfügung gestellt werden. Der geplante Vorstoß wurde indessen schon im Ansatz durch unvorhergesehene Entwicklungen in Oberitalien gefährdet. Dort hatte nicht nur die Realisierung der erwähnten neuen Kolonien in Placentia und Cremona, sondern auch Hannibals Fühlungnahme einen großen Aufstand ausgelöst. Kräfte der Insubrer und

Boier griffen die noch im Aufbau befindlichen römischen Anlagen an, zerstörten ihr Gebiet und vertrieben die Kolonisten, deren Landzuteilung noch im Gange war, nach Mutina. Um die dort Eingeschlossenen zu befreien, musste der Senat dem Prätor L. Manlius eine für Scipio vorgesehene Legion zur Verfügung stellen. Manlius erlitt jedoch zwei schwere Schlappen und hohe Verluste; er musste sich in das Dorf Tannetum zurückziehen, wo er von den Kelten belagert wurde. Die Lage spitzte sich noch weiter zu, als im Verband des Prätors eine Meuterei ausbrach.

Als ein weiterer Prätor, C. Atilius, mit Truppen, die ihm wiederum Scipio übergeben musste, einen neuen Befreiungsvorstoß unternahm, erwies sich dieser als überflüssig: Die Belagerer hatten sich inzwischen zurückgezogen. Scipio sah sich aber durch all dies gezwungen, neue Verbände aufzustellen. Der Zeitplan für die spanische Offensive war längst illusorisch geworden. Als er mit seinem Korps endlich nach einer Fahrt von vier Tagen aus Pisa in Massalia landete, um dort den großenteils seekranken Legionären eine Ruhepause zu gönnen, vermutete er den Gegner immer noch jenseits der Pyrenäen. Erst jetzt erfuhr er von Hannibals Vorstoß zur Rhône und sah sich damit einer ihn völlig überraschenden Situation gegenüber.

Hannibal bereitete indessen, vier Tagemärsche vom Meer entfernt, das heißt am Beginn des großen Rhône-Deltas, den Übergang über den breiten Fluss vor. Die Überwindung der Rhône war deshalb so prekär, weil sich an deren östlichem Ufer eine Vielzahl von Kelten versammelt hatten, um die Angreifer zurückzuschlagen. Die Volker, die sich hier vor allem konzentrierten, erhielten dabei täglich weitere Verstärkungen. Für den karthagischen Oberbefehlshaber galt es damals, in hohem Maße zu improvisieren. Polybios, der hier wie im Folgenden den Bericht des Silenos übernimmt, schreibt dazu: *Er tat alles, um zu den Anwohnern des Flusses ein freundschaftliches Verhältnis herzustellen, kaufte ihnen dann alle Einbaumkähne und die größeren Boote ab, die in hinreichender Menge vorhanden waren, da viele Anwohner der Rhône Seehandel treiben. Darüber hinaus ließ er sich von ihnen Holz geben, das zur Anfertigung von Einbaumkähnen geeignet ist. Daraus wurde innerhalb von zwei Tagen eine Unzahl von Fährbooten hergestellt, da jeder bestrebt war, sich nicht auf den anderen verlassen zu müssen, sondern sich selbst das Mittel zur Überfahrt zu schaffen.*[27]

Da sich inzwischen die Zahl der abwehrbereiten Kelten so sehr vergrößert hatte, dass ein frontaler Übergang über den Fluss, zumindest für die ersten Wellen der karthagischen Armee, zu riskant erschien, plante Hannibal einen damit koordinierten Kavallerieangriff am jenseitigen Ufer. Ein Reiterverband unter dem Befehl des Sohnes des Sufeten Bomilkar, eines weiteren Hanno, wurde dazu in Marsch gesetzt, überschritt etwa 35 km nördlich der für die Hauptmacht vorgesehenen Überfahrtstelle den Fluss und verbarg sich dort, um zum beabsichtigten Zeitpunkt die Kelten von der Flanke und vom Rücken her anzugreifen.

Ein Rauchsignal meldete Hannibal den Abschluss der Bereitstellung und den Beginn des Kavallerieangriffs. So konnte auch er die Überfahrt befehlen: *Die Kähne, welche die Soldaten hatten, und die Schiffe, welche die Reiter in der Regel wegen der Pferde brauchten, lagen längst in richtiger Ordnung bereit: Die Schiffsgruppe ließ Hannibal weiter oberhalb übersetzen, um die reißende Strömung aufzufangen; dadurch hatten die unterhalb übersetzenden Kähne eine ruhige Strömung. Ein großer Teil der Pferde wurde schwimmend an Riemen vom Heck der Schiffe aus nachgezogen, außer denen, die man gesattelt und gezäumt auf die Schiffe verladen hatte, um sie sofort bei der Landung verfügbar zu haben.*[28]

Ob sich Hannibal bei dieser schwierigen Operation an einer ähnlichen Taktik Alexanders des Großen in dessen Kämpfen gegen den indischen König Poros am Hydaspes orientiert hatte oder nicht, die Koordination der angreifenden Kavallerie und der Übersetzenden glückte, bei den Kelten brach Panik aus, als sie von allen Seiten angegriffen wurden. Die Kämpfe endeten mit einem vollen Erfolg Hannibals. Größere Probleme brachte zuletzt lediglich noch der Transport der Elefanten, über den in der Überlieferung in verschiedenen Varianten, aber auch phantasievollen Konstruktionen berichtet wird.

Der Rhône-Übergang war eine von Hannibals glänzendsten militärischen Aktionen. Zwar ist die genaue Stärke der Gegner in diesem Falle nicht bekannt, doch es ging hier nicht allein um Zahlen. Die Kelten, die an der Rhône ihre Heimat verteidigten, waren hoch motiviert und auf den Kampf vorbereitet. Sie hatten zudem den großen Vorteil, sich geschlossen auf die Gruppen der Übersetzenden stürzen zu können und die erschöpft anlandenden Gegner bereits vor deren Formierung anzugreifen. Dass Hannibals Taktik dies verhinderte, sicherte den Erfolg.

Während sich sein Heer auf dem Ostufer neu gruppierte, war Hannibal vor allem um die Klärung der militärischen Gesamtlage bemüht. Gefangene teilten ihm mit, dass ein römischer Flottenverband in der Rhônemündung ankerte; eine stärkere Abteilung numidischer Kavallerie wurde beauftragt, gegen die See vorzufühlen und die Bewegungen der Römer zu erkunden. Die Numider wurden schon bald in ein Gefecht mit ebenfalls aufklärender römischer Reiterei verwickelt. Sie erlitten beträchtliche Verluste und zogen sich auf Hannibals Lager zurück.

Damit waren von Hannibal nun weitreichende Entscheidungen zu treffen. Er konnte entweder die Schlacht gegen den zahlenmäßig unterlegenen römischen Verband suchen oder den geplanten Zug durch die Alpen fortsetzen. Dazu rieten ihm insbesondere inzwischen bei ihm eingetroffene Gesandte der Boier unter ihrem König Magus. Sie wiesen vor allem auf den Zeitdruck und die wachsenden Schwierigkeiten angesichts des bevorstehenden Winters hin und stellten sich als erfahrene Führer durch das Gebirge zur Verfügung. In einer Heeresversammlung ermutigte Magus, durch Dolmetscher vermittelt, Hannibals Truppen und beschwichtigte als mit der Region Vertrauter ihre Bedenken. Danach sprach Hannibal zu den Verbänden, rühmte ihre Leistungen und begeisterte sie für den neuen Einsatz, den Vormarsch durch die Alpen. Ein Gebet um die Hilfe der Götter für alle beendete die Ansprache. Schon auf den nächsten Tag war der Aufbruch angesetzt.

Nach der Rückkehr seiner erfolgreichen Reiterei sah sich auch der Konsul Scipio vor eine schwierige Entscheidung gestellt. Erst jetzt erkannte er, dass Hannibal entgegen allen bisherigen Annahmen die Alpen überqueren und in Norditalien einfallen würde. Dort standen jedoch nur unzulängliche und angeschlagene römische Verbände. Der Karthager konnte somit ohne stärkere Gegenwehr in Italien operieren und zudem mit den romfeindlichen Kelten gemeinsame Sache machen. Mit seinen eigenen Truppen Hannibal nachzuziehen und diesen zu stellen, war angesichts seiner zahlenmäßigen Unterlegenheit zu riskant. Schließlich war ihm Spanien als Kommandobereich zugewiesen worden, eine Aufgabe, die für ihn vorrangig bleiben musste.

In einer eingehenden Beratung wurde schließlich eine Entscheidung getroffen, die allen Problemen gerecht zu werden schien. Dabei war es das Glück des Konsuls Publius Cornelius Scipio, dass auch sein Bruder, der ehemalige Konsul Gnaeus Cornelius Scipio, an seinem Vorstoß teilnahm. Gnaeus wurde deshalb an die Spitze der Hauptmacht seiner Heeresgruppe gestellt, um mit ihr, wie vorgesehen, in Spanien zu landen.

Publius selbst fuhr dagegen mit einem kleineren Teil der Armee nach Oberitalien zurück, um dort mit Hilfe neuer Truppenaufstellungen die Verteidigung gegen Hannibal aufzubauen. Zuvor konnte er mit dem gesamten Heer noch einen begrenzten Marsch rhôneaufwärts unternehmen, Hannibals verlassenes Lager inspizieren und so den Eindruck erwecken, als wäre der Barkide nach Norden entflohen. Die Boten, die Scipio mit dem aktuellen Lagebericht nach Rom entsandte, veranlassten den Senat, die geplante Invasion in Nordafrika aufzugeben und Sempronius Longus nach Italien zurückzurufen.

Die Entscheidungen, welche der Kriegsrat unter Scipios letzter Verantwortung traf, sind später wiederholt sehr positiv bewertet worden. Angeblich schufen sie die Voraussetzung für die kommende Beherrschung der Iberischen Halbinsel durch Rom, angeblich bezeugten sie zugleich, trotz der völlig veränderten militärischen Gesamtlage, das unbeirrte Festhalten an der römischen Offensivstrategie. In Wirklichkeit stellte die Zersplitterung der römischen Kräfte einen nicht mehr zu korrigierenden strategi-

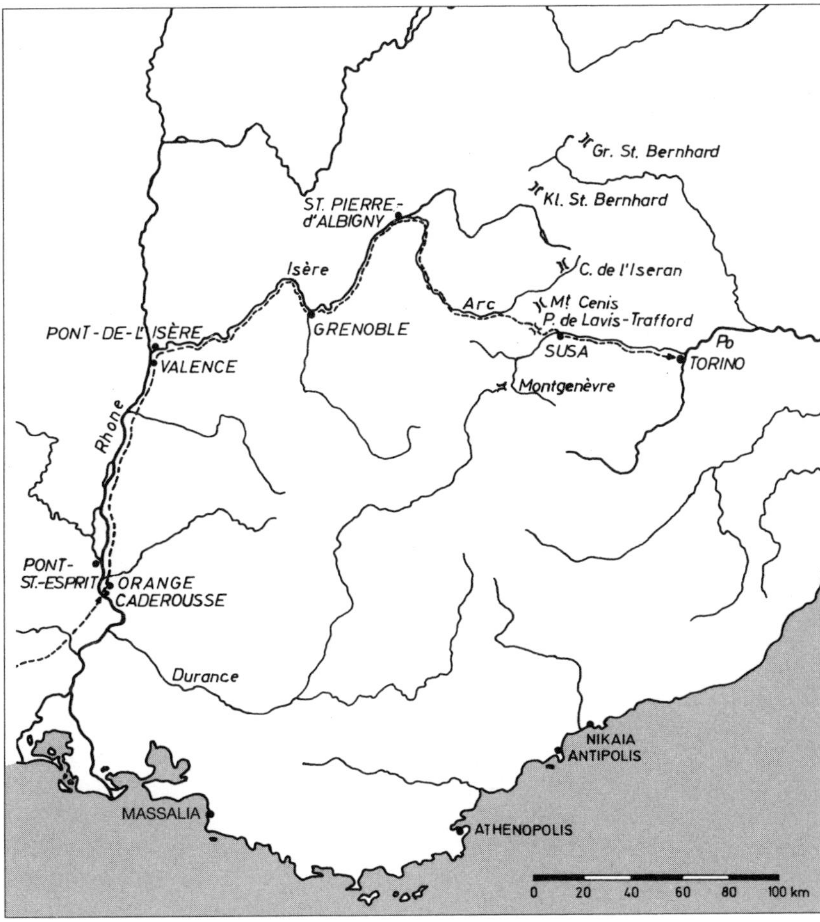

Abb. 10: Hannibals Alpenübergang.

schen Fehler mit fatalen Folgen dar. Angesichts von Hannibals nicht mehr zu verhindernder Alpendurchquerung und der prekären politisch-militärischen Situation in Oberitalien wäre alles darauf angekommen, alle verfügbaren römischen Truppen nördlich des Po zu konzentrieren und mit ganzer Macht die durch den Alpenmarsch noch geschwächten karthagischen Verbände möglichst frühzeitig anzugreifen. Doch der Kriegsrat wagte es nicht, alles auf diese Karte zu setzen; seine halbherzige Entscheidung ist bezeichnend für die mangelnde Klarsicht, die Unentschlossenheit im Zwiespalt und nicht zuletzt für die Unterschätzung des Gegners (Abb. 10).

III. Von der Rhône zum Po

Der Zug durch die Alpen

Jede Rekonstruktion von Hannibals Überwindung der Alpen wird sowohl durch quellenkritische als auch durch topographische Widersprüche in der antiken Überlieferung erschwert. Obwohl die beiden Hauptquellen, Polybios und Livius[1], beide im Grunde auf den Bericht des Augenzeugen Silenos zurückgehen, stimmen sie nicht in allen Einzelheiten überein. Dazu treten noch manche Varianten späterer Schriftsteller.[2] In diesen problematischen Voraussetzungen liegt die Ursache für die seit Jahrhunderten geführte, komplexe und bis heute in wesentlichen Punkten nicht einhellige, wissenschaftliche Diskussion. Die folgende Darstellung stützt sich auf die intensive Analyse des früheren Züricher Althistorikers Ernst Meyer[3] sowie auf die Forschungen des englischen Arztes Marc de Lavis-Trafford,[4] der sich als Lokalhistoriker und Archäologe im Gebiet des Kleinen Mont Cenis bleibende Verdienste erwarb. In der Bewertung der antiken Überlieferung gingen diese beiden Gelehrten, wie auch der Verfasser, vom Vorrang des polybianischen Berichtes aus.

Daraus folgt, dass Hannibals Rhône-Übergang etwa 20 km nördlich von Avignon, wohl bei Roquemaure, zu lokalisieren ist. In seinem viertägigen Marsch auf dem östlichen Rhône-Ufer, das heißt nach einer Strecke von ungefähr einhundert Kilometern, wurde danach zunächst die Mündung der Isère in die Rhône erreicht und damit ein Gebiet, das in der Überlieferung als 'Insel' bezeichnet wird. Es war von Allobrogern besiedelt.

Hannibal traf dort in einem Augenblick ein, als sich zwei Brüder um Vorherrschaft und Königtum stritten. Er wurde in jenem Machtkampf zum Schiedsrichter bestellt, anerkannte die Vorrechte des älteren der beiden, des Königs Braneus, und erntete dafür nicht nur dessen Dankbarkeit, sondern vor allem eine umfassende Unterstützung seines Vorhabens. Nach Polybios soll Braneus Hannibals Heer mit Nahrungsmitteln, Waffen, Ausrüstungsteilen, für den Alpenwinter geeigneter Kleidung, vor allem auch mit dem erforderlichen festen Schuhzeug versorgt haben. Dass er jedoch nicht imstande war, das gesamte karthagische Heer neu einzukleiden, dürfte sich wohl von selbst verstehen.

Mindestens ebenso wichtig war die Tatsache, dass der König für die nächste größere Etappe des Marsches Führer zur Verfügung stellte und den Zug mit seinen eigenen Truppen zusätzlich sicherte, indem er dessen Nachhut bildete. Dank dieser effizienten Unterstützung konnte der Durchzug durch das Gebiet allobrogischer Gruppen entlang der Isère bis zum Anstieg der Alpen in zehn Tagen bewältigt werden. Auf großenteils ebenem Gelände wurden dabei rund 142 km zurückgelegt und so der Raum von Pontcharra-Montmélian, südlich von Chambéry, erreicht. Dort endete auf etwa 250 m Meereshöhe das breite Tal der Isère und begann die eigentliche Alpendurchquerung.

Damit setzen freilich zugleich auch die grundsätzlichen topographischen Probleme ein. Denn Livius fügt vor der zuletzt genannten Strecke den folgenden Abschnitt ein: *Als Hannibal den Streit der Allobroger beigelegt hatte und näher an die Alpen rückte, zog er nicht gerade aus, sondern bog nach links ab in das Gebiet der Trikastiner. Von da aus marschierte er am äußersten Rand des Vokontierlandes entlang in das Gebiet der Trikorier. Bis zur Druentia zeigten sich keinerlei Behinderungen des Weges. Sie ist auch ein Alpenstrom, aber von allen gallischen Flüssen am schwersten passierbar.*[5]

Nach der Schilderung des schwierigen Übergangs über die Durance und einem Exkurs über die Entscheidungen des P. Cornelius Scipio kehrt Livius wieder zum 'polybianischen' Strang des Berichtes mit allen Einzelheiten zurück, eines Berichtes, der mit Hannibals angeblichem 'Linksabbiegen' nicht vereinbar ist. Doch die von Livius behauptete Marschroute durch das Drômetal – den Col des Cabre – Veynes – Gap – zum oberen Durancetal findet sich auch in unterschiedlicher Form bei Ammianus Marcellinus[6], ausführlicher noch bei Silius Italicus[7]; sie geht ursprünglich wohl auf einen jüngeren Annalisten, vermutlich auf Valerius Antias zurück.[8]

Die stärkeren Argumente sprechen indessen für die Angaben des Polybios; denn wie immer man sich in dieser Frage entscheidet, es kommt vor allem darauf an, die bei Polybios so eingehend geschilderten Bedingungen dieses Hochgebirgsmarsches zu berücksichtigen: Auf äußerst engen Wegen, die meist nur zwei Mann mit ihren Waffen und ihrem Gepäck nebeneinander marschieren ließen, entfaltete sich in lang gezogener Kolonne ein kilometerlanger Zug, der ein ebenso breites wie unüberschaubares Angriffsziel bildete.

Erschwerend wirkten sich dabei die Bedürfnisse und das Verhalten der zahlreichen mitgeführten Tiere, der Lasttiere, Pferde und Elefanten[9] aus, die Probleme um deren Tränken und Füttern. In der Überlieferung wird deshalb immer wieder die Reaktion der gefährdeten, verletzten und verzweifelten, kaum noch aufzuhaltenden Tiere erwähnt. Sie brachen aus und sorgten für immer neue Verwirrungen.

Auch durch die wiederholten Angriffe der Alpenbewohner wurde der lange Zug immer wieder auseinander gerissen. Hannibal musste alles daransetzen, um ihn zusammenzuhalten oder um die Geschlossenheit der Verbände wiederherzustellen. Nur wenige Oberbefehlshaber antiker Armeen waren ähnlichen Strapazen ausgesetzt wie Hannibal auf diesem Zug, allenfalls Alexander der Große und Caesar.

Nachdem das Korps des Königs Braneus umgekehrt war, setzten mit dem Beginn der eigentlichen Alpenstrecke auch die größeren Schwierigkeiten ein. Während des ersten und zweiten Tages erreichte der Zug von Pontcharra aus den Raum am Fuße des Grand Cucheron. Dort hatten sich verschiedene Gruppen der Alpenbewohner zu gemeinsamem Widerstand zusammengeschlossen, die Anhöhen und wichtigsten Geländepunkte besetzt, an denen Hannibals Armee vorbeiziehen musste. Dieser ließ durch gallische Späher die Lage erkunden. Als er hörte, dass sich die Kelten, die einen Engpass sperrten, jeweils abends wieder in ihre Siedlung zurückzogen, errichtete er an jener Stelle ein Lager. Um den Gegner zu täuschen, ließ er dort besonders viele Feuer anzünden und besetzte dann in einem nächtlichen Vorstoß mit einem Eliteverband ohne Gepäck die keltischen Höhenstellungen. So konnte am nächsten Morgen der Weitermarsch der karthagischen Hauptmacht durch den zuvor gesperrten Engpass gewagt werden.

Allerdings griffen die anfangs überraschten Kelten jetzt den Zug selbst an: *Bei den an verschiedenen Stellen einsetzenden Angriffen erlitten die Karthager, nicht sosehr durch die Feinde selbst wie infolge der Geländeschwierigkeiten, große Verluste, und zwar vor allem an Pferden und Lasttieren. Denn da der Anstieg nicht nur eng, steil und steinig war, sondern auch an Abgründen entlangführte, stürzten bei jeder Unruhe und Verwirrung, die entstand, viele Lasttiere mitsamt ihrer Bürde in die Tiefe.*[10]

Durch einen Gegenangriff Hannibals und seiner Eliteformation konnten die Kelten jedoch zurückgeworfen und ihre nahezu menschenleere 'Polis' erstürmt werden. Die Beute war beträchtlich. Neben Getreide und Schlachtvieh fielen auch Pferde und Lasttiere in die Hände der Karthager, die damit ihre Verluste wenigstens zum Teil ausgleichen konnten. Nach einem Rasttag wurde der Marsch durch das Tal der Maurienne fortgesetzt. Am vierten Tag der neuen Etappe, die wohl von St. Alban über eine Distanz von etwa 57 km nach Modane führte, bekundete eine neue Keltengruppe demonstrativ den Willen zur Freundschaft. Sie stellte Geiseln, übergab Lebensmittel und bot Führer für den Weitermarsch an. Hannibal blieb dennoch misstrauisch und sicherte die Nachhut des Zuges durch Schwerbewaffnete. Tatsächlich wurden diese massiert angegriffen, als das Heer eine tiefe Schlucht passierte. Es kam zu einem weiteren erbitterten Kampf, in dem die Karthager hohe Verluste erlitten.

Als sich Hannibal auch hier durchgeschlagen hatte, ließen die Überfälle der Kelten fühlbar nach. Doch auch auf der folgenden, ungefähr 16 km langen Strecke zwischen Modane und Le Planey unterhalb des Col du Clapier versuchten keltische Gruppen immer wieder den Zug zu stören,

Lasttiere zu erbeuten und versprengte Pferde einzufangen. Nach einem 8 km langen Aufstieg von Le Planey bis zur Passhöhe des über 2480 m hohen heutigen Pas de Lavis-Trafford (früher Col de Savine-Coche) ist dann endlich am neunten Tag das erste Ziel der Durchquerung erreicht worden. Während einer zweitägigen Ruhepause trafen zahlreiche Versprengte, Nachzügler sowie entlaufene oder verirrte Tiere wieder bei der Hauptmacht der Truppe ein.

Aus den besten Quellen geht hervor, dass eine völlig erschöpfte, physisch überforderte, apathische und stumpfe Truppe den Pass erreicht hatte. Vom Glück und einer Genugtuung, endlich den Gipfel erstiegen zu haben, ist nirgendwo etwas zu lesen. Es ist verständlich, dass dieser ausgelaugte Verband zunächst nur Ruhe wollte und dem gefährlichen Abstieg nach all den schweren Verlusten mit tiefen Befürchtungen, wenn nicht Verzweiflung entgegensah.

Die häufig ausgesponnene Szene, da Hannibal den Niedergeschlagenen und teilweise auch Mutlosen das tief unter ihnen liegende Po-Tal zeigte und sie durch diesen Ausblick wieder aufzurichten suchte, kann gewiss die Phantasie beflügeln, hilft über das Ausmaß der ihnen drohenden neuen Gefahren jedoch nicht hinweg. Mochte die Truppe inzwischen von den Alpenbewohnern auch nicht mehr angegriffen und behindert werden, so übertrafen die unvorhersehbaren Geländeschwierigkeiten doch die schlimmsten Erwartungen.

Zunächst hatte bereits auf dem Gipfel heftiges Schneetreiben eingesetzt. Dann traten kurz nach dem Beginn des Abstiegs weitere Schwierigkeiten auf, als der beabsichtigte Weg auf einer Strecke von ungefähr 250 m durch einen Felssturz verschüttet war und ein Umgehungsversuch scheiterte. Neuer Schneefall hatte katastrophale Folgen: *Es war eine besondere und ungewöhnliche Lage, in der er (Hannibal) sich befand. Da nämlich auf den bereits früher vorhandenen und vom vorigen Winter liegen gebliebenen Schnee soeben diesjähriger gefallen war, war dieser zwar leicht mit dem Fuß zu durchstoßen, weil er wegen seiner Frische noch weich war und keine Tiefe hatte; wenn sie ihn aber durchtreten hatten und dann auf den darunter befindlichen, fest gewordenen kamen, so drückten sie diesen nicht mehr ein, sondern fuhren auf beiden Füßen gleitend über ihn hin, so wie es auf der Erde geschieht, wenn man über eine lehmige Oberfläche zu gehen hat. Was aber weiter folgte, war noch viel schlimmer. Denn erstens, wenn die Menschen, deren Fuß im unteren Schnee keinen Halt fand, nach ihrem Sturz sich mit den Knien oder Händen aufstützen wollten, um sich wieder aufzurichten, dann rutschten sie mitsamt den Gliedern, die ihnen als Stütze dienen sollten, nur noch weiter ab, da der Boden über eine lange Strecke hin abschüssig war. Wenn jedoch die Lasttiere stürzten, dann traten diese beim Versuch, wieder aufzustehen, durch den unteren Schnee hindurch und blie-*

ben dann mitsamt ihren Lasten wie festgefroren stecken, sowohl wegen ihrer Schwere wie wegen der Festigkeit des altgefrorenen Schnees.[11]

Hannibal sah sich daher gezwungen, zu der Felssturzstelle zurückzukehren und vor allem durch numidische Kräfte den Weg freiräumen zu lassen. Als dies gelungen war, wurden zuerst die Tiere durchgeführt und auf schneefreiem Abhang zur Weide gebracht. Schließlich konnten auch die Elefanten durchgetrieben werden sowie Tross und Nachhut. Am dritten Tage wurde dann endlich das Tal erreicht. Polybios zieht am Schluss seines Berichtes Bilanz: *Endlich, nachdem er seinen ganzen Weg von Neukarthago an in fünf Monaten zurückgelegt, den Alpenübergang in fünfzehn Tagen durchgeführt hatte, rückte er mutig in die Ebenen um den Po und das Gebiet der Insubrer ein. Von seinem Heer hatte er glücklich durchgebracht an Fußtruppen zwölftausend Libyer und gegen achttausend Iberer, Reiter aber im Ganzen nicht mehr als sechstausend: Dies bezeugt er selbst auf der Säule in Lacinium, welche die Zahl seiner Truppen verzeichnet.*[12]

Jede moderne Gesamtbeurteilung von Hannibals Durchquerung der Alpen wird durch die bereits skizzierte, einseitige Quellenlage erschwert, eine Überlieferung, die durch ein Gemisch von Schutzbehauptungen, phantasievollen Ausschmückungen, Übertreibungen sowie durch die Dämonisierung Hannibals gekennzeichnet ist. Die Autoren bemühten sich von Anfang an, das eklatante Versagen der römischen Kriegsplanung zu entschuldigen oder zu verdecken. Obwohl spätestens Hannibals Zug durch die Pyrenäen ein Menetekel gewesen ist, obwohl das Geschehen um Placentia und Cremona die Gefährdung des oberitalischen Raumes zeigte, wurde die Möglichkeit einer Durchquerung der Alpen, die doch nur kurze Zeit zuvor keltischen Gruppen gelungen war, ausgeschlossen.

Die fatale Unterschätzung des Gegners und seiner Optionen setzt das Überlegenheitsgefühl der römischen Führung voraus, einen Hochmut, der durch die militärischen Erfolge der vergangenen Jahrzehnte wenigstens teilweise verständlich wird. Der frühzeitige Abbruch der römischen Nordafrika-Invasion dokumentiert, wie überspannt und unrealistisch die Operationsplanung der römischen Seite gewesen ist.

Wenn in der römerfreundlichen Tradition, in den mythischen Parallelen mit Herakles wie in der provozierenden Behauptung des Cornelius Nepos[13], dass Hannibal als erster Mensch überhaupt die Alpen bezwungen habe, versucht wird, die römische Fehleinschätzung einsichtig zu machen, so ist die Tendenz solcher Elemente mit Händen zu greifen. In dieselbe Richtung weist die Maximierung der Verluste, die Hannibal implizit zu einem bedenkenlosen, unverantwortlichen und inhumanen 'Bluthund' werden lässt, zu einem jener Heerführer, die das Unmögliche 'ohne Rücksicht auf Verluste' erzwingen wollen.

Eine nüchterne Betrachtung des Geschehens erweist, dass sich Hannibal an den Kelteneinfällen der zwanziger Jahre des 3. Jahrhunderts orientiert hatte. Die Erkundung und logistische Vorbereitung des Unternehmens war vorbildlich, die Durchführung trotz aller Imponderabilien, der Überfälle und Gegenstöße der Alpenbewohner entschlossen. Unvermeidliche Krisen wurden durch den höchsten persönlichen Einsatz des Feldherrn gemeistert. Die relativ häufige Einschaltung von Ruhetagen belegt die realistische Einschätzung der Belastungen wie der Kampfkraft der eigenen Verbände. Sie belegt zugleich auch die ungewöhnliche Rücksichtnahme auf die mitgeführten Tiere. Es gibt nur wenige antike Feldzüge, in denen die Tiere so häufig erwähnt werden wie hier. Die größten Strapazen hatten dabei gewiss die Elefanten zu ertragen, die auf die Alpenbewohner einen erschreckenden Eindruck machen mussten. Trotz aller Rücksichtnahme waren ihre Verluste besonders hoch.

Wie bereits erwähnt wurde, diente auch das Mittel der Übertreibung der Verluste als Argument gegen Hannibals Plan. Dabei sind geradezu astronomische Zahlen genannt worden. Wenn freilich in einer Reaktion hierauf neuerdings behauptet wird, dass die Alpendurchquerung „ohne nennenswerte Verluste“[14] erfolgt sei, so lässt sich eine solche Hypothese nach dem Bericht des Polybios nun wirklich nicht halten. An Hannibals eigenen Angaben, die möglicherweise reduziert sein mögen, um die eigene Leistung zu unterstreichen, Zahlen, die indessen durch den späteren Zulauf von neuen, antirömischen Anhängern kompensiert wurden, führt kein Weg vorbei.

Obwohl sich somit genaue Größenordnungen kaum je ermitteln lassen, dürfte der Rückgang der Heeresstärke beträchtlich gewesen sein. Dabei ist freilich nicht nur mit Toten und Verletzten, Kranken und Deserteuren, Verirrten und Versprengten zu rechnen, sondern ebenso mit den Sicherungs- und Verbindungsposten im rückwärtigen Gebiet. Auch dafür können nur problematische Schätzungen und Vermutungen abgegeben werden. Am Ende ist jedoch kaum zu bestreiten, dass Hannibals Alpendurchquerung eine in jeder Hinsicht imponierende Leistung gewesen ist, imponierend auch deshalb, weil alle durch Gelände- und Wetterbedingungen, Überfälle und Gegenangriffe unvorhersehbaren Krisen gemeistert wurden.

Römische Reaktionen

Vermittlungen der Geschichte des 2. Punischen Krieges laufen Gefahr, über dem dramatischen Geschehen in Italien die Vorgänge auf dem anderen Kriegsschauplatz zu vernachlässigen. Dabei ist es unumgänglich, die Gleichzeitigkeit wie die Interdependenzen der verschiedenen Aktionsfelder stets vor Augen zu haben und die charakteristische Vielsträngigkeit jener Auseinandersetzung zu berücksichtigen.

In Spanien verliefen die militärischen Operationen seit dem Herbst des Jahres 218 zunächst in einem sehr begrenzten Radius. Die Streitmacht des Cn. Scipio war bescheiden. Er verfügte, wie schon ausgeführt, lediglich über rund 30 Kriegsschiffe und eine Legion. Er war deshalb vor allem auf die volle Unterstützung Massalias sowie auf eine möglichst weitgehende Gewinnung iberischer Hilfstruppen angewiesen. Cn. Scipio stand zwar mit seinem Verband im falschen Raum, dort jedoch hat er das ihm Mögliche geleistet.

Auf karthagischer Seite zeigten sich sogleich entscheidende strukturelle Nachteile: Am stärksten fiel dabei ins Gewicht, dass die karthagische Flotte nicht ausreichte, um eine römische Invasion zu verhindern oder erfolgreich zu bekämpfen. Als völlig unzulänglich erwies sich sodann die Kooperation zwischen dem iberischen Oberbefehlshaber Hasdrubal und dem Kommandeur der Truppen nördlich des Ebro, Hanno. Dieser war seiner Aufgabe ohnehin, wie sich bald erweisen sollte, nicht gewachsen. Er hatte freilich auch in einem Raum zu kämpfen, dessen Beherrschung noch nicht konsolidiert werden konnte. Insgesamt gesehen lagen die strategischen Realitäten in Nordostspanien ähnlich wie in Norditalien, allerdings unter umgekehrten Vorzeichen: Wo es darauf angekommen wäre, angesichts einer zunächst noch begrenzten Invasion des Gegners deren Träger durch einen massierten Gegenangriff zu zerschlagen, verzettelten sich die Verteidiger.

Bei jeder Einschätzung der spanischen Vorgänge im Einzelnen ist zu bedenken, dass schon die antiken Autoren nur über unzulängliche Kenntnisse und widersprüchliche Angaben über das wirkliche Geschehen verfügten. Ihre Tendenz, die provozierenden Erfolge Hannibals durch eine völlig übertriebene Darstellung der Operationen und Siege Cn. Scipios zu konterkarieren, ist evident.

Es war nahe liegend, dass Cn. Scipio Emporion als erste Basis für seine weiteren Unternehmungen wählte. Von dort aus stieß er zuerst längs der Küste nach Süden vor, wagte mehrere kleinere Landungen, ohne stärkeren Widerstand zu finden, und wandte sich dann ins Landesinnere. Die Aufstellung eines größeren Bundesgenossenheeres glückte in verhältnismäßig kurzer Zeit, dies auch deshalb, weil Cn. Scipio jenen Städten und Stämmen, die zu ihm übergingen, eine privilegierte Stellung als Bundesgenossen und Freunde des römischen Volkes verlieh.

Zu einer ersten größeren Kampfhandlung kam es dann bei dem nicht sicher zu lokalisierenden Kissa. Dort wurde Hanno offensichtlich entscheidend geschlagen. Er soll rund 6000 Gefallene und 2000 Gefangene zu beklagen gehabt haben, auch persönlich zusammen mit dem angesehenen iberischen Fürsten Andobales in Gefangenschaft geraten sein. Da den römischen Truppen im karthagischen Lager und im Gepäck und Tross der nach Italien gezogenen Armee Hannibals eine erhebliche Beute in die Hände fiel, die zudem gerecht verteilt wurde, stiegen bei den Legionären Zuversicht und Kampfwille.

Hasdrubal war inzwischen mit einem Heer von etwa 8000 Fußsoldaten und 1000 Reitern aus Carthago nova aufgebrochen. Er hatte den Ebro überschritten, als er von Hannos Niederlage erfuhr. Immerhin konnte er mit seinem Verband erfolgreich gegen plündernde römische Truppen vorgehen, diese in größerer Zahl vernichten oder wenigstens auf ihre Schiffe zurücktreiben. Scipio hat die dafür Verantwortlichen später nach Kriegsrecht bestraft. Nach seiner erfolgreichen Aktion zog sich Hasdrubal wieder nach Carthago nova zurück, während Cn. Scipio in Tarraco seine Winterquartiere beziehen konnte. Die von Livius geschilderten weiteren Winterkämpfe und Erfolge der Römer dürften erfunden sein.[15]

Scipios Erfolge mögen insgesamt bescheiden anmuten und gewiss war der Prestigegewinn Roms im Nordosten Spaniens wichtiger als die Verluste der Karthager. Doch im begrenzten Raum seines Handelns und in den Grundzügen seiner Politik gegenüber den iberischen Stämmen hatte er die Basis für alle künftigen Aktivitäten Roms in jenem Gebiet gelegt. Offensichtlich zählte es allgemein zu den besonderen Qualifikationen der Scipionen, Bundesgenossen heranzuziehen und für die Sache Roms zu mobilisieren. Die Konzentration der römischen Kräfte auf das nordöstliche Spanien hatte sich als richtig erwiesen. Dort lag der neuralgische Punkt, um eine direkte Landverbindung zwischen Spanien und Italien zu blockieren und damit Hannibals Logistik wirkungsvoll zu stören. Parallel zu Hannibals weitgesteckter Landoffensive ergriff Karthago auch im Seeraum um Sizilien noch vor dem Eintreffen des Konsuls Sempronius Longus, der die Invasion Nordafrikas vorbereiten sollte, die Initiative. Allerdings verfügte die Stadt nur noch über bescheidene Flottenverbände, um dort aktiv zu werden. Es kam hinzu, dass die Kampfkraft dieser großenteils unerfahrenen Admirale und Mannschaften nicht entfernt mit jener früherer Verbände zu vergleichen war.

Auf römischer Seite leitete zunächst der Prätor Marcus Aemilius Lepidus die Verteidigung der Insel. Er konnte dabei allerdings auf die bewährte Unterstützung des alten Königs Hieron II. von Syrakus und auf dessen Flotte zurückgreifen. Die Dimensionen der Kämpfe waren auch vor Sizilien zuerst sehr beschränkt. Die karthagischen Schiffe, insgesamt nur 55 Kriegseinheiten, operierten zunächst bei Pantelleria und Malta, gerieten dann in einen Seesturm und erlitten erhebliche Verluste. Ein Angriff auf Lilybaion wurde abgeschlagen. Als der Konsul Sempronius Longus schließlich in Messana eintraf, unterrichtete ihn dort Hieron über die

Lage. Der römische Einsatz erreichte nun unter einheitlicher Führung ein wesentlich höheres Volumen sowie eine größere Dynamik. Während die Bereitstellungen für die Nordafrika-Invasion anliefen, konnte Sempronius bereits Malta zurückerobern. Gleichzeitig hatte freilich auch eine karthagische Flotteneinheit Küste und Hinterland um Vibo Valentia heimgesucht und dort durch Plünderungen und Zerstörungen große Unruhe hervorgerufen.

Doch inmitten dieser ersten militärischen Initiativen erhielt Sempronius, wie berichtet, die Weisung des Senats, seine Verbände zum Kampf gegen Hannibal nach Oberitalien zu verlegen. Während das Gros der um Sizilien zusammengezogenen römischen Flotte die Armee nach Italien transportierte, blieben kleinere Seestreitkräfte zum Schutz Siziliens und der italischen Küste zurück. Die wirklichen Entscheidungen mussten künftig in Oberitalien fallen.

Erste Kämpfe in Norditalien

So intensiv Hannibals Aufklärung über die Lage in Norditalien gewesen war und so viele Informationen er an der Rhône von den boischen Führern erlangt hatte, ein realistisches Bild von den politischen und militärischen Verhältnissen konnte er sich nun in der Region selbst machen. Erst jetzt wurde ihm die Zerstrittenheit der verschiedenen keltischen Stämme in ihrem vollen Ausmaß deutlich. So durfte er zwar nach wie vor auf die Unterstützung der Insubrer und Boier rechnen, der Stämme südöstlich und nördlich des Po, doch deren traditionelle Gegner – so schon die Tauriner in der Gegend von Turin – waren nicht bereit, mit den Nachbarn gemeinsame Sache zu machen. Angesichts der fortgeschrittenen Jahreszeit mochte Hannibal auf einen zügigen weiteren Vormarsch drängen, doch nach der so strapaziösen Alpendurchquerung waren seine Truppen völlig erschöpft und benötigten zunächst eine Erholungs- und Neuformierungspause, ehe die Invasion fortgesetzt werden konnte.

Da die Tauriner eine Zusammenarbeit mit Hannibal ablehnten, hatte dieser keine andere Wahl als deren Hauptort Taurnia (Turin) nach dreitägigen Kämpfen einnehmen und plündern zu lassen. Damit war das erste Exempel seiner militärischen Möglichkeiten statuiert, die Machtfrage offen aufgeworfen, denn nur durch neue Erfolge durfte er hoffen, sich auch eine breitere Unterstützung von keltischer Seite zu sichern.

Der Konsul P. Cornelius Scipio hatte inzwischen von Pisa aus seinen Vormarsch nach Nordosten angetreten, unterwegs alle verfügbaren römischen Einheiten an sich gezogen, auch keltische Hilfstruppen in seinen Verband integriert und den Raum um Placentia zur Basis seiner weiteren

Operationen ausgewählt. Offensichtlich unterschätzte er die feindlichen Kräfte in jeder Hinsicht. Zwar ist die genaue Truppenstärke der beiden Seiten in jenem Augenblick nicht bekannt, doch nicht der Umfang, sondern die Kampfkraft der Verbände spielte nun die entscheidende Rolle. Und hierin waren die karthagischen Angreifer bei weitem überlegen.

Dies galt vor allem für die Reiterei, der in den ersten Kämpfen in Norditalien die entscheidende Rolle zufallen sollte, noch dazu in einer Landschaft, welche für Kavallerieangriffe besonders geeignet war. Dabei blieb Hannibal seit seinem Dienst als Kavalleriekommandeur unter Hasdrubal ein ebenso erfahrener und geschickter Anführer wie sein jüngster Bruder Mago, der sich bald besonders auszeichnen konnte.

Das erste größere Treffen, das nicht genau zu lokalisieren ist, entwickelte sich aus einem Zusammenstoß von Aufklärungsverbänden am Ticinus. Als eine Einheit römischer Speerkämpfer einem Kavallerieangriff Hannibals nicht Stand hielt, kam es dort zu einer Reiterschlacht. Hannibals Einheiten stießen vor allem an den Flügeln vor und versuchten dann, die römisch-keltischen Gegner auch in deren Rücken anzugreifen. So wird schon hier ein Grundzug von Hannibals Gefechtstaktik erkennbar, der in ähnlicher Form auch in den späteren Schlachten zu beobachten ist.

Der Kampf endete mit einer verlustreichen Niederlage Scipios, der darin selbst verwundet worden war und nur durch den Einsatz eines ligurischen Sklaven – nach der Legende durch seinen jungen Sohn – gerettet werden konnte. Die römisch-keltischen Truppen zogen sich fluchtartig über den Po nach Placentia zurück. Der überstürzte Abbruch der römischen Brücke hatte zur Folge, dass das zu deren Schutz bestimmte Sicherungskommando in Gefangenschaft geriet.

Nachdem auch Hannibal über den Po in den Raum von Placentia vorgestoßen war, konnte er sogleich von den Auswirkungen seines Sieges profitieren: In einer nächtlichen Flucht brachen etwa 2000 keltische Fußsoldaten und rund 200 Reiter aus Scipios Lager aus und gingen zu ihm über. Er entließ sie, entsandte sie in ihre Heimatorte, damit sie dort für seine Sache, die 'Befreiung' von den Römern, werben sollten, eine Maßnahme, die wohl kaum den erhofften Erfolg brachte. Als wesentlich positiver erwies sich dagegen ein neuer Freundschaftsvertrag mit den Boiern.

Beide Seiten taktierten nun im Übrigen betont vorsichtig: Nachdem Scipio die Unzuverlässigkeit seiner keltischen Bundesgenossen erlebt hatte, bezog er auf den Höhen östlich der Trebia ein besser geschütztes Lager, das sogleich eine starke Befestigung erhielt. Auch Hannibal wählte daraufhin nur acht Kilometer von Scipio entfernt, westlich der Trebia ein neues Feldlager, sah jedoch von einem Angriff auf die Befestigungen Scipios ab. Er konnte nun die Gesandtschaften mehrerer keltischer Stämme der Umgegend empfangen, die jetzt offen auf seine Seite traten.

Eine Ausnahme bildeten lediglich die Anamarer, die westlich seiner neuen Stellung angesiedelt waren, mit den Römern Fühlung genommen hatten und diese um Hilfe riefen. Ihr Gebiet wurde sogleich weithin verwüstet. Um dieselbe Zeit erzielte Hannibal einen weiteren, aufsehenerregenden Erfolg: Es gelang ihm, den Befehlshaber des römischen Versorgungslagers von Clastidium gegen eine Belohnung von 400 Goldstücken zur Übergabe zu veranlassen und damit erstmals einen führenden Bundesgenossen auf seine Seite zu ziehen, ein Vorgang, welcher zwar große Beachtung, zunächst jedoch keine Nachahmung fand. Immerhin hatte sich Hannibals Versorgungslage jetzt wesentlich verbessert.

Gegen Ende November 218 traf dann Scipios Amtskollege Sempronius Longus nach einer logistischen Bravourleistung mit seinen einst auf Sizilien stehenden Verbänden bei Placentia ein. Damit veränderte sich nicht nur das Kräfteverhältnis entscheidend zu Roms Gunsten; der Konsul Sempronius Longus war zudem von starkem Angriffswillen erfüllt. Da sich sein und Scipios Konsulat und damit der Oberbefehl dem Ende näherten, wollte er offensichtlich allen Vorbehalten Scipios zum Trotz eine baldige Entscheidung herbeiführen.

In dieser Absicht wurde er noch bestätigt, als ihm der Verlauf eines Reitergefechtes mit numidischen Verbänden für die Zukunft günstige Chancen zu bieten schien. Er verkannte dabei, dass Hannibal die hin- und herwogenden Kämpfe unterbunden hatte, um bei Sempronius den Eindruck eines ersten Erfolges entstehen zu lassen. Doch schon am folgenden Tage sollte sich das Blatt in der Schlacht an der Trebia wenden. Zu ihr hatte Hannibal seinem Gegner sowohl den Zeitpunkt als auch vor allem das Kampfgelände aufgezwungen, das Ringen im Raum westlich der Trebia umfassend vorbereitet und durch verführerisch angewandte Kriegslisten provoziert.

Die Kämpfe an der Trebia wurden im Morgengrauen eines kalten und feuchten Wintertages Ende Dezember 218 durch die Vorstöße numidischer Reiterei über den Fluss bis vor das römische Lager eingeleitet. Die römisch-keltische Gegenwehr eskalierte rasch, dies so lange, bis schließlich das Gros der Verbände in aller Frühe, und noch ehe die Truppen verpflegt waren, durch die Trebia watete, um den karthagischen Angriff zurückzuschlagen.

Dabei mussten die Fußsoldaten der Römer und ihrer Verbündeten angeblich bis zur Brusthöhe durch das eisige Wasser des durch Regenfälle hoch angeschwollenen Flusses vorrücken. Bei Hannibals Truppen bot sich dagegen dank dessen Vorsorge ein ganz anderes Bild: Seine Verbände waren schon physisch umfassend vorbereitet: ausgeruht, versorgt, durch Ölschutz so gut es ging gegen die Kälte immunisiert.

Die Truppenstärken der Gegner sind durch Polybios und Livius wenigstens in groben Zügen überliefert worden.[16] Danach umfassten Hannibals Fußtruppen neben 8000 leicht Bewaffneten von den Balearen etwa 20000 Angehörige libyscher, iberischer und keltischer Stämme, die zugleich den Kern seiner Schlachtreihe bildeten. Die durch Kelten verstärkte, überwiegend numidische Kavallerie, insgesamt rund 10000 Reiter, war wie die Elefanten auf den Flügeln der Kampfformation bereitgestellt. Ein jeweils 1000 Fußsoldaten und Reiter umfassender Eliteverband unter Hannibals Bruder Mago hatte sich in der Deckung eines unübersichtlichen Bachlaufs verborgen, um den Römern in den Rücken zu fallen.

Mit seinen rund 16000 römischen Legionären und etwa 20000 Bundesgenossen war das Heer des Konsuls Sempronius Longus wesentlich stärker. Der traditionellen Kampfweise gemäß wurde es in die drei Treffen der hastati, principes und Triarier gegliedert, durch leicht Bewaffnete vor der Front und an den beiden Flanken durch zusammen etwa 4000 Kavalleristen gesichert. An Hannibals Überlegenheit in dieser Truppengattung hatte sich somit nichts geändert, insgesamt gesehen die numerische Stärke wie die Kampfstärke der Römer und ihrer Verbündeten jedoch wesentlich verbessert.

Die Schlacht selbst nahm dann trotz Hannibals umsichtigen Dispositionen einen überraschenden Verlauf. Erfolgreiche Flügelangriffe der karthagischen Kavallerie und der Elefanten, nicht zuletzt das Auftauchen von Magos Eliteverband im Rücken der römischen Triarier, der altgedienten Infanterie, fügten dem Heer des Konsuls beträchtliche Verluste zu. Sie drohten zuletzt, die gesamte römische Streitmacht einzukesseln. Allein im Zentrum der Schlachtreihen behaupteten sich die dort konzentrierten römischen Legionen. Ihre massierten Formationen stießen erfolgreich vor und brachen durch. Doch wie bei nicht wenigen Verbänden der Neuzeit, denen es gelungen war, Einkesselungsringe zu überwinden, kamen sie nun nicht etwa ihren schwer bedrängten Mitstreitern auf den Flügeln zu Hilfe; sie schlugen sich vielmehr als geschlossener Verband bis nach Placentia durch und brachten sich so in Sicherheit.

Immerhin rettete sich auf diese Weise ein römisches Fußsoldatenkorps von angeblich 10000 Mann und entging damit der Katastrophe, in welche die übrigen geschlagenen und fliehenden römisch-keltischen Kräfte gerissen wurden. Insgesamt gesehen aber konnte an Hannibals eindeutigem Erfolg kein Zweifel bestehen. Die Römer hatten erneut eine schwere Niederlage erlitten, die auf die Dauer weder zu verbergen noch zu beschönigen war und Hannibals Ansehen bei den Kelten noch weiter ansteigen ließ. Bei den Tausenden von Gefangenen, die in seine Hand gefallen waren, unterschied Hannibal zwischen den Römern und deren Bundesgenossen. Während er die Römer weiterhin festhielt, entließ er deren Verbündete zur allgemeinen Überraschung und entgegen der zeitgenössischen Praxis ohne Lösegeld. Er forderte sie jedoch auf, in ihren Heimatstädten bekannt zu machen, dass er nicht gegen diese, sondern einzig und allein gegen die Römer Krieg führe. Er suchte damit erneut, für Zusammenwirken und Freundschaft sowie zum gemeinsamen Kampf gegen Rom zu werben.

Darüber hinaus sicherte er den römischen Bundesgenossen die Freiheit wie die Rückgabe des von den Römern enteigneten Besitzes zu. Deutlich trat hier somit, durch Fakten scheinbar eindeutig erwiesen, Hannibals Kriegsziel hervor: Es ging ihm nicht um die Errichtung einer karthagischen Territorialherrschaft auf italischem Boden, ebenso wenig um den Aufbau einer barkidischen Monarchie nach hellenistischem Vorbild. Priorität besaß für ihn vielmehr offensichtlich die Dekomposition der römisch-italischen Bundesgenossenschaft, welche die Voraussetzung und die Basis von Roms imperialistischem Ausgreifen gebildet hatte.

Eine knappe Zwischenbilanz des ersten Kriegsjahres zeigt, wie schnell die Auseinandersetzung den gesamten westlichen Mittelmeerraum erfasst hatte. Dabei wird zugleich die Rom völlig überraschende und bleibende Gewichtung der einzelnen Kriegsschauplätze sichtbar. Durch Hannibals unerwartete Initiative waren die direkte Bedrohung Nordafrikas und Karthagos verhindert worden, trotz römischer Flottenerfolge die Bedeutung Siziliens als Kampffeld zunächst zurückgetreten. Der Brennpunkt des Ringens hatte sich dorthin verlagert, wo Hannibal persönlich stand; Italien war zum Hauptkriegsschauplatz geworden, die weiteren Entwicklungen in Spanien noch nicht abzusehen.

Beide Seiten mussten schon zu Beginn dieses Krieges ungewöhnlich hohe Verluste hinnehmen. Diejenigen Hannibals während der Alpenüberquerung ließen sich allerdings durch deren Folgen rechtfertigen, die ihn zum Herrn des weiteren Geschehens gemacht hatten. Die Kampfstärke seiner Verbände, nicht zuletzt diejenige der numidischen Kavallerie, sowie Hannibals überlegene Führung wirkten auf die Römer wie ein schwerer Schock, auf deren Verbündete wie auf die übrigen Mächte des westlichen Mittelmeergebietes wie eine tiefe und anhaltende Erschütterung, welche das Kräftefeld dieses Raumes völlig in Frage stellte.

Die politischen Folgen der Invasion Italiens waren indessen am Ende des Jahres 218 noch nicht abzusehen. Es musste sich erst erweisen, ob Hannibals politische Intentionen durch seine ziemlich optimistischen Maßnahmen zu verwirklichen waren. Andererseits war offen, ob die Struktur der römisch-italischen Bundesgenossenschaft der ungewöhnlichen Belastung standhielt. Immerhin mussten die Plünderungen und Konfiskationen, auf die Hannibal doch nicht verzichten konnte, sich künftig gegen ihn auswirken und die römische Sache stärken. Somit hing alles von weiteren militärischen Erfolgen Hannibals ab.

IV. Die großen Schlachten der Jahre 217 und 216

Trasimenischer See

In Rom erhielten Senat und Volk erst dann völlige Klarheit über das Geschehen in der Po-Ebene, als der Konsul Sempronius Longus nach einem riskanten Gewaltritt in der Stadt eingetroffen war, um dort die Konsulwahlen für das kommende Jahr durchzuführen. Die Wahl fiel auf den nur wenig profilierten Cn. Servilius Geminus sowie auf den umstrittenen C. Flaminius.

Dieser Flaminius[1] schien den Anforderungen der Stunde und vor allem auch des Schauplatzes in besonderer Weise zu entsprechen: Er hatte im Jahre 232 als Volkstribun die Einzelansiedlung römischer Bürger im Raum zwischen Sena Gallica und Ravenna durchgesetzt, eine Ansiedlung, die im ehemaligen Gebiet der Senonen erfolgte. Fünf Jahre später hatte er sich dann als Prätor und erster Statthalter der Provinz Sizilien bewährt. Zusammen mit P. Furius Philus wirkte er 223 nördlich des Po als Konsul erfolgreich gegen die Insubrer und trat dann im Jahre 220 während seiner Censur besonders als Bauherr hervor: Auf ihn geht nicht nur die Errichtung des Circus Flaminius auf dem Marsfeld, sondern vor allem auch die Anlage der Via Flaminia, der großen römischen Fernstraße zwischen Rom und Ariminum zurück.

Zwei Jahre später soll Flaminius als einziger Senator der lex Claudia de nave senatorum zugestimmt haben, jenem Gesetz, welches indirekt die einträglichen Seehandelsaktivitäten der römischen Senatoren beschnitt. Als homo novus, als sozialer Aufsteiger, wurde der später primär als Demagoge und als Vorläufer der Gracchen denunzierte plebejische Politiker fort und fort wegen angeblicher Verstöße gegen religiöse wie gegen Verfassungstraditionen attackiert.

Doch trotz aller Kritik und Vorbehalte ist Flaminius aufgrund seiner Erfahrungen, seiner Tatkraft wie seiner organisatorischen Fähigkeiten, nicht zuletzt aber aufgrund seiner Kenntnis des voraussichtlichen Kriegsschauplatzes in Norditalien auch für das Jahr 217 zum Konsul gewählt worden. Er stand dabei freilich zugleich unter höchstem Erwartungsdruck. Man traute ihm zu, die Katastrophen des Jahres 218 aufzufangen und die Wende des Krieges herbeizuführen. Er wurde so zum eigentlichen Antipoden Hannibals.

In Rom herrschten zu Beginn des Jahres 217 zunächst Panik und höchste Erregung, eine Stimmung, welche der Senat sogleich durch vielfältige religiöse Aktivitäten zu steuern suchte. Durch sie sollte als Erstes das Einvernehmen mit den Göttern wiederhergestellt und damit neue Zuversicht gewonnen werden. Dann aber folgten nicht wenige militärische Maßnahmen, die Polybios so beschrieben hat: *Erschrocken über den unerwarteten Misserfolg, wandten sie daher besondere Sorgfalt auf die weiteren Rüstungen und auf die Sicherung der Außenpositionen ihres Herrschaftsgebietes: Sie schickten Heere nach Sardinien und Sizilien, dazu Besatzungen nach Tarent und nach anderen wichtigen Punkten, rüsteten außerdem sechzig Penteren aus. Cn. Servilius und C. Flaminius aber, die damals zu Konsuln ernannt worden waren, zogen die Bundesgenossen zusammen und hoben die eigenen Legionen aus, schickten Lebensmittelvorräte einerseits nach Ariminum, andererseits nach Etrurien, weil sie nach diesen Gegenden hin ins Feld rücken wollten, sandten schließlich an Hieron und erbaten seine Unterstützung, worauf dieser ihnen fünfhundert Kreter und tausend Peltasten (leicht Bewaffnete) schickte. So bereiteten sie alles nach allen Seiten mit großer Energie vor. Denn dann sind die Römer, sowohl der Staat im Ganzen wie alle Einzelnen, am furchtbarsten, wenn eine wirkliche Gefahr sie bedroht.*[2]

Nach seinem Sieg an der Trebia kontrollierte Hannibal faktisch die gesamte Po-Region mit Ausnahme von Placentia und Cremona. Eine Belagerung dieser stark befestigten Siedlungen verbot sich von selbst; ein Vorstoß auf den Hafen von Placentia scheiterte. Den einzigen größeren Erfolg des Winters 218 auf 217 brachte die Einnahme von Victumulae, das angeblich in besonders perfider Weise geplündert und gebrandschatzt wurde. Angesichts der allgemeinen militärischen Lage ist es verständlich, dass Hannibal möglichst frühzeitig mit seinem Heer die Apenninen überwinden wollte. Doch wenn Livius' Bericht[3] zutrifft, misslang ein verfrühter Versuch, weil die Armee in Schneestürme und starke Regenfälle geriet, sodass sich Hannibal gezwungen sah, den vorzeitigen Versuch abzubrechen.

Nachdem die römischen Konsuln Mitte März 217 ihr Amt angetreten hatten, sahen sie bewusst von einem konzentrierten Angriff auf Hannibal ab. Die neu aufgestellten und die ergänzten römischen Verbände formierten sich vielmehr gemäß einer konsequenten Defensivstrategie. Dabei war Servilius das Kommando über die um Ariminum, das heißt im Nordosten der Apenninen und am Adriatischen Meer stehenden Kräfte zugefallen. Flaminius hatte dagegen jenes über die Verbände von Arretium erhalten, somit eine zwar südlich der Apenninen liegende, aber zentrale Position eingenommen. Vermutlich sicherte im Westen des voraussichtlichen Kampfgebiets ein weiteres römisches Korps die Verteidigungslinie bei Luca ab.

Mit Sicherheit lässt sich Hannibals Route durch die Apenninen nicht rekonstruieren, dazu sind die Angaben der antiken Überlieferung zu wenig präzise. Es ist denkbar, aber keineswegs gewiss, dass er sich wiederum an den keltischen Vorstößen des Jahres 225 orientierte. Auf römischer Seite unterblieb jedenfalls die rechtzeitige Erkundung und Sicherung der in Frage kommenden Wege, wie überhaupt die Koordination zwischen deren Verbänden unzulänglich erscheint. Es sollte sich zeigen, dass die an sich starke und verkehrsmäßig günstige Stellung von Ariminum deshalb vom Brennpunkt des Geschehens zu weit entfernt lag, weil Hannibal das Gebirge weiter im Westen, in Richtung auf Faesulae, überschritt.

In den antiken Quellen wird vor allem dessen besonders strapaziöser Zug durch überschwemmtes Gelände im Arnotal hervorgehoben. Damals soll sich Hannibal, der angeblich auf dem letzten überlebenden Elefanten ritt, entweder ein schweres Augenleiden zugezogen oder sogar ein Auge verloren haben. Wie Jakob Seibert zu Recht betont,[4] wäre er danach in die Reihe berühmter einäugiger Heerführer von Antike und Neuzeit einzuordnen – Philipp II. von Makedonien, Antigonos Monophthalmos, Sertorius, Civilis, Kutusov, Lord Nelson, Masséna, Moshe Dayan. Der Ophthalmologe Gerhard Holland hat einer solchen Auffassung jedoch mit gewichtigen medizinischen Argumenten widersprochen.[5]

Auch nach der Überschreitung der Apenninen bleibt Hannibals Weg im Einzelnen unklar. Der erste, sicher bezeugte Ort seines Vormarsches ist die Stadt Faesulae. Danach brüskierte er seinen Gegner auf jede nur denkbare Weise. Er kümmerte sich nicht um die in Arretium konzentrierten römischen Verbände, sondern ließ das Vorfeld wie die weitere Umgebung der Stadt ausplündern und zerstören. Nach Flaminius' Ansicht schien sich Hannibal über Cortona in Richtung auf Perusia zu bewegen, um von dort aus längs der Via Flaminia in Richtung auf Rom vorzustoßen. Dazu musste er den Trasimenischen See im Norden umgehen. Tatsächlich hatte Hannibal seine Armee, freilich mit ganz anderer Zielsetzung, zum Trasimenischen See dirigiert. An dessen Nordufer verlief kilometerlang eine relativ enge Straße, die landeinwärts von Hügeln und Bergen umsäumt war, ein Gelände, welches zudem durch seine Vegetation vielerlei Möglichkeiten bot, um militärischen Formationen Deckung und Schutz zu gewähren.

Wenn es je Kämpfe gab, welche die Bedeutung militärischer Aufklärung vor Augen führten und die zugleich in beispielhafter Weise deren Auswertungsmöglichkeiten zeigten, dann jene am Trasimenischen See: Während Hannibal, nicht zuletzt dank seiner hervorragenden Reiterei, eine umfassende Inspizierung von Gelände und Feindlage vornehmen ließ, verzichtete Flaminius, der nur noch darauf drängte, den an ihm vorbeigezogenen Gegner möglichst rasch einzuholen und zu schlagen, darauf völlig (Abb. 11).

Hannibal hatte rasch erkannt, dass ihm die Landesnatur im Norden des Trasimenischen Sees eine einmalige Chance für die Vernichtung des Geg-

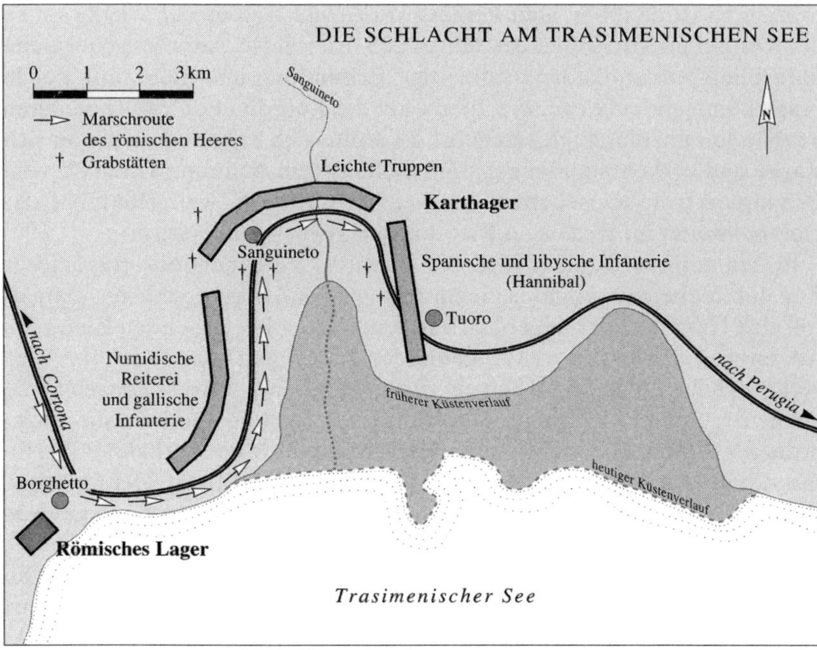

Abb. 11: Die Schlacht am Trasimenischen See.

ners bot. Wenn er diesen zur Verfolgung auf die Nordduferstraße des Trasimenischen Sees locken konnte und wenn es ihm gleichzeitig gelang, Eingang wie Ausgang der Seestraße durch starke Verbände abzusperren, die Masse seiner Truppen hinter den Hügeln zu verbergen und den so eingekesselten Gegner dann umfassend anzugreifen und gegen den See zu drängen, so konnte er die gesamte Heeresgruppe des Flaminius überwältigen.

Sein Plan beruhte offensichtlich ebenso auf der Auswertung seiner Erkunder und Spähtrupps wie auf persönlicher Autopsie des Geländes. Er entstand an Ort und Stelle – und er wurde auf geradezu ideale Weise realisiert. Dabei ist zu berücksichtigen, dass Hannibal hier selbst eine Lage schuf, wie er sie während der Alpendurchquerung wiederholt bewältigen musste. Nur waren jetzt die Rollen vertauscht: Nicht seine Kolonne wurde von den Höhen her angegriffen, sondern diejenige des Flaminius. Dessen Armee hatte vor dem Beginn der Norduferstraße ein Nachtlager bezogen und war dann schon in den ersten Morgenstunden eines besonders nebelverhangenen Junitages längs des Seeufers vorgerückt. Erst als ihre Vorhut bereits das Ende der Enge erreicht hatte, gab Hannibal den Befehl zum

Generalangriff. Der weithin orientierungslose, kilometerlange Zug der Römer sah sich von drei Seiten eingeschlossen; der Zusammenhang der Einheiten wurde sofort durchbrochen. An die Formierung einer kohärenten und effizienten Abwehr war überhaupt nicht zu denken, Panik und Verzweiflung machten sich breit. Allenfalls konnten sich kleine Gruppen zur Verteidigung zusammenschließen, doch auch diese wurden rasch von den enthusiasmierten Puniern, Numidern, Iberern und Kelten geschlagen.

Nach nur drei Stunden war das gesamte Heer des Flaminius, der tapfer kämpfend den Tod fand, vernichtet. Etwa 15000 Mann waren gefallen, ungefähr 10000 in Gefangenschaft geraten. Die Truppen Hannibals sollen dagegen zwischen 1500 und 2500 Tote gehabt haben. Die Herren des Schlachtfeldes konnten sich durch systematische Suchaktionen eine erhebliche Beute, vor allem an römischen Waffen aneignen; Hannibal ließ die Opfer, meist durch Verbrennung, bestatten, die Gefangenen wurden noch immer gemäß seiner bereits üblichen Maximen behandelt.[6]

Die Schlacht selbst sollte wenige Tage später noch ein für die Römer bitteres Nachspiel haben: Sobald Flaminius' Kollege, der Konsul Cn. Servilius, von dessen Kontakt mit Hannibal erfahren hatte, sandte er diesem den C. Centenius mit rund 4000 Kavalleristen zu Hilfe. Doch das Reiterkorps wurde von den Erkundungstrupps Hannibals frühzeitig entdeckt und von der Kavallerie Maharbals ebenfalls völlig aufgerieben.

Die Auswirkungen der Niederlage am Trasimenischen See waren in Rom noch weitaus dramatischer als jene nach der Schlacht an der Trebia. Angesichts der hohen Verluste brach erneut Panik aus; die Bevölkerung erwartete einen Angriff Hannibals auf die Stadt. Da der Konsul Cn. Servilius nicht persönlich eingreifen konnte, war in staatsrechtlicher Hinsicht eine unvorhergesehene Notsituation entstanden. Der Senat ließ deshalb, entgegen jedem Herkommen, von der Volksversammlung einen Diktator mit umfassenden Vollmachten für die Dauer von sechs Monaten sowie als dessen Stellvertreter und obersten Gehilfen auch einen magister equitum wählen. Die Ämter wurden Q. Fabius Maximus und M. Minucius Rufus anvertraut. Damit schien in der Notsituation ein einheitliches und starkes Kommando gewährleistet. Doch diese Wahl sollte sich als denkbar unglücklich erweisen, weil sich schon bald herausstellte, dass die beiden Persönlichkeiten auf die Dauer nicht harmonierten und ihrem ganzen Wesen nach diametral verschiedene Strategien verfolgten, obwohl der magister equitum seinem Diktator an sich eindeutig untergeordnet war.

Zunächst dominierte denn auch dieser das Geschehen. Der um 275 geborene Q. Fabius Maximus[7] gehörte einer der berühmtesten und erfolgreichsten patrizischen Familien des 3. Jahrhunderts an. Nach einem längeren Militärdienst hatte der griechisch gebildete junge Aristokrat in den dreißiger Jahren seine senatorische Ämterlaufbahn begonnen, 233 sein erstes Konsulat bekleidet und im gleichen Jahr einen Triumph über die Ligurer errungen. Innenpolitisch bekämpfte er die Initiativen des C. Flaminius, amtierte 230 als Censor, schon 228 zum zweiten Mal als Konsul.

Fabius galt allgemein als besonnener und sorgfältig abwägender Angehöriger der Führungsschicht. Nach der relativ späten Darstellung des Cassius Dio[8] soll er in den Senatsberatungen vor dem Ausbruch des 2. Punischen Krieges für eine Zurückhaltung vor weitreichenden Entschlüssen votiert haben. Ob er mit dem Wortführer der Senatsgesandtschaft nach Karthago vom Frühjahr 218, die schließlich den Krieg erklärte, identisch ist (S. 53), bleibt fraglich. Der militärisch wie politisch erfahrene, zuverlässige und integre, vor allem aber äußerst besonnene Senator im Alter von etwa sechzig Jahren schien nach der Katastrophe des Flaminius am Trasimenischen See jedenfalls die Qualifikation wie die Autorität zu besitzen, um die alarmierende und tiefgreifende Krise zu meistern. Für die Sprachregelung des römischen Senats, die Fabius Maximus aus voller Überzeugung teilte und vertrat, ist es charakteristisch, dass die Ursache von Flaminius' Niederlage nicht in dessen strategischen und taktischen Fehlentscheidungen, etwa im Verzicht auf ausreichende Aufklärung, gesehen wurde, sondern in dessen fataler Missachtung der religiösen Pflichten eines Konsuls und Oberbefehlshabers.

Hier setzten deshalb auch sogleich Fabius' Aktivitäten an: Korrekt beauftragte er die zuständige Priesterschaft, in den Sibyllinischen Büchern das fehlerhafte Verhalten gegenüber den Göttern festzustellen. Die Spezialisten stießen dabei vor allem auf die unzulänglichen Opfer und Gelübde für Mars, die deshalb in angemessener Weise zu erneuern waren. Andere traditionelle wie neuartige religiöse Verpflichtungen kamen hinzu. Neben großen Spielen zu Ehren Iuppiters verpflichtete sich die Republik zu einem Bittfest und gelobte einen ver sacrum, das heißt alle im Frühling neu geborenen Rinder, Schweine, Schafe und Ziegen zu opfern, falls es zu einem erfolgreichen Kriegsverlauf käme und die Republik den Status quo vor Kriegsbeginn bewahren könne. Eingelöst wurde das Gelöbnis freilich erst in den Jahren 195 und 194.

Gleichzeitig wurde die Anlage von Tempeln für Mars und Venus Erycina beschlossen, die genuin griechische Institution einer Göttermahlzeit eingeführt und damit alles getan, um die abgerissene Verbindung mit den offensichtlich erzürnten und unbefriedigten Gottheiten zu erneuern. Gefühle wie Hoffnungen der Stunde sind so in religiösen Formen aufgefangen worden.

Parallel hierzu wurden jedoch auch militärische Sofortmaßnahmen angeordnet, neue Truppenaufgebote beschlossen, die Stadtbefestigungen ergänzt, Brücken auf den voraussichtlichen Vormarschwegen Hannibals zerstört. Das Heer des Konsuls Cn. Servilius ist Fabius unterstellt worden;

Minucius Rufus erhielt den Auftrag, zwei neue Legionen auszuheben. Besonders schwerwiegende Folgen aber hatte ein Edikt des Diktators, der nach Livius anordnete: *Wer in unbefestigten Städten und Marktflecken wohne, solle in sichere Orte ziehen. Alle sollten die Dörfer der Gegend verlassen, wo Hannibal durchmarschieren werde. Vorher aber sollten sie ihre Häuser anzünden und die Feldfrüchte vernichten, damit nicht der geringste Vorrat bleibe.*[9] So konsequent diese Politik der 'verbrannten Erde' war, es blieb fraglich, wie lange sie sich durchhalten ließ.

Auf karthagischer Seite hatte Hannibal seinen Kommandeuren unmittelbar nach der Schlacht am Trasimenischen See die nächsten Ziele der Armee erläutert. Wohl zu deren Überraschung verzichtete er, nicht zuletzt wohl angesichts der Verfassung seiner erschöpften Verbände, auf einen sofortigen Angriff auf Rom. Stattdessen wollte er durch Umbrien und Picenum zur Adria vorstoßen, wobei die genaue Route des Zuges unsicher ist. Klar sind dagegen dessen Voraussetzungen und Begleiterscheinungen. Zunächst wurde den Truppen die notwendige Erholung nach den Strapazen der vergangenen Monate gegönnt, eine 'Auffrischung', welche zugleich der Reorganisation der Verbände diente.

Auf dem Zug selbst jedoch führte Hannibal die Armee am langen Zügel. Plündernd und brandschatzend zogen die einzelnen Abteilungen durch das Land; jetzt konnten sie endlich die Früchte ihrer Siege ernten. Da die größeren Siedlungen mit ihnen nicht paktierten, kannten die Soldaten keine Gnade mehr. Die Beute jedes Einzelnen wuchs so stark an, dass die Männer sie nicht mehr schleppen konnten, die Beute selbst zur Behinderung wurde. Eine Erweiterung des Trosses war unumgänglich, er wurde daher zu einem beträchtlichen Sicherungsproblem. Hannibals Vormarsch hinterließ so einen breiten Zerstörungshorizont, der seinerseits auch weiterhin die Fortsetzung der Mobilität erzwang; schon jetzt zeichnete sich ab, dass die Invasion schließlich die gesamte Apenninenhalbinsel erfassen würde.

Nach einem Vorstoß längs des Adriatischen Meeres wandte sich Hannibal von Hadria aus zunächst gegen die Marser, drang danach in den Norden Apuliens ein und stieß schließlich in den Raum um Luceria und Vibinum (Bovino) vor, wo ein Lager bezogen wurde. Fabius hatte inzwischen die römisch-italischen Streitkräfte bei Tibur versammelt, in Orichalcum nördlich Roms die Verbände des Servilius übernommen. Nachdem eine karthagische Flotille bei Cosa einen für Spanien bestimmten römischen Konvoi erobert hatte, wurde Servilius zum Flottenbefehlshaber ernannt.

Dann zog Fabius Hannibal weiter entgegen und schlug schließlich bei Aikai (Troia) nahezu in Sichtweite des Feindes ein Lager auf. Bewusst vermied er dagegen eine offene Feldschlacht. Polybios hat sein Verhalten so begründet: *Fabius nämlich war entschlossen, sich weder dem Feind zu stel-*

len noch sich auf eine Schlacht einzulassen, sondern zuerst und vor allem auf die Sicherheit der ihm Unterstellten bedacht zu sein, und blieb unerschütterlich bei diesem Vorsatz. Anfänglich nun zog er sich damit Verachtung zu und setzte sich dem Gerede aus, er sei feige und fürchte die Gefahr; mit der Zeit aber zwang er alle einzugestehen und zuzugeben, dass niemand einsichtiger und verständiger in der damaligen Lage hätte verfahren können. Bald bestätigten auch die Ereignisse, wie dies nicht anders zu erwarten war, die Richtigkeit seiner Erwägungen.[10]

Fabius war daneben der Ansicht, dass auch der Zeitfaktor immer stärker zu seinen Gunsten wirken werde. Er konzentrierte sich deshalb in den nächsten Monaten auf Überfälle jener kleineren Verbände Hannibals, die Plünderungszüge unternahmen, Lebensmittel für die Truppen und Futter für die Tiere requirierten. Damit engte er Hannibals Bewegungsraum wesentlich ein. Dessen weiteren Märschen folgte er vor allem auf Höhen und Seitenwegen, zeigte so zwar ständige Präsenz, musste Hannibal freilich jede weitere Initiative überlassen. Dieser ging nun über Samnium und Benevent gegen das reiche Kampanien vor; seine Zerstörungen nahmen ein immer größeres Ausmaß an.

So sinnvoll und erfolgreich Fabius' Strategie war, sie verlangte von Truppen, Bundesgenossen und der römischen Bevölkerung ein Höchstmaß von Einsicht, Disziplin, Geschlossenheit sowie moralischer Anspannung und Beharrlichkeit. Auf die Dauer konnte es nicht ausbleiben, dass es deshalb zu Spannungen kam: Die Truppen drängten zum Schlagen, weil sie im Rahmen von Fabius' Strategie wiederholt kleinere Gruppen von Hannibals Verbänden besiegt hatten und sich diesen gegenüber mindestens gleichrangig, wenn nicht gar überlegen fühlten. Die Bundesgenossen aber wurden gegen die von ihnen erwartete Taktik der 'verbrannten Erde' allmählich allergisch. Wie lange sie ihnen noch zuzumuten war, blieb fraglich. Die stadtrömische Bevölkerung schließlich, die den Krieg wieder näher kommen sah, erwartete endlich eindeutigere Erfolge als jene gegenüber Hannibals Plünderern.

Insgesamt gesehen war das Vorgehen der Römer mittel- wie langfristig nur dann durchzuhalten, wenn es von der geschlossenen Überzeugung aller beteiligten Kräfte und Gruppen getragen wurde, wenn sich Senat, Bürger, Heer und Bundesgenossen völlig mit ihm identifizierten. Und gerade dies wurde immer offener in Frage gestellt. Vor allem sollte es sich bald rächen, dass sich schon der Diktator und sein magister equitum in der Beurteilung der Strategie nicht einig blieben: Minucius Rufus wie nicht wenige Offiziere, aber auch Senatoren und Bürger forderten den Übergang zu einer entscheidenden Offensive.

Aber auch für Hannibal wurde der Stil der Kriegführung allmählich prekär. Nach vielen Plünderungen verließ er schließlich Kampanien, wobei die Gründe für seinen Entschluss nicht eindeutig sind. Es ist einerseits möglich, dass er durch die Folgen seiner eigenen logistischen Konzeption zu diesem Schritt genötigt wurde, andererseits aber auch, dass er seine Winterquartiere bewusst in einem bisher noch nicht ausgeraubten Raum und zugleich in einer größeren Distanz zu Rom beziehen wollte. Jedenfalls wandte er sich völlig überraschend nach Nordosten, um bei Gereonium im Norden Apuliens das Winterlager jenes Jahres einzurichten.

Im Zusammenhang mit seinem Abzug aus Kampanien berichtet die antike Überlieferung[11] die phantasievolle Geschichte von der 'Ochsenlist': Als ein kampanischer Pass, über den Hannibals Heer abziehen wollte, von den Römern gesperrt war, soll der Karthager den Befehl gegeben haben, rund 2000 Ochsen an den Hörnern mit brennenden Fackeln zu versehen und sie bei Nacht neben diesem Pass durchzutreiben. Der römische Sperrverband habe sich dadurch bereits überflügelt gesehen und den Pass deshalb geräumt, sodass Hannibals Verbände durchziehen konnten. So hübsch die Erzählung ist und so plastisch sie eine weitere Kriegslist Hannibals zu dokumentieren scheint – in der neueren Forschung wird sie seit langem bezweifelt.[12]

Wesentlich schwerwiegendere Folgen als die 'Ochsenlist' zeitigten auf römischer Seite die immer stärker anschwellenden Konflikte über Formen und Ziele der Kriegführung. Die Kritik an Fabius' hinhaltender Erschöpfungsstrategie wuchs. Da in dem magister equitum Marcus Minucius ein ehrgeiziger und dynamischer Stellvertreter des Diktators zur Verfügung stand, dessen Interessen zudem der Volkstribun M. Metulius mit Passion vertrat, kam es bald zu einer Eskalation und Personalisierung der Kontroverse.

Nachdem Minucius in Geplänkeln partielle Erfolge erzielt hatte, die überschätzt wurden, schien er der Mann der Stunde und der Hoffnungsträger Roms zu sein. Die Senatoren entzogen Fabius ihr Vertrauen, ernannten Minucius zum gleichberechtigten Befehlshaber und gaben damit die einheitliche, umfassende Heeresleitung durch einen Einzelnen auf. Die Hannibal gegenüberliegende Armee formierte sich in zwei verschiedene Lager.

Es kam, wie es kommen musste: Minucius ließ sich von Hannibal zum offenen Kampf provozieren, erlitt eine verlustreiche Niederlage; seine geschlagenen Verbände und fliehenden Legionäre konnten lediglich durch die heranrückende Schlachtreihe des Fabius aufgefangen werden. In der antiken Überlieferung endet der Bericht über diese überflüssige Katastrophe in einer rührseligen Szene, nach welcher sich Minucius seinem Diktator erneut unterordnete.[13] Scheinbar war die alte römische concordia, die Garantin aller Siege, wiederhergestellt – in Wirklichkeit blieben, wie sich erweisen sollte, die grundsätzlichen Meinungsverschiedenheiten bestehen.

Der Senat war außerstande, sie zu beenden. Sie sollten vielmehr im folgenden Kriegsjähr noch einmal in voller Schärfe aufbrechen und den weiteren Verlauf des Geschehens bestimmen.

Das Jahr 217 hatte so am Ende einen denkbar uneinheitlichen und widerspruchsvollen Kriegsverlauf gesehen. Während in der ersten Jahreshälfte die Schlacht am Trasimenischen See einen neuen Höhepunkt der offenen Feldschlachten dieses Krieges markierte, kam es in der zweiten Hälfte jenes Jahres auf beiden Seiten zu neuen Strategien, die fortan immer wieder bestimmend wurden. Auf Seiten Hannibals, der freilich auch in Zukunft primär neue Schlachten suchte, war dies eine aus logistischen Gründen nahe liegende Bewegungsstrategie, die sich in rasch wechselnden Plünderungen und Ausbeutungen niederschlug und zu immer neuem Wechsel der regionalen Schwerpunkte nötigte; sie erfasste dabei den gesamten Raum zwischen Apulien und Kampanien.

Der römische Diktator Fabius Maximus verfolgte dagegen eine nur langfristig wirksame Hinhaltungs- und Zermürbungsstrategie, die angesichts der großen Erfolge des feindlichen Feldherrn risikoreiche Großkämpfe vermied, sich mit Präsenz und begrenzten Operationen in kleinem Rahmen begnügte. Dabei mochte sie auf besonders günstige militärische Konstellationen zum Zuschlagen hoffen, musste freilich auch weiträumige Zerstörungen des eigenen Territoriums sowie hohe Verluste der römischen Bundesgenossen hinnehmen. Eine baldige Entscheidung des Krieges war auf diese Weise nicht zu erwarten.

Cannae

Nach dem Ende der außerordentlichen Kompetenzen des Fabius Maximus und des M. Minucius hatten der Konsul Cn. Servilius und ein zusätzlich bestimmter Suffektkonsul M. Atilius Regulus die politische Leitung der Republik übernommen. In der kurzen Übergangszeit fanden dann in einer besonders erregten Atmosphäre die Konsulwahlen für das Jahr 216 statt. Selten war dabei eine Wahl so umstritten und zugleich so folgenschwer wie diese. Alle sozialen und politischen Gruppen sind sich damals in Rom lediglich darin einig gewesen, dass im bevorstehenden Jahr eine militärische Entscheidung im Kampf gegen Hannibal gesucht werden müsse. Doch welche Männer dieser Aufgabe gewachsen waren, blieb sowohl im Senat als auch in den durch Agitation aufgehetzten Volksversammlungen geraume Zeit umstritten.

Nach leidenschaftlichen Auseinandersetzungen sind schließlich der Angehörige der Nobilität L. Aemilius Paullus und der Plebejer C. Terentius Varro in das Amt gewählt worden, zwei militärisch bewährte Befehlshaber, deren Bild auf Grund der folgenden Ereignisse in der antiken Überlieferung jedoch sehr einseitig stilisiert wurde. Der Idealisierung des Aemilius Paullus entsprach dabei die Herabsetzung des Terentius Varro, dem faktisch die Alleinschuld an der Niederlage von Cannae zugewiesen wurde.

Mindestens ebenso wichtig wie die Wahl der Befehlshaber wurden die Rüstungen und militärischen Vorbereitungen für das neue Kriegsjahr. Endlich war man in Rom zu der einhelligen Überzeugung gelangt, dass die traditionelle Aufstellung von zwei Zweilegionsheeren für die Konsuln bei weitem nicht ausreichte, um diesen Gegner zu schlagen. Nun sollte der Gesamtumfang des römischen Heeres auf insgesamt acht Legionen für die Konsuln verdoppelt werden. Dazu kamen entsprechende Mobilisierungen bei den Bundesgenossen. Auch für die übrigen Kriegsschauplätze ist der Einsatz beträchtlich verstärkt worden. So wurden allein in Norditalien zwei weitere Legionen zur Niederhaltung der Kelten eingesetzt. Doch mit der Aufstellung dieser Massenarmee allein war es nicht getan. So rasch als möglich begann deren Disziplinierung und Gefechtsausbildung für die kommenden Kämpfe.

Inzwischen lagen sich die Heere Hannibals und der Römer vor Gereonium monatelang gegenüber. Dem karthagischen Heerführer konnte die Verdoppelung der feindlichen Streitkräfte kaum entgangen sein, doch er hielt sich zunächst zurück, obwohl er im Grunde eine neue große Feldschlacht erhoffte. Erst im Hochsommer des Jahres 216 ergriff er eine überraschende Initiative. Er gab das Lager bei Gereonium auf und stieß mit seiner Armee gegen das Städtchen Cannae am Aufidus vor, einen Ort, der den Römern als wichtiges Versorgungszentrum diente, dies nicht zuletzt deshalb, weil dieser Platz noch für Schiffe von der Adria aus erreichbar war.

Damit zwang Hannibal die Gegner zu handeln. Im Senat herrschte die allgemeine Überzeugung, nun – da die Vorbereitungen abgeschlossen und die Truppen gefechtsbereit waren – die entscheidende Schlacht zu wagen. Die beiden Konsuln, die bisher in Rom geblieben waren, begaben sich zur Armee; Legionen und Hilfstruppen wurden gleichfalls in den Raum von Cannae verlegt. Ein erster Überfall Hannibals auf die römischen Verbände konnte zurückgeschlagen werden. Dann bezogen auch die Römer im Umfeld von Cannae neue Lager.

Da die kriegsgeschichtlichen Analysen der folgenden Schlacht dazu neigen, die Operationen abstrakt zu isolieren, ist es erforderlich, nicht nur auf die strategischen und taktischen, sondern auch auf die mentalen Voraussetzungen des Geschehens hinzuweisen: Auf beiden Seiten herrschte ein starker und bewusster Wille zum Sieg. In Rom war an eine Weiterführung der Ermattungsstrategie des Fabius Maximus nicht mehr zu denken. Dass

Hannibal, aber auch dessen Unterführer und Truppen endlich einen Entscheidungskampf herbeiwünschten, versteht sich von selbst.

Angesichts der völlig unzulänglichen topographischen Angaben der Überlieferung beginnen hier die Generationen hindurch geführten wissenschaftlichen Kontroversen um die Rekonstruktion der Schlacht. Da sich der Flusslauf des Aufidus in einem Zeitraum von über zwei Jahrtausenden wesentlich verändert hat, ist es fraglich, ob eine exakte Nachzeichnung des Geschehens jemals möglich sein wird. Hier kann daher nur mit einigem Vorbehalt auf die Studien von Johannes Kromayer[14] zurückgegriffen werden.

Nachdem sich die beiden Armeen in den vor allem für Kavallerieoperationen besonders geeigneten Ebenen am Aufidus gegenüberlagen, kam es zunächst zu einem beiderseitigen Abtasten, das in Geplänkeln um die jeweiligen Wasserholer und in der Verlegung der Lager seinen Ausdruck fand. Zuletzt hatten die Römer zwei Lager, ein größeres nördlich und ein kleineres südlich des Aufidus bezogen. Auch Hannibals Lager lag am Ende nördlich des Flusses (Abb. 12).

Die beiden römischen Konsuln waren sich über die weiteren Entscheidungen nicht einig. Da sie sich im Oberbefehl täglich abwechselten, kam es rasch zu widersprüchlicher Taktik. Während sich Aemilius Paullus nicht auf ein von Hannibal ausgewähltes Kampffeld locken lassen wollte, weil er offensichtlich einmal mehr punische Listen fürchtete und vor allem auf den Faktor Zeit setzte, drängte der dynamische Terentius Varro zur Schlacht.

Am Morgen des 2. August 216 konzentrierte er die Legionen und die Verbände der Bundesgenossen östlich (auf dem „rechten" Ufer) des Aufidus. Die Aemilius Paullus unterstellte römische Reiterei bildete dabei den an den Fluss angelehnten rechten Flügel der Schlachtordnung, diejenige der Bundesgenossen kommandierte auf dem linken Flügel Terentius Varro selbst. Im starken Infanterieblock des Zentrums sollten die Konsuln des Vorjahres Geminus und Regulus befehligen.

Davon völlig verschieden war nach dem Bericht des Polybios die Truppendislokation auf der Gegenseite: *Zur gleichen Zeit führte Hannibal die Balearer und Lanzenträger über den Fluss und stellte sie vor dem Heere auf, führte dann die übrigen aus dem Lager und an zwei Stellen über den Fluss und ließ sie dem Feind gegenüber in Schlachtordnung aufmarschieren. Unmittelbar an den Fluss auf seinem linken Flügel stellte er die iberischen und keltischen Reiter der römischen Reiterei gegenüber, an diese schloss sich die Hälfte der schwer bewaffneten Libyer, an diese wiederum die Iberer und die Kelten an; auf diese folgte die restliche Hälfte der Libyer, dann auf dem rechten Flügel die numidischen Reiter. Nachdem er alle diese in einer geraden Frontlinie aufgereiht hatte, ließ er die mittelsten Abteilun-*

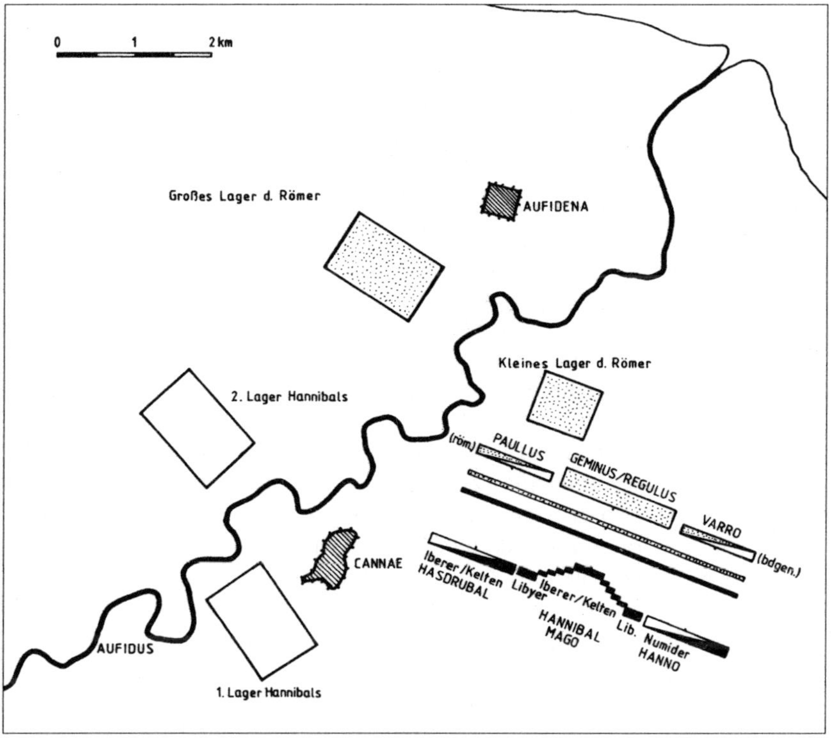

Abb. 12: Die Schlacht von Cannae.

gen der Iberer und Kelten ein Stück vorrücken, die rechts und links folgenden sich gestaffelt eine an die andere anschließen, in der Weise, dass sich eine halbmondförmige Krümmung ergab und die Linie durch die Verlängerung, die diese Krümmung mit sich brachte, entsprechend dünner wurde, damit die Libyer in der Schlacht die Funktion einer Reserve erhielten, während die Iberer und Kelten den ersten Strauß zu bestehen hatten.[15]

Wie die Formierung der Schlachtordnungen, so waren auch die Gesamtstärken der beiderseitigen Verbände durchaus verschieden: Während auf römischer Seite einschließlich der Bundesgenossen etwa 80000 Fußsoldaten und 6000 Reiter fochten, kämpften auf Seiten Hannibals insgesamt etwa 10000 Kavalleristen, jedoch nur etwa 40000 Mann zu Fuß.

Auf beiden Seiten konnten die Feldherrn inzwischen von den bisherigen taktischen Erfahrungen mit dem jeweiligen Gegner profitieren. Für die Anlage einer offenen Feldschlacht mussten sich dabei insbesondere jene aus der Schlacht an der Trebia vom Ende des Jahres 218 aufdrängen.

Damals wie in anderen Gefechten hatte Hannibal seine überlegenen Kavallerieverbände auf den Flügeln eingesetzt, dort die Schwerpunkte seiner Offensive gewählt und den Gegner einzukesseln und zu vernichten gesucht.

Umgekehrt hatte sich gerade an der Trebia erwiesen, dass das konzentriert aufgestellte Zentrum des römischen Heeres mit der geschlossenen Wucht seines Angriffs Hannibals Fußtruppen durchstoßen konnte, sodass für die Karthager in diesem Sektor des Kampfes die größten Risiken lagen. Es ist daher auch kein Zufall, dass die beiden Konsuln ihren Standort für den Kampf auf den beiden Flügeln wählten, Hannibal dafür aber das Zentrum bevorzugte. Die grundsätzlichen Parallelen zwischen Trebia und Cannae sind evident. Allerdings hatten die Römer die Massierung ihrer zentralen, zahlenmäßig weit überlegenen Fußtruppenverbände bei Cannae auf die Spitze getrieben.

Jede einigermaßen zutreffende Skizze der Truppendislokationen zu Beginn der Schlacht von Cannae zeigt die problematischen Elemente in den Grundzügen und Strukturen der beiderseitigen Bereitstellungen. Der Einsatz der Kavallerie auf den beiden Flügeln ist identisch. Die entscheidenden Unterschiede liegen im Zentrum. Hier bilden die römischen Fußsoldaten einen tiefen, Hannibals Verbänden weit überlegenen Block von Zehntausenden eng konzentrierter Männer, eine Massierung, welche offensichtlich nach dem erfolgreichen Vorbild der Kämpfe an der Trebia eigentlich die feindliche Front niederwalzen und durchbrechen sollte. Doch ein solcher Block war nur in Gang zu setzen, seine Bewegungen danach zu verändern, nicht mehr möglich. Die beiden römischen Oberbefehlshaber besaßen zwar Kriegserfahrung, dies jedoch nicht im Kommando über solch große Verbände.

Auf Hannibals Seite hob Polybios[16] hervor, dass die zentralen Fußtruppeneinheiten der Iberer und Kelten aus der Schlachtreihe vorgeschoben wurden, sodass sich feindwärts eine „halbmondförmige Krümmung“ ergab. Der Zweck dieser Stellung wurde nicht immer richtig gesehen: Hannibals Positionierung sicherte seinen zentralen Verbänden das, was auf römischer Seite nicht vorhanden war, nämlich Raum, um zu operieren. Seine Fußsoldaten hatten Bewegungsfreiheit. Sie konnten sowohl zurückgehen als auch gegen die Flanken der Römer und ihrer Bundesgenossen angreifen. Gerade dies ist geschehen.

Die römischen Fußtruppen aber standen sich selbst im Wege. Sie konnten ihre Massen gar nicht zur Geltung bringen, als sie erst einmal von der Kavallerie des Gegners eingekesselt waren und vor allem, als die Gegenseite standhielt. Dabei war offensichtlich mitentscheidend, dass die fähigen karthagischen Kommandeure der sich verändernden Gefechtslage entsprechend im Sinne der Gesamtoperation handelten. Auch sie trugen nicht wenig zum Gelingen der Schlacht bei, nicht zuletzt Hasdrubal, der die entscheidenden Kavallerieangriffe führte.

Die einzelnen Phasen der Schlacht lassen sich zwar klar erkennen, doch ist zu bedenken, dass sie zum Teil gleichzeitig abliefen und ineinander übergingen. Das übliche Vorspiel der leicht bewaffneten Verbände führte auch hier zu keinen wesentlichen Erfolgen. Eine erste Entscheidung brachte dagegen der Kavallerieangriff auf Hannibals linkem Flügel, den der fähige Hasdrubal befehligte. Dessen schwere Kavallerie überraschte die Römer insbesondere durch ihre unkonventionelle Kampfweise. Sie verlor sich nicht in aufgelösten Reitergefechten, sondern ging schon nach dem ersten Angriff in Nahkämpfe über, denen die Römer nicht gewachsen waren. Aemilius Paullus' Reiter waren so bald geworfen, in den Aufidus getrieben oder am Ufer niedergemacht. Damit wurde Hasdrubals Kavallerie frei, um Hannos Numidern auf dem rechten Flügel zu Hilfe zu kommen, die auf stärkeren Widerstand gestoßen waren. Auch auf jenem Flügel entschied sein Angriff. Während Hannos leichte numidische Reiterei die Verfolgung von Varros Kavalleristen übernahm, schwenkten Hasdrubals enthusiasmierte Verbände gegen den Rücken des römischen Fußvolks ein und lösten dort ein Chaos aus.

Denn der tiefe römische Block hatte sich zwar zunächst durchaus plangemäß in Bewegung gesetzt und das Zentrum von Hannibals Fußsoldaten zurückgedrängt. Doch je weiter er allmählich vorankam, desto stärker geriet er in die Flankenangriffe der libyschen Infanterie. Anders als an der Trebia gelang der Durchbruch durch die bis zur Grenze der Belastbarkeit beanspruchten Truppen Hannibals nicht. Nach der Vernichtung der römischen Kavallerie waren jetzt die römischen Kerntruppen eingeschlossen.

Der Schlussakt des militärischen Dramas glich keinem Kampf, sondern einem Gemetzel. Hans Delbrück nahm einst an, *dass die Front der (römischen) Infanterie nicht mehr als etwa 800–900 Meter breit war, indem ich die Tiefe auf einige 70 Mann ansetze.*[17] Als dieser große römische Block frontal festgehalten, auf den beiden Flügeln wie vom Rücken her von Hannibals Kavallerie angegriffen wurde, als auf dem Schlachtfeld selbst die vielen Toten und Verwundeten jede weitere Bewegung verhinderten, brach Panik aus – Panik und Resignation –, denn nur so sind die extrem hohen Verluste zu erklären. Ein Massaker beendete die Schlacht, aus der sich nur wenige retten konnten.

So problematisch gerade in diesem Zusammenhang die abgerundeten Zahlenangaben über die beiderseitigen Verluste sind, sie dürften doch wenigstens annähernd die Relationen der Katastrophe vermitteln. Polybios macht dazu die folgenden Angaben: *Von den sechstausend (römischen) Reitern entkamen siebzig mit Gaius (Terentius Varro) nach Venusia, etwa dreihundert Versprengte der bundesgenössischen Reiterei retteten sich in an-*

dere Städte. Vom Fußvolk wurden gegen zehntausend Mann (?) teils in der Schlacht, teils außerhalb ihrer (?) gefangen genommen. Aus dem Kampf selbst retteten sich nur etwa dreitausend in die umliegenden Städte. Alle übrigen, gegen siebzigtausend Mann, fielen nach tapferem Kampf. – Auf Hannibals Seite fielen gegen viertausend Kelten, gegen fünfzehnhundert Iberer und Libyer und etwa zweihundert Reiter.[18]

Zu den ungewöhnlich hohen römischen Verlusten kam hinzu, dass bei Cannae auch eine große Anzahl von Angehörigen der Führungsschicht den Tod gefunden hatten: Neben dem idealisierten Konsul Aemilius Paullus waren dies Cn. Servilius, der Konsul des Jahres 217, M. Minucius, der magister equitum und Rivale des Fabius Maximus, an die 80 Senatoren und auch zahlreiche Ritter. Die lange Reihe der ehemaligen Magistrate und Führungspersönlichkeiten zeigt an, wie stark sich gerade auch diese Kreise persönlich in dem großen Ringen eingesetzt hatten.

Der Cannae-Mythos

Die Bedeutung der Schlacht von Cannae konnte von Anfang an nicht verkannt werden. Dabei ist einsichtig, dass für die antiken Autoren zunächst der Bezugsrahmen des 2. Punischen Krieges im Vordergrund stand, womit allerdings auch erste allgemeinere Reflexionen verbunden wurden. Dies sei wenigstens an den wichtigsten Quellen, Polybios und Livius, vergegenwärtigt.

Polybios hat seine Bewertung des Ringens an das Ende des dritten Buches seines Geschichtswerkes gestellt und schon damit dessen Rang markiert: *Dieser Ausgang der Schlacht hatte so weitreichende Folgen, wie man sie auf beiden Seiten erwartet hatte. Die Karthager bekamen durch ihren Sieg auf der Stelle fast das ganze übrige Küstenland in ihre Gewalt – und sie hatten große Hoffnungen, Rom selbst im ersten Ansturm zu nehmen. Die Römer dagegen hatten infolge ihrer Niederlage sofort die Herrschaft über die Italiker verloren gegeben und schwebten in großer Angst und Gefahr um sich selbst und um den Bestand ihrer Stadt, da sie erwarteten, Hannibal werde jeden Augenblick da sein, um sie von Grund auf zu zerstören.*

Doch die tiefgreifende Krise war nach Polybios zugleich identisch mit der Stunde der Bewährung und dies hieß gemäß seinen Prioritäten mit der Bewährung der römischen Verfassung: *Denn obwohl die Römer damals eine eindeutige Niederlage erlitten hatten und die Waffenehre dem Feinde hatten überlassen müssen, gewannen sie doch durch die eigentümlichen Vorzüge ihrer Verfassung und ihre umsichtigen Gegenmaßnahmen nicht nur die Herrschaft über Italien zurück, indem sie in der Folge die Karthager be-*

siegten, sondern wurden auch nach kurzer Zeit Herren über die gesamte bewohnte Erde.[19]

Livius dagegen war stärker auf die Fakten und auf die Mentalität der Römer fixiert: *Dies ist die Schlacht von Cannae, ebenso berühmt wie die Niederlage an der Allia, sonst in den Folgeereignissen der Schlacht zwar nicht so schlimm, weil der Feind seine Möglichkeiten nicht wahrnahm, am Verlust des Heeres gemessen allerdings schwerer und schrecklicher. Denn die Flucht an der Allia bedeutete zwar die Preisgabe Roms, rettete aber das Heer. Bei Cannae folgten dem fliehenden Konsul kaum 50 Mann; das Schicksal des anderen, des gefallenen Konsuls, teilte fast das ganze Heer.* Noch wichtiger aber sind für ihn jene Sätze, die auch er an das Ende eines Buches setzte: *Wie viel größer aber diese Niederlage im Vergleich zu früheren gewesen ist, zeigt schon die Tatsache, dass die bis zu diesem Tag unerschütterliche Treue der Bundesgenossen zu wanken begann, bestimmt aus keinem anderen Grunde, als weil sie den Weiterbestand des Reiches für verloren hielten … Trotzdem führten diese Niederlagen und der Abfall der Bundesgenossen nicht dazu, dass man bei den Römern irgendwo einmal das Wort Frieden erwähnte. Das geschah nicht vor der Ankunft des Konsuls in Rom und auch nachher nicht, als er nach seiner Rückkehr die Erinnerung an die erlittene Niederlage auffrischte. Gerade in dieser Stunde der Not beseelte die Bürger eine so erhabene Gesinnung, dass sehr viele Menschen aller Stände dem Konsul bei seiner Rückkehr trotz einer so schweren Niederlage, für die er selbst doch einen beachtlichen Teil der Verantwortung trug, entgegengingen und ihm dafür dankten, dass er den Staat nicht ganz aufgegeben habe. Als Heerführer Karthagos hätte er jede Art von Strafe zu gewärtigen gehabt.*[20]

Für die römischen Perspektiven ist es daneben charakteristisch, dass parallel zur Entwicklung des römischen Punier-Bildes auch das allgemeine Hannibal-Bild durch die Betonung von dessen entscheidenden Kriegslisten akzentuiert wurde. Nicht zufällig wird an ihn immer wieder in den beliebten Sammlungen derartiger Listen erinnert. Dadurch sollten zumindest indirekt seine taktischen und militärischen Erfolge relativiert und diskreditiert werden. Typisch für diese Tendenz ist zum Beispiel die spätere Behauptung Appians: *Hannibal errang diesen glänzenden und seltenen Sieg (sc. bei Cannae), indem er an einem einzigen Tage vier Kriegslisten zur Anwendung brachte: den heftigen Sturmwind, die vorgetäuschte Desertion der Keltiberer, die angebliche Flucht eigener Abteilungen und die in den Schlachten versteckten Hinterhalte.*[21]

In den Epochen der relativ kleinen Heere der Germanen und der Ritterheere des Mittelalters waren die Voraussetzungen für die umfassende Planung einer Schlacht wie für jene des Jahres 216 nicht gegeben. Zwar blieb die Erinnerung an Cannae lebendig, solange die humanistische Literatur die Bildung beherrschte. Doch erst seit der Zeit des 30-Jährigen Krieges und jener der größeren stehenden Heere entfalteten sich auch Positionen einer modernen Kriegskunst, die sich wenigstens zum Teil an den klassischen Schlachten des Altertums orientierten. Für den Grafen Pappenheim galt dies ebenso wie für Napoleon und Clausewitz.

Einen einflussreichen Markstein der Entwicklung bildet hier die große Cannae-Studie des preußischen Generalstabschefs Alfred Graf von Schlieffen, an die wenigstens exemplarisch erinnert sei. Schlieffen schloss an seine eingehende Schilderung der Schlacht die folgende Erörterung an: *Eine vollkommene Vernichtungsschlacht war geschlagen, bewunderungswürdig besonders dadurch, dass sie allen Theorien zum Trotz mit einer Minderheit gewonnen war. 'Konzentrisches Wirken gegen den Feind ziemt dem Schwächeren nicht', hat Clausewitz, 'der Schwächere darf nicht auf beiden Flügeln zugleich umgehen', hat Napoleon gelehrt. Der schwächere Hannibal hat aber, wenn auch unziemlicherweise, konzentrisch gewirkt, und nicht nur auf beiden Flügeln, sondern sogar gegen den Rücken des Feindes umgangen. Waffen und Kampfesart haben sich seit 2000 Jahren völlig geändert. Man geht sich nicht mit kurzen Schwertern zu Leibe, sondern man beschießt sich auf Tausenden von Metern; der Bogen ist durch das Rücklaufgeschütz, die Schleuder durch das Maschinengewehr ersetzt worden. An die Stelle von Metzeleien sind Kapitulationen getreten. Die großen Schlachtbedingungen sind indes unverändert geblieben. Die Vernichtungsschlacht kann heute nach demselben Plane, wie ihn Hannibal in vergessenen Zeiten erdacht hat, geschlagen werden. Die feindliche Front ist nicht das Ziel des hauptsächlichsten Angriffs. Nicht gegen sie brauchen die Waffen versammelt, die Reserven aufgestellt zu werden; das Wesentliche ist, die Flanken einzudrücken … Vollendet wird die Vernichtung durch einen Angriff gegen den Rücken des Feindes. Hierzu ist in erster Linie die Kavallerie berufen.*[22]

Es war für Schlieffen nahe liegend, in jenen Zusammenhängen auch die nach Moltkes Plänen geschlagene Schlacht von Sedan zu erwähnen, in der am 1. und 2. September 1870 die französische Armee des Marschalls Graf von Mac-Mahon zur Kapitulation gezwungen und Napoleon III. gefangen genommen wurde. Über all dem war Cannae zum Inbegriff und Denkmodell einer modernen 'Vernichtungsschlacht' geworden. Hindenburgs und Ludendorffs Sieg bei Tannenberg[23] sind mit ihr ebenso verbunden worden wie die 'Kesselschlachten' des II. Weltkriegs, so groß die Unterschiede im Einzelnen auch waren. Die Wirkung des militärischen Mythos 'Cannae' ist kaum zu überschätzen.

V. Roms Behauptung

Politische und militärische Reaktionen nach Cannae

Unmittelbar nach dem Ende der Kämpfe bei Cannae stand Hannibal vor schwerwiegenden Entscheidungen, die in Antike wie Neuzeit besondere Aufmerksamkeit erregten und bis heute grundsätzliche Kontroversen auslösten. Ausgangspunkte dafür boten eine zuerst bei Cato Censorius fassbare, von Livius ausgestaltete Episode um den Kavalleriekommandeur Maharbal[1] sowie eine angebliche Äußerung Hannibals vor römischen Kriegsgefangenen, die wiederum Livius überliefert hat.

Nach Cato und Livius soll Maharbal damals zu einem sofortigen Vorstoß der Reiterei und Angriff auf Rom geraten haben. Als Hannibal dies ablehnte, habe er bemerkt: *Zu siegen verstehst du, Hannibal; den Sieg zu nutzen verstehst du nicht!* (Vincere scis, Hannibal; victoria uti nescis.) Und Livius resümiert: *Man nimmt als ziemlich sicher an, dass das Zögern dieses Tages Stadt und Imperium zum Heil gereichten.*[2] Das zweite wichtige Element für Hannibals Beurteilung der Situation bildet das Wort aus seiner Ansprache an die römischen Kriegsgefangenen: *Er führe keinen Vernichtungskrieg gegen die Römer; er kämpfe nur um seine Ehre und die Herrschaft.*[3] Bei den entscheidenden Begriffen (dignitas, imperium) handelt es sich dabei naturgemäß um genuin römische Kategorien, mit denen hier seine Ziele fixiert wurden.

In der Episode erscheint Maharbal als Repräsentant typisch kavalleristischen Offensivdenkens. Wie immer es um die militärische Realisierbarkeit seiner Vorschläge bestellt ist, so sind sich doch zahlreiche antike und moderne Autoren darin einig, dass Hannibals Verzicht auf einen sofortigen direkten Angriff auf Rom eine verhängnisvolle, nie wieder zu korrigierende Fehlentscheidung war.[4] Bei einer solchen Beurteilung werden freilich sowohl jene Zwänge übersehen, unter denen der Karthager am Abend der Schlacht stand, als auch – was wichtiger ist – die politischen Prioritäten und Ziele seines Handelns. Die dringendsten Aufgaben des Siegers lagen in der Versorgung der Verwundeten jener Massenschlacht, deren gewiss nicht geringe Zahl auf karthagischer Seite nicht überliefert ist. Sie lagen weiter in der strikten Überwachung der vielen Tausende von Kriegsgefangenen und nicht zuletzt in der Einnahme der beiden zunächst noch verteidigten römischen Lager.

Erst nach der Bewältigung dieser vordringlichen Konsequenzen des Sieges hatte Hannibal wieder freie Hand für neue Operationen. Dass, ähnlich wie nach den Kämpfen am Trasimenischen See, auf dem Schlachtfeld selbst die Bergung von Waffen und Materialien wie die Bestattung der Toten erfolgte, hat weniger mit Raffgier und Plünderungssucht zu tun, sondern entspricht durchaus den traditionellen Befehlen und Methoden Hannibals. Dessen Äußerung gegenüber den römischen Kriegsgefangenen, dass er keinen „Vernichtungskrieg" gegen die Römer führe, könnte als pure Rhetorik abgetan werden – nur steht sie in vollem Einklang mit seinen politischen Zielen. Den 'Papageienruf' des *Ceterum censeo, Carthaginem esse delendam*[5] stieß später auf der Gegenseite Cato Censorius aus – und er wurde auch befolgt. Hannibals militärischen und vor allem politischen Zielen entsprach er gerade nicht.

Wenn man davon ausgeht, dass sein Kriegsziel primär nicht die Vernichtung Roms, sondern die Dekomposition, die Auflösung des römischen Imperiums, insbesondere der römisch-italischen Bundesgenossenschaft, gewesen ist, war sein Handeln durchaus konsequent. Nichts weist deutlicher darauf hin als die erneute, völlig ungewöhnliche Entlassung der bundesgenössischen Kriegsgefangenen. Die Komplexität seines Denkens wird nur dann adäquat beurteilt, wenn von den eindeutigen Prioritäten des Politikers[6] Hannibal ausgegangen wird.

Schon auf Grund der ersten Gerüchte über den Ausgang der Schlacht verbreiteten sich in Rom Furcht, Verzweiflung, Panik und Trauer, vor allem aber Ungewissheit über das Schicksal der Angehörigen, die in die Kämpfe verwickelt waren. Klarheit brachte erst ein Bericht Varros, der das ganze Ausmaß der Katastrophe vor Augen führte. Es war nun in erster Linie die Sache des Senats, die dramatische Lage zu meistern. Für ihn agierten zunächst die beiden Prätoren P. Furius Philus und Marcus Pomponius, doch faktisch veranlasste der umsichtige Q. Fabius Maximus die wichtigsten Initiativen. Mit Hilfe vielfältiger militärischer, polizeilicher, psychologischer und wieder einmal religiöser Sofortmaßnahmen gelang es ihm tatsächlich, die scheinbar drohende Stunde des Untergangs zu überstehen und die Situation zu stabilisieren.

Im militärischen Bereich profilierte sich erneut der tapfere und erfahrene Claudius Marcellus,[7] der schon am 1. Punischen Krieg teilgenommen und während seines ersten Konsulats im Jahre 222 die Kelten bei Clastidium geschlagen, deren Anführer Viridomarus im Zweikampf getötet und schließlich über die Insubrer triumphiert hatte. Er stand damals zuerst als Flottenbefehlshaber in Ostia, übernahm dann jedoch den Oberbefehl über die noch in Italien verfügbaren römischen Truppen. Er sollte in den kommenden Jahren zu einem der gefährlichsten Gegner Hannibals werden.

Ähnlich wie nach der Katastrophe am Trasimenischen See, so suchte man in Rom auch jetzt die Ursachen der großen Niederlage in erster Linie in religiösen Verfehlungen, so in der Nichtbeachtung von Vorzeichen, Unzucht zweier Vestalinnen, sowie in weiteren Vergehen. Ähnlich wie damals wurden auch nun die Sibyllinischen Bücher befragt, die sehr weit gehende Anweisungen gaben: So wurde ein spektakuläres Menschenopfer für die missachteten Gottheiten dekretiert, das Vergraben eines Kelten und einer Keltin sowie eines Griechen und einer Griechin am Forum Boarium bei lebendigem Leib. Weniger Aufsehen erregte die Entsendung des Senators und späteren Historikers Q. Fabius Pictor nach Delphi, der dort Auskünfte über notwendige religiöse Akte sowie über das weitere Schicksal Roms einholen sollte, eine Mission, die neue Zuversicht bewirken mochte.

In der Neuzeit sah man andere Ursachen der militärischen Katastrophe. Um wenigstens eine exemplarische Position zu nennen, so erblickte Theodor Mommsen in Cannae die *gerechte Strafe der schweren politischen Versündigungen* der römischen Bürgerschaft, Versündigungen, die darin lagen, dass *die notwendige Verfassungsrevision für Kriegführung im imperialen Rahmen* unterblieben war. In einer der glänzendsten Seiten seiner klassischen „Römischen Geschichte" kritisierte Mommsen vor allem, dass sich *die politische Demagogie ... der italischen Kriegführung bemächtigt* hatte: *Die Heilande des politischen Köhlerglaubens, die Gaius Flaminius und Gaius Varro, beide 'neue Männer' und Volksfreunde vom reinsten Wasser, waren demnach zur Ausführung ihrer unter dem Beifall der Menge auf dem Markt entwickelten Operationspläne von eben dieser Menge beauftragt worden, und die Ergebnisse waren die Schlachten am Trasimenischen See und bei Cannae.* Entscheidend waren jedoch nach Mommsen nicht Personen, *sondern das Misstrauen zwischen dem Regiment und den Regierten, die Spaltung zwischen Rat und Bürgerschaft. Wenn noch Rettung und Wiedererhebung des Staates möglich war, musste sie daheim beginnen mit Wiederherstellung der Einigkeit und des Vertrauens. Dies begriffen und, was schwerer wiegt, dies getan zu haben, getan mit Unterdrückung aller in sich gerechten Rekriminationen, ist die herrliche und unvergängliche Ehre des römischen Senats.*[8]

Während die Hiobsbotschaften aus Apulien, Norditalien – wo zwei römische Legionen vernichtet worden waren –, aus Sizilien und Sardinien nicht abrissen und ehe der Konsul Varro nach Rom zurückgekehrt war, ernannte dort der Senat M. Iunius Pera zum Diktator, dieser den Ti. Sempronius Gracchus zu seinem magister equitum. Beider Hauptaufgabe war die sofortige Rekrutierung eines möglichst starken, neuen Heeres. Dabei musste nicht nur auf jüngere Jahrgänge, sondern auch auf Sklaven und Verbrecher zurückgegriffen werden, um wenigstens einige Tausend Mann zusammenzubringen, Truppen, deren Kampfkraft sehr gering gewesen ist. Der Freikauf der römischen Kriegsgefangenen aus der Schlacht von Cannae, den Hannibal anbot, wurde dagegen abgelehnt.

Hannibals Operationen in Süditalien und die römische Defensive

So beeindruckend die römischen Reaktionen auf die Katastrophe wirken mögen, die entscheidenden Initiativen gingen nach wie vor von Hannibal aus. Dabei erwies sich rasch, dass dessen hoch gesteckte Erwartungen nicht eintrafen, zumindest nicht im erhofften Umfang. Während er seinen Vormarsch in Apulien und Süditalien fortsetzte, gingen wohl einzelne Städte – wie Herdonea, Arpi, Accae, selbst Salapia im Süden von Brundisium – zu ihm über, doch wichtige größere Orte wie Luceria und Venusia fielen nicht von den Römern ab, insbesondere nicht die latinischen und römischen Kolonien. Von einer systematischen Auflösung der römisch-italischen Bundesgenossenschaft konnte keine Rede sein.

Während des Vorstoßes der punischen Verbände nahm das zentral gelegene Compsa vorübergehend eine Schlüsselstellung ein. Dort wurde Hannibals umfangreicher, inzwischen noch weiter angewachsener Tross zusammengefasst und stationiert. Von dort aus rückte dann ein karthagisches Korps unter Mago in Lukanien ein und belagerte Petelia. Hannibals Angriff auf Neapel scheiterte dagegen. Inzwischen reifte indessen in Capua[9] der größte Erfolg jener Kriegsphase heran. Die zweitstärkste Stadt Italiens hatte nach Cannae sogleich Fühlung mit Hannibal genommen, wobei – wie in vielen italischen Orten jener Jahre – die traditionellen inneren Gegensätze zwischen Führungsschicht und Volk auch dort eine große Rolle spielten. In der römischen Überlieferung wurden die Vorgänge um Capua sehr ausführlich dargestellt, das Geschehen durch die Schilderung zahlreicher Einzelschicksale und Episoden besonders anschaulich vergegenwärtigt.

Insgesamt ist, zumindest bei Livius, Capua, das auch in den kommenden Jahren eine wichtige Rolle innerhalb des 2. Punischen Krieges spielen sollte, konsequent zum negativen Gegenpol Roms stilisiert worden: *Lang anhaltendes Glück und ein gütiges Schicksal hatten dieser Stadt üppigen Reichtum beschert; die größte Rolle im allgemeinen Sittenverfall spielte jedoch die Willkür der Menge, die ihre Freiheit maßlos ausnutzte.*[10] Dennoch musste gerade Capua für Hannibal zu einem Präzedenzfall für die Erosion der römischen Bundesgenossenschaft werden. Er war daher auch zu den denkbar größten Zugeständnissen bereit und stellte der Stadt später in Aussicht, *dass sie in kurzer Zeit die Hauptstadt ganz Italiens werden (solle). Mit andern Völkern zusammen werde sich auch das römische sein Recht von hier holen müssen.*[11]

Livius hat die Bedingungen des Friedensvertrags zwischen Capua und „den Puniern" folgendermaßen überliefert: *Keinem punischen Feldherrn oder Beamten sollte irgendein Recht über einen kampanischen Bürger zu-*

stehen; und kein kampanischer Bürger sollte gegen seinen Willen Kriegsdienst oder andere Aufgaben leisten. Capua sollte seine eigenen Gesetze und seine eigene Verwaltung behalten. Der Punier sollte den Kampanern 300 römische Gefangene geben, die die Kampaner selbst aussuchen würden; sie sollten gegen die kampanischen Reiter, die in Sizilien Dienst taten, ausgetauscht werden.[12] Wie häufig, so war auch dieser Frontwechsel mitten im Kriege von mancherlei Exzessen begleitet. In Capua nahm dies deshalb ein besonders großes Ausmaß an, weil dort nicht wenige Familien der Führungsschicht mit angesehenen römischen Häusern verbunden waren und weil sich in der Stadt zahlreiche römische Bürger sowie Präfekten der Bundesgenossen aufhielten. Die Exponenten der Gegenseite sind daher in eine angebliche 'Schutzhaft' genommen, in Badehäusern eingeschlossen und durch Dampf erstickt worden.

Capuas Übertritt auf die Seite Hannibals fand zunächst ein eher bescheidenes Echo. Immerhin folgten benachbarte Orte wie Atella und Calatia; in der Münzprägung ist der damalige Abfall von Rom konkret zu fassen. Die weiteren Kämpfe verliefen durchaus wechselvoll. Während neue Angriffe auf Neapel und Nola missglückten, musste Nuceria kapitulieren. Die Stadt wurde geplündert und zerstört. Auch Acerrae konnte schließlich eingenommen werden; Casilinum fiel dagegen erst im Frühjahr 215. Hannibals Heer hatte inzwischen im Raum von Capua mit dem Zentrum am Mons Tifata das Winterlager bezogen.

Die antike Überlieferung, wiederum besonders durch Livius, schwelgt in der Ausmalung der Auswirkungen jener Monate auf die karthagische Armee: *Die Männer, die keine Macht des Unglücks bezwungen hatte, (wurden) durch die übermäßigen Freuden und die übertriebenen Vergnügungen verdorben, und zwar umso gründlicher, je gieriger sie sich aus dem ungewohnten Zustand hineinstürzten. Denn Schlaf und Wein, üppige Mahlzeiten und Dirnen, Bäder und Nichtstun, durch die Gewöhnung behaglicher mit jedem Tag, entkräfteten sie an Körper und Geist so sehr, dass ihnen nachher ihre vorherigen Siege mehr Schutz boten als ihre gegenwärtige Kampfkraft. Fachleute der Kriegskunst hielten dies für einen größeren Fehler als die Tatsache, dass er sie nicht sofort nach der Schlacht von Cannae vor die Stadt Rom geführt hatte.*[13]

In der Zwischenzeit war Mago in Karthago eingetroffen, um dort dem Rat über Hannibals Erfolge und Wünsche zu berichten. Um die Beute zu demonstrieren, ließ er im Vorhof des karthagischen Ratsgebäudes die den gefallenen römischen Rittern abgenommenen goldenen Ringe ausschütten, angeblich einen modius voll (8,75 l). Doch im Auftrage seines Bruders forderte er auch eine wirkungsvolle Unterstützung von dessen Armee, die Zufuhr von Verstärkungen, von Geld für den Sold und Getreide zur Verpflegung, Forderungen, welche trotz Hannos Opposition großzügig bewilligt, indessen infolge der weiteren Entwicklungen nur unzulänglich erfüllt wurden.

Es ist offenkundig, dass der Brennpunkt des 2. Punischen Krieges im Jahre 216 mit Hannibals persönlichem Wirkungskreis in Italien identisch war. Doch zugleich zeigten sich immer deutlicher die Interdependenzen mit den übrigen Kriegsschauplätzen, zunächst mit den mediterranen Seeoperationen wie mit den Kämpfen in Spanien. Obwohl Karthago zu Beginn des 2. Punischen Krieges nur über völlig unzulängliche Seestreitkräfte verfügte, unternahm es doch große Anstrengungen, um auch zur See wieder aktiv zu werden. So unbefriedigend sich dabei die ersten Ansätze in Spanien erwiesen hatten, so wollte doch schon im Jahre 217 eine karthagische Flotille bei Pisa mit Hannibal Verbindung aufnehmen. Doch der Kontakt kam nicht zustande; angesichts der Annäherung eines weit stärkeren römischen Geschwaders mussten die Karthager die Rückfahrt antreten.

Im Jahre 216 operierten dann bereits zwei karthagische Flotillen vor Sizilien. Eine erste unternahm einen durchaus erfolgreichen Plünderungsvorstoß in Hierons Hoheitsgebiet, während eine zweite bei den Aegatischen Inseln in Bereitstellung lag, um günstigenfalls einen Angriff auf Lilybaion zu wagen. Auf einen Hilferuf des Prätors Otacilius wurde deshalb ein weiterer römischer Flottenverband für Sizilien aufgestellt, dessen Leitung zunächst Marcellus übertragen wurde. Da dieser jedoch nach Cannae für die Operationen in Süditalien benötigt wurde, übernahm P. Furius Philus das Kommando. Dessen Vorstoß an die nordafrikanische Küste endete jedoch in einem Desaster; Philus wurde schwer verletzt zurückgebracht. Die Lage um Sizilien blieb prekär.

Der römische Brückenkopf im Nordosten Spaniens konnte nach dem Eintreffen des P. Cornelius Scipio mit weiteren Verstärkungen im Jahre 217 behauptet werden. Hasdrubals Gegenoffensive verzögerte sich durch eine antibarkidische Erhebung in Tartessos. Als er danach aus Karthago die Anweisung erhielt, mit seiner Armee zur Verstärkung Hannibals nach Italien zu ziehen, forderte er zunächst ausreichende Kräfte zur Verteidigung und Behauptung der Pyrenäenhalbinsel. Nachdem diese unter Himilko eingetroffen waren, nahm der Druck auf Römer und Iberer zu.

Um Hasdrubals Zug nach Italien zu verhindern, gingen die beiden Scipionen zum Angriff auf Ibera über. In der Nähe einer anderen iberischen Stadt kam es daraufhin zu einer angeblich großen Schlacht, in welcher die Römer siegten, Hasdrubal und seine Verbündeten schwere Verluste erlitten. Diese Niederlage ist wohl nicht zu bezweifeln; im Übrigen aber wirkt die Überlieferung zu jenen Vorgängen kaum überzeugend. Sie weist zu viele innere Widersprüche auf.[14] Sicher ist lediglich, dass der Schwerpunkt des römisch beherrschten Raumes nach wie vor nördlich des Ebro lag.

Für Hannibal war das Jahr 216, das ihn von Gereonium über Cannae nach Capua geführt hatte, das Jahr seines größten militärischen Sieges. Durch den Anschluss Capuas und anderer süditalischer Städte hatte es ihm auch erste politische Erfolge gebracht. Doch zugleich musste er unerwartete Entwicklungen hinnehmen: Er hatte sowohl die Behauptungskraft Roms als auch die innere Festigkeit der römisch-italischen Bundesgenossenschaft völlig unterschätzt. Die Bedeutungszunahme politischer Faktoren im Rahmen jenes Geschehens ist unverkennbar. Gerade für die Zeit nach Cannae ist es typisch, dass Hannibal von den inneren politischen Spannungen und Entscheidungen in den italischen Städten wie auf Sizilien, in Spanien und bald auch in Griechenland unmittelbar tangiert wurde, von ihnen profitieren konnte – aber auch in zunehmendem Maße belastet worden ist. Die politischen Prioritäten erzwangen auch die Fortsetzung seiner Bewegungsstrategie.

Die Ausweitung des Konflikts

So unbefriedigend die Folgen des Sieges von Cannae in Italien selbst Hannibal erscheinen mochten, das Jahr 215 brachte in weiterem Rahmen dramatische politische Veränderungen und Erfolge, die sich nachhaltig zu seinen Gunsten auswirken konnten. An erster Stelle sind hier die Vorgänge in Makedonien und Syrakus zu nennen, in denen junge Monarchen, Philipp V. von Makedonien und Hieronymos, der Enkel Hierons II. von Syrakus, offen auf Hannibals Seite traten und damit die politische Gesamtkonstellation wesentlich veränderten. Zusammen mit neuen, massiven karthagischen Einsätzen in Sardinien und Spanien nahm der Krieg damit weitere Dimensionen an, in deren Rahmen die Schwierigkeiten der Operationen in Süditalien sekundär erschienen.

Angesichts dieser Entwicklungen ist es begreiflich, dass in der modernen Forschung die These vertreten wurde, alle diese Entwicklungen wären die Konsequenzen eines neuen, grandiosen Konzepts Hannibals oder des karthagischen Rates, einer neuen Strategie, welche eine weitumfassende, politische und militärische „Einkreisung Italiens“[15] zum Ziele gehabt hätte. Die Unterstellung einer solchen Gesamtstrategie mag modernem Generalstabsdenken entsprechen, nicht jedoch der Realität des Jahres 215. Für diese ist es im Gegenteil charakteristisch, dass die Impulse zur neuen Lage von außen kamen, Hannibal und der karthagische Rat die primär antirömischen Initiativen dagegen lediglich der Reihe nach für ihre Sache zu nutzen suchten.

Makedonien

Nach den Höhepunkten makedonischer Machtbildung unter Philipp II. und Alexander dem Großen hatte das im 3. Jahrhundert regierende Haus der Antigoniden in Griechenland schwere Rückschläge hinnehmen müssen. Nach dem Tode Demetrios' II. im Jahre 229 musste für dessen Sohn Philipp V. zunächst Antigonos III. Doson die Herrschaft übernehmen. Ein von diesem geschaffener Hellenischer Bund und erfolgreiche militärische Aktivitäten gaben der Monarchie indessen ein neues Gewicht. Der ehrgeizige, siebzehnjährige Philipp V., der im Sommer 221 den Thron bestieg, nahm jene Tradition auf (Abb. 13).

Ein Sieg im Bundesgenossenkrieg (220–217) gegen die Ätoler, Elis und Sparta festigte seine Stellung. Nachdem er von Roms Katastrophen am Trasimenischen See und bei Cannae erfahren hatte, glaubte er die Gunst der Stunde nutzen und Rom wieder aus dem illyrischen Raum verdrängen zu können. Sein wichtigster Berater für diese Initiative war vermutlich der nordillyrische Dynast Demetrios von Pharos, der kurz zuvor von den Römern vertrieben worden war und sich seitdem am makedonischen Hof von Pella aufhielt. Nachdem ein Flottenvorstoß Philipps V. im Jahre 216 an der illyrischen Küste kläglich gescheitert war, dürfte wohl Demetrios' Empfehlung den Anstoß zu Philipps diplomatischer Kontaktaufnahme mit Hannibal gegeben haben.

Nach geradezu abenteuerlichen Schicksalen der beteiligten Gesandten und Beauftragten[16] kam es schließlich zu dem bei Polybios wohl glaubhaft überlieferten Vertrag zwischen den beiden Heerführern, der folgenden Wortlaut hatte:

Dies ist der Eid, den der Feldherr Hannibal, Mago, Myrkan, Barmokar und all die karthagischen Ratsherren, die mit ihm im Felde stehen, geschworen haben, in der Gegenwart von Xenophanes, dem Sohn des Kleomachos aus Athen, den König Philipp, der Sohn des Demetrios, geschickt hatte als seinen wie auch der Makedonen und ihrer Bundesgenossen Bevollmächtigten.

Vor Zeus, Hera und Apollo, vor dem Genius von Karthago und vor Herakles und Iolaos, vor Ares, Triton und Poseidon, vor den Göttern, die auf unserem Feldzuge mit uns sind, vor der Sonne, dem Mond und der Erde, vor den Flüssen, den Seen (?) und Wassern, vor allen Göttern, die über Karthago herrschen, vor allen Göttern, die über Makedonien und das übrige Griechenland gebieten, vor allen Göttern des Krieges und all jenen, die über diesen Eid wachen (sei kundgetan): Der Feldherr Hannibal und alle Mitglieder des karthagischen Rates, die bei uns sind, und alle Karthager, die mit ihm im Felde stehen, erklären, nachdem es euch und uns gut scheint, dass wir diesen Eid ablegen im Geiste der Freundschaft und des aufrichtigen

Abb. 13: Philipp V. von Makedonien.

gegenseitigen Wohlwollens: Lasst uns Freunde, enge Verbündete und Brüder sein auf der Grundlage der hier festgelegten Vereinbarungen.

Den karthagischen Bürgern und dem Feldherrn Hannibal und all jenen, die mit ihm im Felde stehen, und all jenen, die unter karthagischer Herrschaft leben und die gleichen Gesetze haben wie diese selbst, ferner den Bürgern von Utica und allen den Karthagern untertänigen Städten und Völkern, auch all ihren Soldaten und Bundesgenossen, allen Städten und Völkern in Italien und in dem Lande der Kelten und in Ligurien, mit denen wir einen Freundschafts- und Beistandsvertrag haben oder mit denen wir in diesem Lande später noch einen Freundschafts- und Beistandsvertrag schließen werden – all diesen soll Hilfe und Unterstützung und Schutz gewährt werden von König Philipp und von den Makedonen und von den übrigen Griechen, welche mit ihnen verbündet sind.

Gleichfalls soll König Philipp und den Makedonen und den übrigen Griechen, die mit diesen verbündet sind, Hilfe, Unterstützung und Schutz zuteil werden von den Karthagern, die an diesem Kriege beteiligt sind, und von dem Volk von Utica und von all den Städten und Völkern, die den Karthagern untertan sind, und von all (unseren) Verbündeten und all (unseren) Truppen und von all (unseren) verbündeten Städten in Italien und im Lande der Kelten und in Ligurien, ferner von allen anderen (Völkern und Städten) in den verschiedenen Teilen Italiens, die in Zukunft unsere Verbündeten sein werden.

Wir werden gegeneinander keine Ränke schmieden, uns keine Fallen stellen, sondern in aufrichtiger Gesinnung und mit allem Eifer, ohne Arglist und böse Gedanken, denen Feinde sein, die gegen die Karthager Krieg führen, ausgenommen die Könige, Städte und Häfen, mit denen wir beschworene Verträge und Freundschaftsbündnisse haben. Aber auch wir werden Feinde sein denen, die gegen König Philipp Krieg führen, ausgenommen die Könige, Städte und Völker, mit denen wir beschworene Verträge und Freundschaftsbündnisse haben.

Ihr werdet aber auch unsere Bundesgenossen sein in dem Krieg, den wir mit den Römern führen, bis die Götter uns und euch den Sieg geben. Ihr werdet uns in jeder Weise helfen, wie es uns erforderlich scheint, und in jeder Weise, wie wir übereinkommen werden. Wenn die Götter euch und uns den Sieg über die Römer, den gemeinsamen Feind, und deren Verbündete gegeben haben und wenn wir dann auf deren Bitten hin mit ihnen einen Freundschaftsvertrag abschließen werden, dann wird besagter Vertrag abgeschlossen in der Weise, dass seine Freundschaftsbestimmungen auch euch einschließen werden und dass er die folgenden Bedingungen aufweisen wird:

Ihnen (den Römern) soll es nie mehr erlaubt sein, Krieg gegen euch zu führen; und die Römer sollen nicht Herren sein weder über die Völker von Korkyra, Apollonia oder Epidamnos noch über Pharos, Dimale, die Parthiner oder über Atintania; und sie sollen auch dem Demetrios von Pharos all seine Freunde zurückgeben, die sich augenblicklich in der Gewalt der Römer befinden.

Wenn aber die Römer jemals wieder Krieg gegen euch oder gegen uns beginnen, werden wir wieder einander Kriegshilfe leisten, und zwar in der Weise, wie es die jeweiligen Bedürfnisse erforderlich machen werden. Dasselbe soll gelten, wenn irgendwelche anderen Völker einen Krieg beginnen, ausgenommen Könige, Städte oder Stämme, mit denen wir beschworene Verträge und Freundschaft haben. Wenn wir uns dazu entschließen sollten, aus diesem beschworenen Vertrage gewisse Bestimmungen zu streichen oder ihm weitere Bestimmungen hinzuzufügen, dann werden wir streichen oder hinzufügen, wie es uns beiden gemeinsam gutdünkt.[17]

Die Bedeutung von Hannibals Vertrag mit Philipp V. von Makedonien ist deshalb so groß, weil die polybianische Fassung dieses Textes den einzigen wörtlich überlieferten Vertrag des Karthagers darstellt. Seit einer Untersuchung des schwäbischen Historikers G. Egelhaaf[18] diente er deshalb auch als Grundlage akribischer und intensiver Studien über Hannibals und Karthagos politische Ziele und erschließt dessen geistige und religiöse Überzeugungen sowie die politischen und militärischen Kategorien seines Denkens. Er dokumentiert die Hannibal prägenden phönikisch-semitischen Normen und Traditionen ebenso wie dessen Kenntnis der griechisch-hellenistischen Welt. Nicht zuletzt zeigt er, wie eng damals Hannibals Verbindung mit dem karthagischen Rat gewesen ist.

Bei dem von Polybios überlieferten Text handelt es sich mit hoher Wahrscheinlichkeit um die griechische Übersetzung des punischen Vertragstextes, den der Autor, wie auch in anderen Fällen, im römischen Archiv einsehen konnte. Er unterscheidet sich wesentlich von einem zweiten Überlieferungsstrang, der bei Livius, Appian und Dio-Zonaras vorliegt und vermutlich auf annalistische Tradition, wohl auf Coelius Antipater, zurückgeht.[19] Diese zweite inhaltliche Zusammenfassung unterstellt einerseits für die karthagische Seite die völlige Vernichtung Roms und die Unterwerfung Italiens, andererseits anschließend dic Unterwerfung Griechenlands und der Inseln durch die beiden Vertragspartner zu Gunsten Makedoniens – eine völlig unwahrscheinliche Konzeption.

Wie die Analysen von E. Bickermann und A.-H. Chroust[20] erwiesen haben, ist der Text durch die Eigenart des 'berit', einer phönikisch-punischen Kategorie von Abmachungen ohne Selbstverfluchung, das heißt nahöstlicher Tradition geprägt. Durch die Mitwirkung karthagischer Gesandter und die ausdrückliche Erwähnung der Karthager erlangte der Militärpakt den Rang eines internationalen Staatsvertrags. Zugleich zeigte dieser die Grenzen von Hannibals Machtbefugnissen sowie die unumgängliche Mitwirkung des karthagischen Rates bei allen wichtigen politischen Entscheidungen.

Da in Italien selbst zu viele Gegensätze und konträre Erwartungen bestimmend waren, vermied Hannibal in inhaltlicher Hinsicht exakte Fixierungen. Eindeutig ging er jedoch von einem Fortbestehen Roms aus, mehr noch: Er rechnete sogar mit der Möglichkeit einer späteren, neuen militärischen Auseinandersetzung mit dieser Macht. Unverkennbar ist Hannibals Priorität: Wenn es überhaupt zu einer makedonischen Unterstützung in Italien kommen sollte, so wollte er selbst deren Art und Zeitpunkt bestimmen. Auch für Illyricum und Epirus waren die Beschlüsse eng begrenzt. Das Hauptziel bestand hier darin, den römischen Einfluss zurückzudrängen und den Interessen des Demetrios von Pharos zu entsprechen. Aus dem Rückblick erweist es sich, dass die faktischen Auswirkungen des Vertrages sehr bescheiden und problematisch waren. Es hat den Anschein, dass Philipp V., der um 216 mit einer aktiven Flottenpolitik im Raum von Apollonia begonnen hatte, an Hannibals Erfolgen partizipieren wollte.

In Rom selbst, wo der Vertrag schon früh bekannt geworden war, herrschte allerdings zunächst große Erregung. Die Drohung, die er enthielt, wurde ernst genommen, ja überschätzt. Sie zwang dazu, nun auch an der Adria Seestreitkräfte und Truppen unter dem Befehl des M. Valerius Laevinus einzusetzen.[21] Doch die Lage stabilisierte sich nach wechselvollen Kämpfen, als es Laevinus gelang, 212/1 einen Vertrag mit den Ätolern abzuschließen, der eine Ausweitung des 1. Makedonischen Krieges (215–205) nach sich zog.

Allein in den folgenden brutalen Kämpfen konnte sich Philipp V. behaupten und schloss 206 zunächst einen Friedensvertrag mit den Ätolern, ein Jahr später auch einen Kompromissfrieden mit den Römern ab. Er hatte damit seine Positionen gefestigt und wandte sich deshalb in den kommenden Jahren den Problemen des hellenistischen Ostens zu. An einen Einsatz makedonischer oder griechischer Verbände in Italien konnte er nicht denken, auch dann nicht, als sich Hannibals Lage immer weiter verschlechterte. Nüchtern besehen, hatte Hannibal von diesem Vertrag am Ende nur wenig profitiert.

Sizilien

In der Eröffnungsphase des 2. Punischen Krieges waren die Kämpfe um Sizilien[22] von untergeordneter Bedeutung. Doch ähnlich wie im Falle Makedoniens änderte sich die politische Lage nach Hannibals großen Erfolgen in den Jahren 217 und 216. Mit ein Grund dafür war die Tatsache, dass damals auch jene Truppen Hierons II., mit denen dieser die Römer unterstützt hatte, aus der Gefangenschaft entlassen worden waren. Erstmals wurde nun die kompromisslose Freundschaft Hierons mit Rom in Frage gestellt. Sowohl dessen Sohn Gelon als auch dessen Schwiegersöhne Adranodoros und Zoippos gingen zur besiegten italischen Großmacht auf Distanz (Abb. 14).

Zu Hierons Lebzeiten war freilich an einen Koalitionswechsel nicht zu denken. Als jedoch im Winter 216/5 eine Falschmeldung vom Tode Hierons II. kursierte und der römische Statthalter in Lilybaion, Appius Claudius Pulcher, seine Flotte an die Grenze des syrakusanischen Hoheitsgebietes entsandte, um bei Bedarf die römischen Interessen durchzusetzen, wurde die unterschwellige antirömische Stimmung in Syrakus noch verstärkt. Nachdem sich der Irrtum herausstellte, ist die römische Flotille zwar wieder zurückbeordert worden, doch Rom hatte seine Absichten enthüllt.

Durch Gelons plötzlichen Tod wurde die weitere Entwicklung zunächst aufgehalten, nachdem der neunzigjährige Hieron II. zu Beginn des Jahres

Abb. 14: Gelon II. von Syrakus.

215 verstorben war aber wesentlich beschleunigt. Hieronymos, der erst 15-jährige Enkel und Thronerbe Hierons, ist sogleich in die politischen Auseinandersetzungen am Hof, insbesondere in dem ihn beratenden 15-köpfigen Regentschaftsrat, verstrickt worden. Dort setzte sich Adranodoros durch, der Hieronymos dazu bestimmen konnte, mit Hannibal Fühlung zu nehmen. Dieser ergriff sogleich die sich hier bietende Gelegenheit (Abb. 15).

Die nach Syrakus zurückkehrende Gesandtschaft wurde von einem fähigen Trierarchen begleitet sowie von den beiden Brüdern Hippokrates und Epikydes, Männern aus alter syrakusanischer Familie, welche zugleich Hannibals besonderes Vertrauen besaßen und sich im Weiteren hervorragend bewähren sollten. Ein formales Bündnis schloss Hannibal dagegen

Abb. 15: Hieronymos von Syrakus.

nicht; er empfahl Hieronymos vielmehr, direkten Kontakt mit dem karthagischen Rat aufzunehmen.

Da in Syrakus bald auch römische Gesandtschaften eintrafen, innere Streitigkeiten ausbrachen, Hieronymos selbst schwankte, zogen sich die Verhandlungen geraume Zeit hin. Hannibal hatte es schließlich vor allem dem konsequenten Vorgehen seiner Vertrauensmänner Hippokrates und Epikydes wie dem Eingehen des karthagischen Rates auf die weitgehenden syrakusanischen Forderungen zu verdanken, dass das Bündnis zwischen Karthago und Syrakus selbst nach der Ermordung des Hieronymos zustande kam.

Seit dem Frühjahr 214 spitzten sich die Dinge zu. Während der bewährte römische Haudegen Marcellus nach Kämpfen um Leontinoi mit der Be-

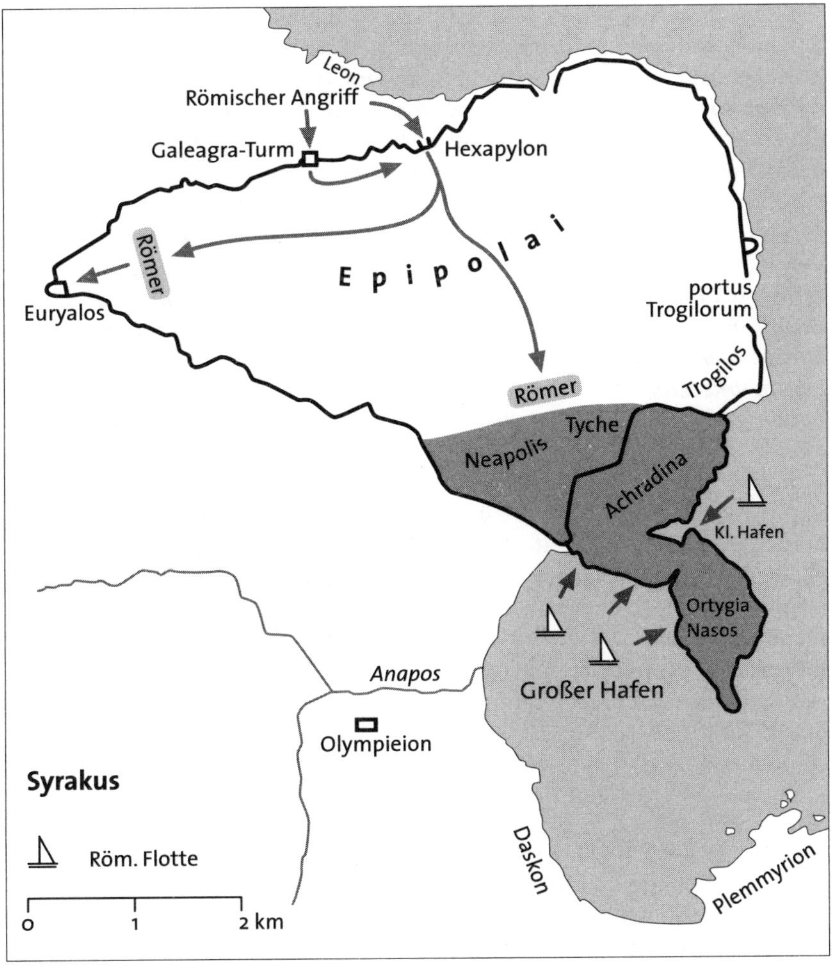

Abb. 16: Belagerung von Syrakus.

lagerung von Syrakus begann, trafen im Frühjahr 213 starke karthagische Einheiten auf der Insel ein; ein Flottenverband ging im Großen Hafen von Syrakus vor Anker. Nun begann der systematische Angriff des Marcellus auf die noch nie eingenommene, durch einen Mauerring von über 30 km Länge geschützte und erbittert verteidigte Stadt. Er scheiterte zunächst freilich nicht an den Mauern, sondern an dem unvergleichlichen technischen Abwehrgerät des großen Ingenieurs und Erfinders Archimedes[23] (Abb. 16).

Plutarch gab in seiner Marcellus-Biographie ein erregendes Bild von dessen geradezu phantastischen Waffen: *Aber nun ließ Archimedes seine Maschinen spielen, welche alle Arten von Geschossen und schwere Steinmassen mit großem Geräusch und einer so unglaublichen Schnelligkeit auf die (römischen) Landtruppen herabschleuderten, dass nichts ihrer Kraft widerstehen konnte, sondern ganze Reihen niedergeschmettert wurden und die Legionen in Unordnung gerieten. Zu gleicher Zeit senkten sich an der Meeresseite plötzlich von der Mauer Balken herab, welche die Schiffe teils durch ihre von oben her drückende Last in den Grund bohrten, teils mit eisernen Händen oder Haken, in Form der Kranichschnäbel, beim Vorderteil gerade in die Höhe zogen und mit dem Hinterteil ins Wasser tauchten; noch andere drehten, durch innen angebrachte Gegenzüge, die Schiffe im Kreise herum und schmetterten sie zuletzt an die unter der Mauer hervorragenden Felsen und Klippen, wobei die Mannschaft auf eine jämmerliche Art umkam.*[24]

Acht Monate hindurch versuchte Marcellus, Syrakus in immer neuen, verlustreichen Angriffen zu stürmen, doch an der technischen Überlegenheit der Verteidiger scheiterte jede Offensive. Er musste deshalb zur Blockade der Stadt übergehen, die er Appius Claudius durchführen ließ, während er selbst sich anderen, drängenden militärischen Aufgaben zuwandte. Denn inzwischen war in Herakleia Minoa ein starkes karthagisches Expeditionskorps unter Himilko gelandet, dem es schon bald gelang, auch Akragas einzunehmen. Nun fielen weitere Städte im Innern der Insel von den Römern ab, so zum Beispiel Morgantine, in dem sich umfangreiche römische Magazine befanden.

Wie das Beispiel von Enna zeigt, antworteten die römischen Stadtkommandanten auf solche Seitenwechsel schon prophylaktisch mit blankem Terror. Denn der dortige Befehlshaber, der einen Abfall der Stadt vermutete, befahl die Bürger ins Theater und ließ sie dann durch seine Garnison niedermetzeln. Allein das blutige Exempel nützte nichts; nach Akten solcher Grausamkeit vermehrten sich nur die Übertritte auf die karthagische Seite.

Im Jahr 212 erzielte Marcellus vor Syrakus endlich wesentliche Fortschritte. Nach einem wiederum gescheiterten Versuch, sich der Stadt durch Verrat zu bemächtigen, konnte er durch List und überraschende Vorstöße erste Stadtteile einnehmen und diese seinen durch die langen Strapazen erbitterten Truppen zur gnadenlosen Plünderung überlassen. Während das wichtige Fort Euryalos in römische Hand gefallen war, hielt sich dagegen noch immer der Stadtteil Achradina. Doch die weitreichendsten Folgen zeitigten nicht diese Operationen, sondern der Ausbruch einer Seuche in den Lagern der beiden Kriegsparteien am Anapos. Auf beiden Seiten wurden die Armeen dezimiert; bei den Karthagern fanden dabei auch die Befehlshaber Himilko und Hippokrates den Tod. An eine Weiterführung der Kämpfe war zunächst nicht zu denken.

Im Frühling 211 schien sich den Puniern die Möglichkeit zu bieten, die römische Flotte vor Syrakus zu schlagen. Allein der karthagische Admiral Bomilkar ging wegen ungünstiger Windverhältnisse keine Risiken ein und segelte nach Tarent weiter. Damit war den Römern die Seeherrschaft in jenem Raum zugefallen. Auch in Syrakus selbst ließ der Kampfgeist nach. Lediglich Überläufer und Söldner leisteten noch einen entschiedenen Widerstand.

Nach verräterischen Aktionen und vagen Versprechungen des Marcellus konnten römische Verbände schließlich in die Stadtteile Ortygia und Achradina eindringen. Die reiche Stadt wurde den fanatisierten Angreifern zur Plünderung überlassen; lediglich die Häuser der Römerfreunde, die eigens gekennzeichnet worden waren, sollten intakt bleiben. Selten ist eine antike Großstadt so brutal behandelt worden wie die Hauptstadt Siziliens. Dem Blutrausch der Eroberer fiel auch Archimedes zum Opfer. Hunderte von Kunstwerken wurden geraubt; was immer wertvoll schien, rissen die Sieger an sich. Mit Syrakus beginnt die Geschichte des römischen Vandalismus.[25]

So katastrophal die Niederlage in Syrakus für die Karthager war, noch immer hielten sie ihre Stellungen um Akragas, wo Epikydes und der Aristokrat Hanno befehligten. Zur Seele des Widerstandes und der Kriegführung in jenem Raum wurde indessen der liby-phönikische Reiterführer Myttones (Mutines), ein Vertrauensmann Hannibals und fähiger Offizier, der an der Spitze numidischer Kavallerie sogleich einen durchaus erfolgreichen Guerilla- und Kleinkrieg entfesselte. Epikydes und Hanno wollten sich freilich mit dessen Taktik nicht zufrieden geben; sie ließen sich durch Marcellus zu einer Feldschlacht verlocken, die prompt verloren ging. Der römische Oberbefehlshaber konnte danach als Sieger nach Rom reisen und dort eine Aufsehen erregende ovatio, eine Art von 'kleinem Triumph', sowie einen Triumph auf dem Albanerberg abhalten, Ehrungen, welche durch die immense Beute und die mitgeschleppten Kunstwerke, aber auch durch mitgeführte Elefanten einen tiefen Eindruck hinterließen.

Da die Verteidiger von Akragas einige Verstärkungen erhielten und unter dem Eindruck der römischen Grausamkeiten und Racheaktionen auch einige Städte wieder zu den Karthagern übergegangen waren, rissen die Kampfhandlungen auch im Jahre 210 nicht ab. Im Sommer jenes Jahres ging der Nachfolger des Marcellus, der ebenso bewährte Konsul M. Valerius Laevinus, gegen Akragas vor, um dort den letzten Widerstand zu brechen. Seine Aufgabe wurde dadurch erleichtert, dass es auf karthagischer Seite zu Spannungen unter den Kommandeuren gekommen war: Der arrogante und ehrgeizige Hanno hatte den so erfolgreichen Myttones seines Postens enthoben und seinen Sohn an dessen Stelle gesetzt. Aufgrund dieser Brüskierung ging Myttones mit seinen Numidern zu Laevinus über und überließ Akragas den Römern. Damit war die endgültige Entscheidung auf Sizilien gefallen. Die noch verbliebenen Widerstandsnester gaben nun den Kampf auf oder wurden von überlegenen römischen Truppen erobert. Der sizilische Kriegsschauplatz, in dem Karthago noch einmal so viel investiert hatte, wurde einer systematischen römischen Neuordnung unterworfen.

Wie ein Rückblick auf das Geschehen in Sizilien lehrt, ist das dortige Kampffeld von Hannibal, Karthago und Rom sehr verschieden beurteilt worden. Hannibal wusste, dass er von jenem Augenblick an, da Sizilien Kriegsschauplatz wurde, aus Karthago keine weiteren Unterstützungen mehr für seine Kämpfe in Süditalien zu erwarten hatte. Doch er konnte zugleich auch damit rechnen, dass römische Truppen nach Sizilien verlegt wurden, der römische Druck auf ihn somit geringer wurde. Jedenfalls sah er nüchtern die Chancen, die sich auf Sizilien boten. Gegenüber dem karthagischen Rat blieb er korrekt und arbeitete konstruktiv mit ihm zusammen. Jene Vertrauensmänner und Offiziere, die er delegierte, bewährten sich und vertraten überzeugend die karthagischen Interessen.

Karthago, insbesondere dem karthagischen Rat, lagen die Vorgänge auf Sizilien existentiell weitaus näher als jene in Italien. Syrakus wurde daher auch rückhaltlos unterstützt, eine neue Invasion der Insel gewagt. Auf dem Höhepunkt der Auseinandersetzungen, zwischen 214 und 211, führte Karthago deshalb eine Armee von rund 40000 Mann und eine Flotte von etwa 200 Kriegsschiffen in jenen Raum, das heißt eine Heeresgruppe, deren Stärke das Heer Hannibals in Süditalien übertraf. Wenn die karthagischen Operationen schließlich scheiterten, so lag dies nicht an zu schwachem Einsatz, sondern an der Inkompetenz der Führung, an Kommandeuren wie Bomilkar und Hanno. Die Karthager profitierten auf Sizilien in erheblichem Maße von der abschreckenden Kriegführung und Politik der Römer; vielen Städten im Landesinnern erschienen sie als das kleinere Übel. Immer wieder traten deshalb sikeliotische Gruppen auf Karthagos Seite über, andere benutzten die Kampfhandlungen zu eigenen Raubzügen und Plünderungen. Zeitweilig drohten ganze Regionen im Chaos zu versinken.

In Rom hatte man das Ausmaß der auf Sizilien drohenden Gefahren zunächst offensichtlich unterschätzt. Doch als sich die Lage klärte, entschied sich der römische Senat, ungeachtet aller Risiken gegenüber Hannibal, ebenfalls zum vollen Einsatz auf der Trinakria. Trotz aller Rückschläge wurde der Kampf mit traditioneller Zähigkeit geführt; Kompetenz und Erfahrung der Befehlshaber sicherten auch hier den Erfolg. Eindeutig bewährte sich daneben auch die römische Flotte, die am Ende die Seeherrschaft errang, obwohl sie zeitweilig kräftemäßig keineswegs überlegen war.

Die psychologische Wirkung des römischen Erfolges auf Sizilien kann kaum verkannt werden. Zum ersten Mal waren in diesem Krieg ein weites Kampffeld behauptet und immenser materieller Gewinn erzielt worden. Auch langfristig musste die Beherrschung der ganzen Insel von erheblicher strategischer Bedeutung werden. Die Stärkung des römischen Potentials für die übrigen Kriegsschauplätze wie für die Versorgung Italiens war evident, die karthagischen Verluste gravierend und kaum zu ersetzen. Das Ringen trat damit in eine neue Phase ein.

Sardinien

In über zwanzigjähriger Provinzialverwaltung der Römer hatte sich auch bei den Stämmen Sardiniens Unzufriedenheit und Widerwille angestaut, die schließlich 215 der einheimische Anführer Hampsicora mobilisierte. Der karthagische Rat wollte auch diese Gelegenheit nutzen und entsandte unter der Leitung Hasdrubals 'des Kahlen' ein Expeditionskorps auf die Insel. Allein die karthagische Invasionsflotte geriet in einen starken Seesturm, wurde an die Küste der Balearen getrieben und hatte dabei schwere Schäden erlitten. Es dauerte viele Wochen, bis diese einigermaßen ausgebessert waren. Der Vorteil eines Überraschungsangriffes war damit verloren.

Auf römischer Seite war in Sardinien zunächst nur eine Legion stationiert, die bei weitem nicht ausreichte, um die zu erwartenden Kämpfe mit Sarden und Karthagern zu bestehen. Doch die Verzögerung der Intervention erlaubte es Rom, die notwendigen Verstärkungen auf die Insel zu bringen. Befehligt wurden sie von einem ehemaligen Konsul, dem erfahrenen Sardinienkenner T. Manlius Torquatus, dem insgesamt über 20000 Mann unterstellt waren.

Nach der verspäteten Landung der Karthager und der Vereinigung ihrer Truppen mit den Aufständischen erfassten die Kämpfe bald das gesamte Gebiet zwischen Caralis (Cagliari) im Süden und Cornus im Westen der Insel. In zwei verlustreichen Schlachten setzte sich Torquatus durch, die Gegner verloren viele Tausende durch Tod und Gefangenschaft. Hampsicora wählte den Freitod, nachdem er vom Untergang seines Sohnes Hostus erfahren hatte. Auf einen weiteren Versuch, die Insel zurückzugewinnen, hat Karthago für immer verzichtet; die römische Herrschaft wurde dort drückender denn je.

Spanien

Die Kämpfe auf dem spanischen Kriegsschauplatz wurden durch die außerordentlichen Geländeschwierigkeiten in den verschiedenen Regionen der Halbinsel sowie durch die klimatischen Belastungen, somit durch außergewöhnliche Strapazen für die eingesetzten Verbände charakterisiert. Rein zahlenmäßig verfügten die karthagischen Truppen im Allgemeinen über beträchtliche Vorteile, doch die zahlreichen keltiberischen Hilfskräfte, welche die Karthager mobilisiert hatten, bildeten eine meist unzuverlässige Unterstützung. Bei längeren Krisen und unbefriedigendem Verlauf der Operationen bestand die Gefahr, dass die Keltiberer in ihre heimatlichen Stammesgebiete zurückkehrten. Ähnlich lagen die Dinge freilich auch auf römischer Seite.

Sieht man von wenigen wichtigen Ereignissen ab, deren Verlauf in den Grundzügen rekonstruierbar ist, so erscheint die antike Überlieferung für den Zeitraum zwischen 215 und 206 weithin unzulänglich. Häufig begegnen innere Widersprüche des berichteten Geschehens, die einseitige proscipionische und damit prorömische Tendenz ist unverkennbar.

Im Jahre 215 führte Mago neue karthagische Kräfte heran, sodass nun drei Befehlshaber die Operationen auf der Iberischen Halbinsel leiteten: Hasdrubal, Mago und Hannibal, der Sohn des Bomilkar. Da diese, wohl auch durch logistische Zwänge, immer wieder zu getrenntem Handeln gezwungen waren, blieb die Kooperation dieser Heeresgruppen häufig problematisch. Nach den antiken Darstellungen sollen die Römer in jenem Jahre Siege bei Iliturgi (nahe Castulo) und Intibili errungen haben. Im Sommer sahen sich die Scipionen indessen gezwungen, in Rom dringend die Zusendung von Geld, Ausrüstung und Getreide anzufordern. Offensichtlich waren sie in erhebliche materielle Schwierigkeiten geraten.

Für das folgende Jahr werden zunächst Siege von Mago und Hasdrubal, danach jedoch wiederum angeblich neue militärische Erfolge der Scipionen berichtet. 213 kam es in Spanien zu keinen nennenswerten Ereignissen; im nächsten Jahr konnte immerhin Sagunt eingenommen werden. Vermutlich begannen schon damals römische Anwerbungen keltiberischer Truppen, mit denen die beiden Scipionen dann 211 zu Angriffen auf die karthagischen Lager übergingen. Doch sowohl Publius als auch Gnaeus Scipio fanden in schweren Niederlagen, die sie zu verantworten hatten, den Tod. Der aus Kampanien herbeigerufene Proprätor M. Claudius Nero konnte die verzweifelte Lage wieder stabilisieren sowie Tarraco und Emporion als wichtigste römische Basen halten. Die Katastrophen dieses Jahres stellten einen der schwersten Rückschläge der Römer in Spanien dar.

In Rom wurde danach wiederum ein Scipio, der 236 geborene P. Cornelius Scipio[26], zum Oberbefehlshaber für Spanien gewählt. Der Sohn des

Konsuls des Jahres 218 hatte sich bereits in den Kämpfen am Ticinus und bei Cannae ausgezeichnet und 213 als Ädil gedient, jedoch die höheren Magistraturen eines Prätors und Konsuls, die üblicherweise Voraussetzung für ein Imperium waren, noch nicht bekleidet. Für die Beauftragung dieses jungen Aristokraten sprach neben den großen Sympathien, die er allgemein genoss, vor allem die spanische Klientel seiner Familie, die seine Position verstärken konnte (Abb. 17).

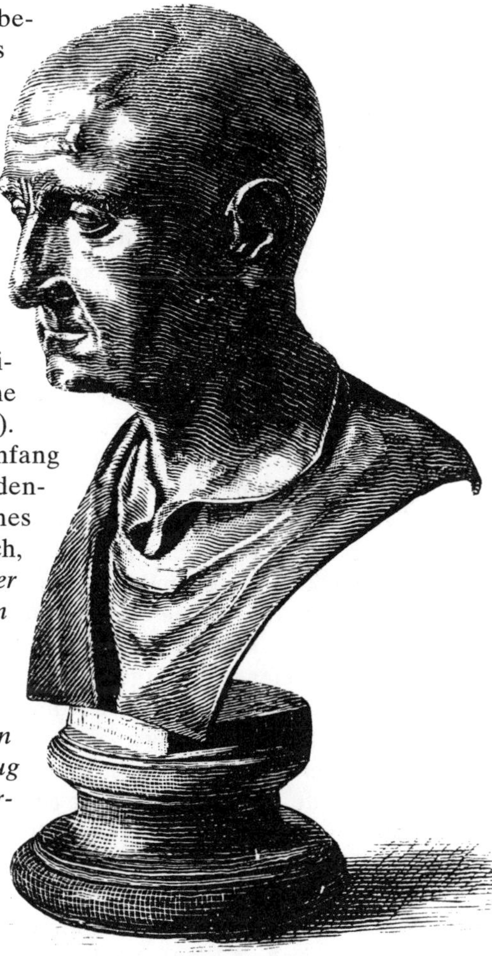

Abb. 17: Büste des Scipio Africanus aus Pompeji.

Theodor Mommsen, der von Anfang an Scipios Grenzen sah, hat ihm dennoch ein eindrucksvolles literarisches Porträt gewidmet, als er davon sprach, dass *ein besonderer Zauber auf dieser anmutigen Heldengestalt (ruhe); von der heiteren und sicheren Begeisterung, die Scipio halb gläubig halb geschickt vor sich hertrug, ist sie durchaus wie von einer blendenden Aureole umflossen. Mit gerade genug Schwärmerei um die Herzen zu erwärmen und genug Berechnung, um das Verständige überall entscheiden und das Gemeine nicht aus dem Ansatz wegzulassen; nicht naiv genug um den Glauben der Menge an seine göttlichen Inspirationen zu teilen noch schlicht genug ihn zu beseitigen, und doch im Stillen innig überzeugt ein Mann von Gottes besonderen Gnaden zu sein.*[27]

Scipio segelte von Ostia aus mit 30 Schiffen, die 10000 Fußsoldaten und 1000 Reiter mit sich führten, nach Ampurias. Dort begann er sogleich mit umfassenden Vorbereitungen für neue römische Initiativen. Neben der Anwerbung weiterer iberischer Kräfte suchte er vor allem die Disziplin und Kampfkraft der niedergeschlagenen und deprimierten römischen Verbände zu verbessern. Zugleich trieb er, Hannibals Beispiel folgend, eine intensive Aufklärung in den Raum südlich des Ebro vor.

Aufgrund deren Information entstand schließlich der strikt geheim gehaltene Plan zu einem zwar risikoreichen, im Falle des Gelingens aber auch Aufsehen erregenden Unternehmen. Zusammen mit seinem als Flottenbefehlshaber dienenden Freund Laelius wagte Scipio an der Spitze von 25 000 Fußsoldaten und 2500 Reitern einen überraschenden Handstreich auf Neukarthago, das Zentrum der barkidischen Herrschaft und Administration auf der Iberischen Halbinsel. Dies war strategisch deshalb möglich, weil sich im Jahre 209 alle drei karthagischen Befehlshaber mit ihren Truppen mindestens zehn Tagesmärsche von Scipios Angriffsziel entfernt aufhielten und die Stadt selbst lediglich über eine Garnison von etwa 1000 Mann verfügte.

Die römische Flotte und Armee benötigten für die rund 400 km vom Ebro bis nach Neukarthago angeblich nur sieben Tage. Am 4. Tag nach dem Eintreffen und der Bereitstellung der Verbände begannen bereits die Angriffe auf die durch eine etwa 3,7 km lange Mauer geschützte Stadt. Sie gelangen deshalb, weil Scipio den entscheidenden Stoß über eine bei Niedrigwasser passierbare Lagune im Norden der Stadt führen konnte. In der ersten Phase nach der Einnahme der Stadt dominierten wie üblich Grausamkeit, Morde und Plünderungen. Als dieser Blutrausch verklungen war, folgte eine rationalere Ausbeutung der Besiegten. Handwerker wurden versklavt, kräftige junge Menschen zum Schiffsdienst gezwungen, andererseits gefangene Bürger mit Frauen und Kindern wieder frei gelassen.

Noch nie zuvor hatten die Römer in Spanien eine so große Beute gewonnen: Immense Mengen an Kriegsmaterial und Getreide, reiche Gold- und Silberschätze waren in ihre Hände gefallen, auch 18 karthagische Schiffe, die sogleich in Dienst genommen worden sind. Ein wertvolles Unterpfand für künftige Verhandlungen bildeten daneben die 300 iberischen Geiseln, welche die Barkiden in Carthago nova konzentriert hatten. Vornehme karthagische Gefangene wurden sogleich nach Rom gebracht. Wie sich in den folgenden Jahren erweisen sollte, war vor allem die psychologische Auswirkung dieses Erfolges wesentlich. Schon im Frühjahr 208 wurde Hasdrubal bei Baecula (Bailén) geschlagen. Nach schweren Verlusten konnte er indessen mit dem Rest seiner Truppen entkommen, die westlichen Pyrenäenpässe erreichen, in Gallien überwintern und von dort aus den Einfall nach Italien vorbereiten.

Nach einer weiteren Niederlage bei Ilipa im Baetistal 207 flohen die letzten karthagischen Verbände nach Gades; Iberien war für die Punier faktisch schon damit verloren. Im folgenden Jahr leitete Scipio dann die Unterwerfung der letzten karthagischen Widerstandsnester, nahm mit Syphax, dem König der nordafrikanischen Masaisylier, Kontakt auf, hatte aber auch eine Meuterei im römischen Lager zu unterdrücken. Nachdem ein erster römischer Angriff auf Gades missglückt war, wurde Mago mit seinen Truppen nach Italien zu Hannibal beordert. Über Pithyussa (Ibiza) segelte er nach Menorca und verbrachte dort den Winter. Gades hatte sich inzwischen ergeben und vertragswidrig eine römische Besatzung aufnehmen müssen. P. Cornelius Scipio kehrte nach Rom zurück.

Nach den überraschenden Operationen des Jahres 218 und den darauf folgenden, sich steigernden Siegen Hannibals war das Jahr 215 für Karthago zunächst zum Jahr der politischen Ernte der militärischen Erfolge geworden. Der Pakt mit Philipp V. von Makedonien sowie die Entwicklungen auf Sizilien und Sardinien schienen eine eindeutige Verlagerung des Geschehens von Italien auf die Peripherie des römischen Machtbereiches nach sich zu ziehen, eine Verlagerung, welche zwar den Wirkungsradius des militärischen Genies Hannibal und damit Karthagos stärkster Waffe in diesem Ringen einschränkte, zugleich aber neue Möglichkeiten auf altvertrauten Schauplätzen eröffnete.

Obwohl die Koordination der Kriegführung zwischen Hannibal und Karthago befriedigend verlief, setzte nun offensichtlich der karthagische Rat die Prioritäten, wobei der Verzettelung der Kräfte nur durch eine entschiedene Schwerpunktbildung zu begegnen war. Wie weit Hannibal darauf im Einzelnen Einfluss nehmen konnte, ist schwer zu entscheiden. Immerhin nahm der karthagische Rat die sich in Sizilien und Sardinien bietenden Chancen wahr und verstärkte selbst noch die barkidischen Positionen in Spanien – allerdings auf Kosten des italischen Kriegsschauplatzes.

Insgesamt gesehen zeitigte die Ausweitung des Krieges bald durchaus widersprüchliche Ergebnisse. Am schnellsten konnte Rom – noch im Jahre 215 – die auf Sardinien drohenden Gefahren beseitigen. Hier, wie auch in den Jahren 211/210, bei der Einnahme von Syrakus und Akragas, profitierte es von den Fähigkeiten seiner Befehlshaber. Umgekehrt zeigten sich um dieselbe Zeit durch den Untergang der Scipionen in Spanien deren Grenzen.

Doch auch die karthagische Führung und nicht zuletzt die barkidischen Kommandeure versagten damals auf der Iberischen Halbinsel, indem sie versäumten, die römischen Verbände völlig aus dem Lande zu vertreiben. Zwei Jahre später rächte sich dies im Verlust von Carthago nova, dem Auftakt zum Niedergang der barkidisch-karthagischen Macht in jenem Raum. Einen ähnlichen Mangel an Konsequenz zeigte auf anderem Gebiet Bomilkars – gerade wegen seiner Überlegenheit – unverständliche Verweigerung einer Seeschlacht vor Syrakus, die möglicherweise entscheidende Wirkungen ausgelöst hätte. Auf der römischen Seite wurden die Vorteile der inneren Linie konsequent ausgenutzt und die Interessenidentität mit den italischen Bundesgenossen erfolgreich realisiert. Am eindrucksvollsten war jedoch die Beharrungskraft der italischen Vormacht, für die am

Ende auch die Zeit zu wirken schien und die in jener Phase des großen Ringens endlich auch bedeutende materielle Erfolge erzielen konnte.

Die Kämpfe in Süditalien

Gegenüber den bereits erwähnten Vorgängen des Jahres 215 trat das Geschehen in Italien zurück. Im Mittelpunkt standen hier die Operationen in Kampanien und Bruttium, Gebiete, welche auch in den folgenden Jahren umstrittene Kriegsschauplätze bleiben sollten (Abb. 18).

In Kampanien befehligte Hannibal persönlich die dort kämpfenden karthagischen Verbände. Nach langer Blockade konnte er endlich die nördlich von Capua gelegene Stadt Casilinum einnehmen, die schließlich wegen Lebensmittelmangel kapitulieren musste. Allerdings waren die Übergabebedingungen außerordentlich günstig: Gegen eine Abgabe von sieben Unzen Gold pro Kopf, die Rom zu bestreiten hatte, konnte die Besatzung abziehen. Andere Vorstöße Hannibals misslangen dagegen. Er kam weder bei seinem Angriff auf Cumae noch bei einem erneuten Vorgehen gegen das von Marcellus verteidigte Nola zum Ziel und schlug schließlich sein Winterlager im apulischen Arpi auf. Wesentlich folgenschwerer waren dagegen Hannos Erfolge in Bruttium. Hanno hatte zwar die Unabhängigkeit und vor allem die Hafenhoheit der wichtigen Stadt Lokroi zu garantieren, doch unter diesen Bedingungen wechselte der für ihn als Basis so wichtige Ort die Front. Die Tragweite dieses Entschlusses wurde sogleich sichtbar: Eine karthagische Flotille unter Bomilkar konnte dort landen, 4000 Numider, 40 Elefanten sowie eine größere Summe Silbers übergeben, Mittel und Verstärkungen, die sogleich an Hannibal weitergeleitet wurden.

Nach elfmonatiger Belagerung nahm Hanno daneben auch Petelia ein, ebenso die Stadt Consentia im Landesinnern, sodass sich die karthagische Stellung in Bruttium wesentlich erweiterte und festigte. Allerdings wurden die 'Befreier' damit zugleich in die seit langem schwelenden Konflikte zwischen Bruttiern und Griechen in jenem Raum verstrickt, Auseinandersetzungen, die sie nur mit großer Mühe und mancherlei Kompromissen wenigstens dämpfen konnten.

Auf der römischen Seite hatte die Führungsschicht nach Cannae keine andere Wahl, als in der Tradition des Fabius Maximus zunächst einen hinhaltenden Widerstand zu leisten, wo immer es ging, die durch kleinere Besatzungen gesicherten Städte der Bundesgenossen zu verteidigen. Gleichzeitig war mit einer zeitraubenden und in jeder Hinsicht schwierigen Reorganisation der geschlagenen Verbände zu beginnen; dies hieß praktisch, neue Legionen aufzustellen, die zunächst nur aus Rumpfkadern bestanden.

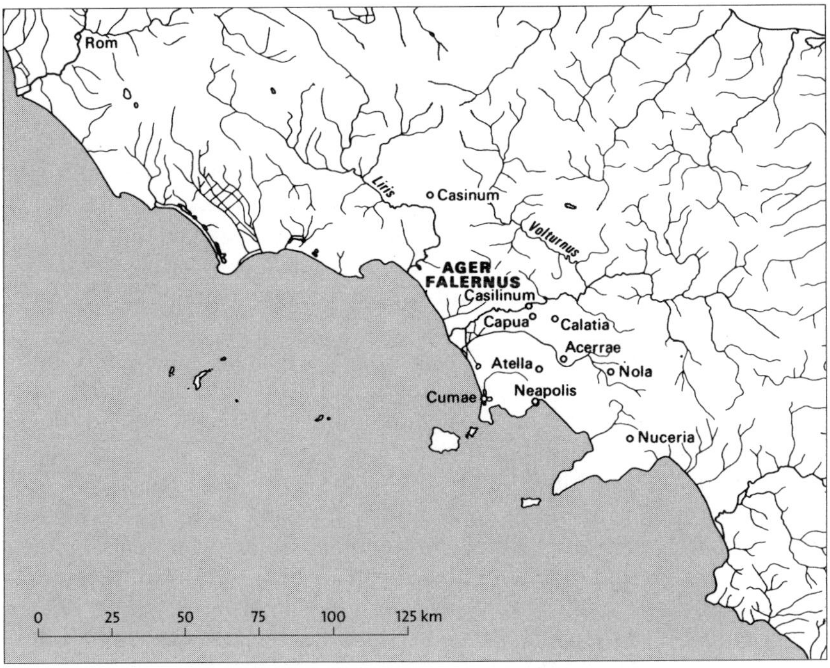

Abb. 18: Kampanien zur Zeit Hannibals.

Von mindestens ebenso großer Bedeutung waren die Probleme der Kriegsfinanzierung, der Rüstung, des Steuerwesens und der Versorgung, die zunächst kaum zu bewältigen schienen und sogar eine Währungsreform erzwangen. Da die Römische Republik über keine adäquaten Organisationsformen für eine direkte und permanente staatliche Beschaffungs-, Versorgungs- und Wirtschaftsverwaltung verfügte, musste sie zur indirekten Methode der Erledigung solcher Aufgaben übergehen. Angesichts der Ausweitung der Aufgabenkreise wie der Dimensionen der hier zu bewältigenden Großaufträge verschiedenster Art formierte sich schon seit dem 4. Jahrhundert die Gruppe der publicani. Dabei handelte es sich um Großunternehmer, die für den römischen Staat vertraglich geregelte Leistungen übernahmen.[28]

In ihre Hände fielen seit dem Beginn des 2. Punischen Krieges sehr komplexe Rüstungs-, Versorgungs- und Transportgeschäfte. Die Risiken solcher Unternehmungen waren gewiss beträchtlich; Livius überliefert einige exemplarische Indizien der damaligen Krise.[29] Da die Republik im Jahre 215 wegen ihres finanziellen Bankrotts Rüstungs- und Versorgungsgüter für den spanischen Kriegsschauplatz nicht mehr aus eigenen Mitteln begleichen konnte, sah sie sich zur Sicherung des Truppen- und Flottenbedarfs auf die Inanspruchnahme von Krediten dreier publicani-Gesellschaften mit insgesamt 19 Mitgliedern angewiesen.

Die Begleichung der Kredite, naturgemäß mit entsprechend hohen Zinsen, wurde für den Zeitpunkt in Aussicht gestellt, da die Kasse der Republik wieder über entsprechende Mittel verfügen würde. Allerdings konnten die publicani für ihren Einsatz großzügige Bedingungen durchsetzen. Sie wurden während der Vertragsdauer persönlich vom Kriegsdienst freigestellt und konnten sich zudem Bürgschaften für Güter und Transport sichern.

Schon zwei Jahre später stellte sich heraus, welche Folgen dies hatte. Zwei jener publicani wurden beschuldigt, die Bürgschaften durch Missbrauch unberechtigt in Anspruch genommen zu haben, Anklagen, die in Rom zu erheblichen Unruhen führten. Die Einzelheiten jener ausnahmsweise einmal konkret überlieferten Vorfälle dürften klarer als viele abstrakte Formulierungen dokumentieren, in welche tiefe innere Finanz- und Beschaffungskrise die Römische Republik schon im vierten Jahr jenes Krieges geraten und welchen Lähmungen sie ausgesetzt war. In anderer Hinsicht provozierend war die Tatsache, dass damals immer noch Frauen der reichen Führungsschicht ihren Luxus in den verschiedensten Formen demonstrierten. Der Volkstribun C. Oppius sah sich daher genötigt, eine solche Brüskierung der verelendeten und Not leidenden Bevölkerung Roms, die zudem noch durch viele arme Flüchtlinge angeschwollen war, durch ein eigenes Luxusgesetz zu unterbinden.

Im Jahr nach Cannae begann sich die Eigenart der Kriegführung während der folgenden Phase in Italien abzuzeichnen. Immer deutlicher traten die elementaren und doch häufig übersehenen Folgen von Hannibals Bewegungskrieg hervor: die Plünderungen und Zerstörungen ganzer Landstriche, die tiefgreifende Schädigung, wenn nicht Vernichtung weiter agrarischer Areale, die ihrerseits wiederum die Heeresoperationen aus Versorgungsgründen zum Aufsuchen noch nicht berührter Gegenden nötigte. Das Ausmaß und die Konsequenzen solcher Verluste sind insgesamt nicht einmal zu schätzen; die Gesamtbilanz sollte erst nach Kriegsende deutlich werden und dann zu einer grundlegenden Veränderung der Wirtschafts- und vor allem der Agrarstrukturen führen.[30]

Es gibt indessen einen Bereich, in dem die katastrophalen wirtschaftlichen Entwicklungen noch heute handgreiflich zu fassen sind: den Bereich der Geldwirtschaft, deren altes System in Italien schon während der ersten Kriegsjahre zusammenbrach und durch eine völlige Neuordnung des römischen Münzwesens ersetzt werden musste.[31] Nachdem das Durchschnittsgewicht der üblichen Münznominale ebenso gesunken war wie ihr

Abb. 19: Roma und die Dioskuren.

Feingehalt, die Bronzemünzen sich immer weiter verkleinert hatten, begann mit der Einführung des Silberdenars eine neue Epoche der römischen Münzprägung. Diese, zunächst im Gewicht von 4,56 g und damit einem Zweiundsiebzigstel des römischen Pfundes und einer Silber-Aes-Relation von 1:120 entsprechende, römische Münze, die noch vor 200 auf ein Gewicht von 3,98 g reduziert wurde, ist rund vierhundert Jahre hindurch das Leitnominal, die wichtigste, im gesamten Mittelmeerraum verbreitete, römische Silbereinheit geblieben (Abb. 19).

Das genaue Datum der Denar-Einführung ist noch immer umstritten. Sie wird zumeist, nicht zuletzt auf Grund der Feinanalyse von Schatzfunden, auf den Zeitraum zwischen 215 und 211 angesetzt. Dabei war es für die römischen Münzmeister ein Glücksfall, dass der Feingehalt des neuen Nominals bald durch die Silberbeute aus Sizilien, Spanien und süditalischen Großstädten gestützt werden konnte. Langfristig gesehen, wurde so die tiefe geldwirtschaftliche Krise durch eine erfolgreiche und im gesamten Mittelmeergebiet anerkannte römische Geldreform aufgefangen, durch eine Reform, die dann nach dem Ende des 2. Punischen Krieges wesentlich zur Stabilisierung der römischen Kapitalwirtschaft beitrug.

Das Jahr 214 verlief für Hannibal nur wenig befriedigend. Er ließ zunächst im Raum von Cumae in Kampanien plündern, doch die Konsuln Fabius und Marcellus konnten Casilinum zurückerobern. Die Hoffnung, Tarent zu gewinnen, zerschlug sich, deprimiert bezog der Karthager in Salapia, nördlich von Cannae, sein Winterlager. Doch auch auf römischer Seite trat keine durchgreifende Wende ein. Im Vordergrund standen dort noch immer Rüstungs- und Mobilisierungsprobleme. Um die Besatzung einer neuen Flotte zu finanzieren, musste – je nach der Vermögenslage – auf Abgaben von privater Seite zurückgegriffen werden.

Das folgende Jahr, 213, begann für die Karthager mit einem unerwarteten Misserfolg, als die apulische Stadt Arpi durch Verrat an die Römer fiel. Die Einzelheiten bleiben dabei unklar; immerhin konnte sich Hannibals Besatzung absetzen. Doch dieser Rückschlag wurde bald durch die Entwicklung in Tarent[32] in den Hintergrund gedrängt. Nachdem Geiseln der Tarentiner in Rom geflohen waren, wieder ergriffen wurden und in schimpflichster Weise den Tod gefunden hatten, konnte Hannibal die Empörung junger tarentinischer Aristokraten für sich ausnützen. Nach Vorabsprachen über das Schicksal der Stadt einigten sich die Partner auf einen glänzend koordinierten nächtlichen Überfall.

Während eines Festes des römischen Befehlshabers Livius überwältigten die jungen Tarentiner die Wachen und öffneten die Stadttore. So konnte Hannibal mit einem bereitgestellten Teil seines Heeres eindringen; in der Stadt wurde er von seinen Verbündeten geführt. Der Machtwechsel gelang, die Römer wurden überwältigt; allerdings blieb die schwer zugängliche und stark befestigte Burg in römischer Hand. Diese Tatsache wog deshalb so schwer, weil von der Burg aus auch der Hafen von Tarent kontrolliert werden konnte, dessen uneingeschränkte Nutzung für die Karthager wesentlich gewesen wäre. Durch eine eigene Befestigung musste die Stadt daher gegen die Burg gesichert werden.

Im Übrigen gewährte Hannibal auch den Tarentinern denkbar günstige Vereinbarungen: Freiheit und Autonomie der Stadt wurden zugesichert; Tarent hatte weder Auflagen zu erfüllen noch besondere Leistungen zu erbringen. Und diese Großzügigkeit sollte sich lohnen. Schon im folgenden Jahr gingen nun auch Metapont, Herakleia und Thurioi auf Hannibals Seite über, sodass er nun faktisch die Küsten von Bruttium, Lukanien und Kalabrien beherrschte. Daneben wurden römische Verbände von ihm in mehreren Gefechten geschlagen, so bei Benevent, in Lukanien und beim apulischen Herdonea.

Die Gegenseite verstärkte jetzt den Druck auf Capua. Durch einen Belagerungsring mit Wall, Graben und Feldbefestigungen ist die Stadt eingeschlossen worden. In drei verschiedenen Lagern sicherten die römischen Truppen ihre starken Positionen. Die Widerstandskraft Capuas aber wurde von Hannibal weit überschätzt.

211 spitzte sich dann die Lage vor Capua weiter zu. Während in der Stadt bereits eine allgemeine Hungersnot herrschte, verweigerten die römischen Befehlshaber Hannibal eine Entscheidungsschlacht, konnten jedoch die Belagerung weiterhin aufrechterhalten. An einen Durchbruch dieser Zernierung war nicht zu denken. Angesichts dieser, für die Eingeschlossenen verzweifelten Situation brach Hannibal zu seinem legendären Vorstoß auf Rom auf.

Mit seinem dramatischen Marsch, mit dem er die Initiative an sich riss, mochte er die Hoffnung verbinden, dass der römische Senat in Panik geraten und deshalb das römische Belagerungskorps vor Capua zur Verteidigung Roms heranziehen würde. Da Hannibals Truppen in weitem Umkreis um Rom plündern und brandschatzen konnten, kam es zur massenhaften Flucht der Bevölkerung in die Hauptstadt und dort zu großer Erregung und Besorgnis. Doch die Senatoren blieben fest. Hannibal drang zwar persönlich bis vor die Mauern der Stadt vor, doch danach musste er die Operation abbrechen; sein anschließender Marsch auf Rhegion blieb ebenso erfolglos.

Inzwischen hatte Capua den aussichtslosen Kampf aufgegeben und kapituliert. Livius[33] berichtet vom gemeinsamen Massenselbstmord von 28 Ratsherren der Stadt, welche die kommenden Ereignisse ahnen mochten. Tatsächlich richtete sich der so lange aufgespeicherte Hass der Römer vor allem gegen die capuanische Führungsschicht, deren Angehörige getötet oder versklavt wurden. Ihre Enteignung verstand sich von selbst; der Großteil der Bevölkerung wurde umgesiedelt. Für Hannibal bedeutete der Verlust Capuas einen fatalen Rückschlag. Es hatte sich erwiesen, dass er nicht einmal in der Lage war, jene mit ihm verbündete Großstadt zu schützen, die am frühesten auf seine Seite getreten war. Die Vertrauenskrise bei seinen übrigen Partnern musste sich verstärken, als er sein Winterquartier in Lukanien bezog.

Seit dem Jahre 210 wurde Marcellus immer eindeutiger zur dominierenden Gestalt auf römischer Seite. Er konnte damals einige kleinere Orte, die durch karthagische Besatzungen geschützt wurden, zurückgewinnen, darunter auch Salapia in Apulien. Andererseits siegte Hannibal über einen römischen Verband im benachbarten Herdonea, während die Einzelheiten über die Gefechte bei Numistro und Venusia unklar blieben. Insgesamt gesehen, verengten sich die Radien des Geschehens immer weiter.

Im Rahmen einer Hannibal-Biographie ist dabei zu konstatieren, dass dessen Persönlichkeit in jenen Jahren hinter den Ereignissen völlig zurücktritt. In der Regel sind Hannibals Verhalten, seine Gedanken und Entscheidungen wie die Ziele seines Handelns nicht bekannt. Nur weniges ist darüber mit einiger Sicherheit zu erschließen. Unbestritten ist sein Festhalten am Bewegungskrieg, der ihm aufgezwungenen Form der Kriegführung. Seine Festigkeit und Konsequenz – und dies trotz aller Rückschläge – halten den Vergleich mit der Zähigkeit und dem kompromisslosen Behauptungswillen des römischen Senats in jeder Hinsicht aus.

So war Hannibal nicht nur das Genie der großen Schlachten, sondern zugleich auch der unerschütterliche Meister des Kleinkrieges, der seine eng begrenzten Möglichkeiten, wie einst sein Vater auf Sizilien, bis zum Äußersten nutzte. Er stand den Alltag jener Taktik durch, in der die Hoffnungen, die Erwartungen und die Aussichten immer bescheidener werden mussten. Für Hannibal wurde das Jahrzehnt nach Cannae somit zu einer ganz außergewöhnlichen Belastungsprobe. Theodor Mommsens Urteil besteht denn auch zu Recht, wenn er schrieb: *Man erkennt in der zähen Defensive … mit Mühe den Feldherrn wieder, der wie kaum ein anderer stürmisch und verwegen die Offensive geführt hat; es ist psychologisch wie militärisch bewundernswert, dass derselbe Mann die beiden ihm gestellten Aufgaben ganz entgegengesetzter Art in gleicher Vollkommenheit gelöst hat.*[34]

Das letzte Jahrzehnt des 3. Jahrhunderts ist in Italien zunächst durch sehr wechselvolle Kämpfe angefüllt, wobei sich die Waage des Kriegsglücks insgesamt doch immer deutlicher zugunsten der römischen Seite senkte. Dies zeigte sich schon im Jahre 209, als Q. Fabius Maximus bereits sein fünftes, sein Kollege Q. Fulvius Flaccus sein viertes Konsulat bekleidete. Rom ging nun ganz bewusst zur Offensive über. Zwar wurde Marcellus dabei wiederholt besiegt, doch am Ende war die Tatsache wichtiger, dass Fabius in einem gut koordinierten römischen Angriff die Wiedereinnahme von Tarent gelang. Auch dort endete der Sieg in einem entsetzlichen Blutbad. Angeblich wurden nicht weniger als 30 000 Einwohner versklavt, die reiche Stadt ausgeplündert, neben der großen materiellen Beute zahlreiche Kunstwerke nach Rom verschleppt. Dort war die Begeisterung über den Erfolg so groß, dass Fabius Maximus zum ersten Mal in diesem Kriege ein Triumph zuerkannt worden ist.

Doch trotz aller Rückschläge behauptete sich Hannibal weiterhin und erzielte nun seinerseits im folgenden Jahr wichtige Abwehrsiege. Ein Angriff des Konsuls T. Quinctius auf Lokroi scheiterte; auch bei Petelia wurden die Römer wieder einmal geschlagen. Noch dramatischer verlief ein Erkundungsritt, den Quinctius zusammen mit seinem Mitkonsul Marcellus unternommen hatte. Die beiden Konsuln gerieten mit ihrer schwachen Begleitung in eine karthagische Falle; Marcellus fand den Tod; Quinctius wurde schwer verwundet und fiel deshalb ebenfalls aus, sodass die Kampfhandlungen stagnierten.

Da Hasdrubal den Winter 208 auf 207 mit seinen aus Spanien herangeführten Verbänden im Süden Galliens verbracht hatte, dann auf Hannibals Wegen die Alpen überquerte und sein Heer schließlich unter den keltischen Stämmen Norditaliens noch weiter verstärken konnte, sah man in Rom den zu erwartenden Auseinandersetzungen mit einiger Besorgnis entgegen. Gleichwohl hatte man in M. Livius Salinator und C. Claudius Nero zwei Männer zu Konsuln gewählt, die auf Grund ihrer persönlichen Divergenzen nicht gerade eine einheitliche Kriegführung garantierten. Von ihnen sollte Claudius Nero mit einer Armee Hannibal in Süditalien blockieren, während Livius Salinator gegen Hasdrubal vorzugehen hatte.

Auf karthagischer Seite kam die notwendige Koordination der Barkiden nicht zustande. Während Hannibal auch weiterhin im Süden der Halbinsel bleiben wollte und lediglich bis nach Canusium in Apulien vorging, erwartete Hasdrubal die Vereinigung der Verbände in Umbrien. Als eine Mitteilung Hasdrubals an Hannibal über seine Pläne von den Römern abgefangen wurde, setzte Claudius Nero alles auf eine Karte und kam mit einem größeren Korps ausgesuchter Truppen seinem Kollegen Livius Salinator zu Hilfe. Nachdem Hasdrubal diese Verstärkungen auf der Gegenseite entdeckt hatte, wollte er zunächst einer Schlacht ausweichen und die Vereinigung mit Hannibal abwarten. Er zog deshalb längs des Metaurus ins Landesinnere, wurde jedoch von den Konsuln gestellt und vernichtend geschlagen. Auch Hasdrubal selbst fand den Tod.

Claudius Nero kehrte daraufhin in Eilmärschen zu seiner Stellung in Süditalien zurück, ließ Hasdrubals abgeschlagenen Kopf vor eine karthagische Wache werfen und seinen Gegner durch freigelassene Gefangene über das Schicksal von Hasdrubals Armee informieren. In Rom wurde die Schlacht am Metaurus überschwänglich gefeiert, zu einem Gegenbild Cannaes stilisiert, und auch Livius Salinator nun ein Triumph zugebilligt. Hannibal zog sich nach Bruttium zurück.

Welchen Rang man auch immer der Schlacht am Metaurus zubilligt, faktisch war bereits mit ihr, im Jahre 207, die Entscheidung auf dem italischen Kriegsschauplatz gefallen. Da eine weitere nennenswerte Verstärkung Hannibals nicht mehr zu erwarten war, konnte sich dieser allenfalls noch einige Zeit in einem immer enger werdenden Radius des allerdings für eine konsequente Defensive besonders günstigen Geländes in Bruttium halten – eine grundsätzliche Wendung war jedoch nicht mehr zu erhoffen, der Italienfeldzug verloren.

Größere Kampfhandlungen brachte das folgende Jahr nicht mehr. Hannibal stabilisierte die Lage in Bruttium, die Römer wagten einen Plünderungszug in das Gebiet um Cosentia. Doch nach einem Gefecht mit numidischen und bruttischen Verbänden stellten sie ihre Angriffe auf Hannibal ein. Erregender wurde das Geschehen des Jahres 205. Bei den Heeren in Bruttium brach damals eine Seuche aus, die nahezu zum Ende der Kampfhandlungen führte. Der einzige wichtigere Erfolg, den die römischen Befehlshaber verbuchen konnten, war die Einnahme von Lokroi. Dort übte sogleich Scipios berüchtigter Legat Pleminius eine geradezu tyrannische Herrschaft aus, wurde jedoch zunächst von Scipio gegen alle berechtigten Anschuldigungen gedeckt.

Hannibal machte sich offensichtlich über das nahende Ende der Kämpfe keine Illusionen mehr. Da im Zuge der Erosion seines Machtbereiches Kroton seine letzte größere Basis geworden war, ließ er im dortigen Hera-Lakinia-Tempel eine Erztafel anbringen, welche in punischer und griechischer Sprache seinen 'Tatenbericht' publizierte, einen Text, den Polybios noch auswerten konnte.[35] Bruttium selbst war inzwischen nur noch ein Unterpfand für karthagische Friedensverhandlungen geworden.

Während dieser im Grunde für beide Seiten unbefriedigenden Lage im Süden hatte sich im Norden Italiens überraschend eine neue Basis barkidischer Macht gebildet. Hannibals jüngerer Bruder Mago, der immerhin noch 12 000 Fußsoldaten und 2000 Reiter der ehemaligen Spanienarmee befehligte und über 30 Kriegsschiffe verfügte, war von Menorca aus nach Ligurien vorgestoßen, hatte Genua besetzt und mit der Anwerbung von ligurischen und keltischen Söldnern zum Kampf gegen Rom begonnen. Nachdem er aus Karthago Verstärkungen erhalten hatte, wuchs in Rom die Besorgnis vor den neuen Auseinandersetzungen. Livius Salinator, dem Sieger vom Metaurus, wurde der Oberbefehl über die Nordfront übertragen, weitere Truppen dorthin in Marsch gesetzt.

Für die Vorgänge in Bruttium während des Jahres 204 liegen wiederum nur dürftige und widerspruchsvolle Nachrichten vor. Mit großer Wahrscheinlichkeit kam es zu einem Angriff der Konsuln auf Kroton, der jedoch von Hannibal erfolgreich abgewehrt wurde. Daneben sah er sich gezwungen, einige kleinere Plätze seines Réduits aufzugeben und dieses durch Veränderungen und Austausch der Besatzungen noch weiter zu festigen. Das Verhalten der römischen Befehlshaber gegenüber ihrem großen Gegner in dessen letzten bruttischen Jahren zeigt deutlich, wie sehr der Feldherr trotz seiner eindeutigen kräftemäßigen Unterlegenheit noch immer respektiert, ja gefürchtet wurde. Es spricht für sich selbst, dass sie nicht einmal seine Absetzbewegungen zu stören wagten.

Auch in Norditalien bleibt die Entwicklung dieses Jahres weitgehend unklar. Mago konnte zwar weitere Verstärkungen um sich versammeln, wagte indessen keine größere Offensive. Der Versuch des karthagischen Rates, die italischen Brückenköpfe zu stärken, um damit die dortigen Kämpfe erneut zu entfachen und so Scipios inzwischen vorbereitete Invasion in Nordafrika zu konterkarieren, kam zu spät. In Hannibals Fall gelangten die für ihn bestimmten Kräfte und Mittel nicht in seine Hände.

Durch den Rückzug der barkidischen Verbände aus Italien ist das Jahr 203 besonders bedeutsam geworden. Da Scipios Landung inzwischen gelungen war, hatte der karthagische Rat Hannibal und Mago mit ihren Truppen zurückbeordert. Für Hannibal kam diese Weisung nicht überraschend; aus dem Holz der bruttischen Wälder hatte er schon seit geraumer Zeit Schiffe für den Rücktransport seiner letzten Armee bauen lassen.

Dennoch verfügte er nicht über genügend Transportraum, um auch alle seine Verbündeten und Anhänger aus Italien zu evakuieren, Menschen, die mit dem Tod zu rechnen hatten, falls sie in die Hände der Römer fielen. Dass das zu räumende Gebiet weithin zerstört wurde, um den Römern eine möglichst geringe Beute zu hinterlassen, entsprach durchaus den Usancen jenes Krieges. Dass Hannibal Italien in Bitterkeit verließ, dürfte plausibel sein, ebenso, dass er sich über die unzulängliche Unterstützung Karthagos beklagte. Die Rückkehr selbst verlief dann reibungslos. Bei Leptis minor an der Kleinen Syrte konnte er unbehindert landen.

Wesentlich dramatischer gestaltete sich der Rückzug der Karthager aus Norditalien. Dort hatte Mago nach längerem Zögern schließlich doch noch eine Offensive eröffnet, war jedoch bei den Boiern in ein hartes Gefecht verwickelt und selbst schwer verwundet worden. Sein Korps wandte sich daraufhin wieder der ligurischen Küste zu. Dort waren inzwischen Beauftragte des karthagischen Rates erschienen, die ihm ebenfalls die Rückkehr nach Karthago befahlen. Die Weisung wurde durchgeführt; das weitere Schicksal Magos ist umstritten.

VI. Katastrophe und Flucht

Kämpfe in Nordafrika

Die letzte Phase des 2. Punischen Krieges hatte im Grunde schon während des Winters 206/5 begonnen, zu dem Zeitpunkt, da P. Cornelius Scipio nach dem Abschluss der Kämpfe in Spanien wieder nach Rom zurückgekehrt war. Die Akte dieser Rückkehr wurden sorgfältig stilisiert. In einer Senatssitzung im Tempel der Bellona, außerhalb des Pomeriums, gab Scipio zunächst seinen eindrucksvollen Rechenschaftsbericht. Obwohl ihm aus verfassungsrechtlichen Gründen kein regulärer Triumph bewilligt werden konnte, zog er doch mit allem triumphalen Pomp in die Stadt ein, ließ Aufsehen erregende Beutestücke, nicht zuletzt eine immense Summe Silber für den Staatsschatz vor sich herschleppen und auch gefangene iberische Fürsten mitführen.

Die Resonanz des Sieges war unbeschreiblich. Dass Scipio in diesem Gefühlstaumel – zusammen mit dem Pontifex maximus P. Licinius Crassus – zum Konsul des Jahres 205 gewählt wurde, konnte nicht überraschen. Überraschend war dagegen die Tatsache, dass ihm als Provinz nicht Bruttium und damit der Endkampf gegen Hannibal, sondern Sizilien zugewiesen wurde. Scipio interpretierte dies freilich so, dass ihm damit zugleich auch die Vorbereitung und Leitung einer römischen Invasion in Nordafrika übertragen worden sei.

Damit löste er nun freilich eine leidenschaftliche Diskussion über die Prioritäten der kommenden Kriegführung aus, wie es ohnehin charakteristisch ist, dass die Schlussphase des 2. Punischen Krieges sowohl auf römischer als auch auf karthagischer Seite durch tiefgreifende Meinungsverschiedenheiten nicht nur im Hinblick auf die weitere Planung der Operationen, sondern auch in Hinsicht auf Karthagos Schicksal, Belastungen und Friedensbedingungen gekennzeichnet wird.

In der antiken Überlieferung werden die Vorgänge im römischen Senat während des Frühjahres 205 in der Gestalt einer rhetorischen Auseinandersetzung zwischen Fabius Maximus und Scipio berichtet[1], wobei Fabius Maximus, seiner strategischen Konzeption während des ganzen Krieges getreu, zunächst Priorität für ein Ende der Kampfhandlungen in Bruttium forderte, Scipio dagegen für eine Invasion in Nordafrika eintrat. Doch es blieb nicht bei dem Konflikt zwischen den beiden Wortführern, der Streit drohte grundsätzliche Verfassungsfragen aufzuwerfen und damit zu eskalieren. Nur mit Mühe konnte er durch einen Kompromiss beschwichtigt werden: Scipio wurde zugestanden, dass er dann, wenn es im Interesse des Staates liege, nach Africa übersetzen könne.

Auf den ersten Blick mochte Scipio damit sein Gesicht gewahrt haben und glauben, dass er sein Ziel erreicht habe. Allein, angemessene Mittel für größere Operationen wurden ihm verweigert: Der Senat beließ ihm lediglich jene Streitkräfte, die auch schon Scipios Vorgänger befehligt hatte. Dies waren einmal die seit über einem Jahrzehnt nach Sizilien strafversetzten, überlebenden Legionäre der Schlacht von Cannae, zum andern eine kleine Flotille von 30 Kriegsschiffen. Mit diesen geringen Mitteln waren die Risiken einer Invasion in Nordafrika nun freilich nicht zu bewältigen. Nur mit Mühe erhielt Scipio am Ende dann noch die Erlaubnis, für seine Aktivitäten Freiwillige anzuwerben und die Hilfe der Verbündeten zu nutzen, Zugeständnisse, die nach Ansicht seiner Gegner kaum ausreichen konnten, um Scipios weitreichende Pläne zu realisieren.

Doch diese innenpolitischen Gegner sollten sich täuschen. Der so erfolgreiche Scipio war längst zum Hoffnungsträger Roms und der Verbündeten geworden. Seine unbestreitbare militärische Qualifikation und sein oft gerühmtes persönliches Charisma zeitigten auch hier Wirkung. Aus ganz Italien strömten ihm Freiwillige zu, nicht zuletzt Veteranen, die in Spanien unter ihm gedient hatten. Vor allem etruskische Städte überboten sich in der Bereitstellung von Waffen, Ausrüstung, Verpflegung, Materialien für den Schiffsbau und anderen Gütern. Auch auf Sizilien erwies sich, wie einst in Spanien, das ganze Ausmaß seiner umfassenden Kriegsvorbereitungen wie seiner weit ausgreifenden Aufklärung. Erneut zählte dazu die Disziplinierung der heterogenen, zum Teil auch verlotterten Truppen, die Vergrößerung der Flotte, der Aufbau der Logistik, nicht zuletzt ein erfolgreicher Vorstoß seines Freundes Laelius, der die Landungsmöglichkeiten an der karthagischen Küste erkundete (Abb. 20).

Diese komplexen Vorbereitungen zogen sich bis weit in das Jahr 204 hinein. Während der Konzentration des Invasionskorps bei Lilybaion musste Scipio einen schweren politischen Rückschlag hinnehmen. Er hatte in Nordafrika auf die Unterstützung des Numiderfürsten Syphax gehofft. Doch dieser war, wohl auch unter dem Einfluss seiner schönen Frau Sophoniba, einer Tochter des karthagischen Befehlshabers Hasdrubal, auf die Seite Karthagos übergegangen. Dass sich dessen Gegner Massinissa[2], ein hervorragender Reiterführer, der zunächst jedoch nur über eine kleine Truppe verfügte, daraufhin auf Scipios Seite schlug, schien den Verlust nicht ausgleichen zu können (Abb. 21).

Für die Überfahrt nach Nordafrika standen schließlich rund 400 Transport- und etwa 40 römische Kriegsschiffe zur Verfügung. Zur Truppenstärke bemerkte Livius: *Bezüglich der Zahl der Soldaten, die nach Africa hinübergeschafft wurden, weichen meine Quellen erheblich voneinander ab. In der einen finde ich 10 000 Fußsoldaten und 2200 Reiter, in einer anderen 16 000 Fußsoldaten und 600 Reiter, in einer dritten die Sache mehr als ver-*

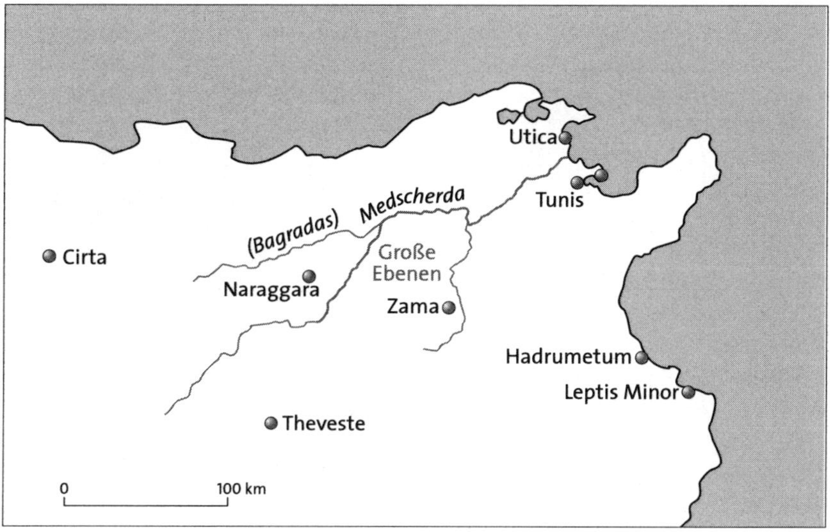

Abb. 20: Nordafrika in der letzten Kriegsphase (205–201).

doppelt: 35 000 Fußsoldaten und Reiter seien eingeschifft worden. Einige haben keine Zahl hinzugefügt; zu denen möchte ich selbst bei der Unsicherheit der Sache lieber gezählt werden.[3] Falls man sich nicht das Verhalten des Livius zu Eigen macht, so dürften die erstgenannten Werte wohl am wahrscheinlichsten sein. Hervorzuheben ist daneben die Tatsache, dass für die Expedition Verpflegung für 45 Tage mitgeführt wurde, sodass Scipio für die schwierigen Anfangswochen seines Unternehmens noch nicht auf die später unvermeidlichen Plünderungen angewiesen war.

Die umsichtig organisierte Überfahrt der beiden Flottenformationen, von denen die eine von Scipio selbst, die andere von Laelius befehligt wurde, verlief reibungslos. Am Schönen Vorgebirge in der Nähe von Utica (Kap Farina) konnten die Verbände ohne Gegenwehr landen. Auch die folgenden Ereignisse gestalteten sich unerwartet günstig. Während Scipio mit der Belagerung Uticas begann, meldete sich Massinissa mit einer kleinen Kavallerieabteilung und konnte bald danach in einem ersten Reitergefecht die karthagische Kavallerie schlagen. Doch vor Winterbeginn sah sich Scipio gezwungen, die Einschließung Uticas aufzugeben und auf einem günstigen Landrücken im Osten der Stadt ein festes Lager zu beziehen.

Im Frühjahr 203 spitzte sich die Lage für Scipio sogar zu, nachdem Hasdrubal und Syphax ihm gegenüber Stellung bezogen hatten. Doch in einem nächtlichen Angriff konnten die Römer deren Unterkünfte in Brand setzen und die Gegner im ausbrechenden Chaos vernichten. Doch

Abb. 21: Porträts des Massinissa und des Syphax.

weder die Karthager noch Syphax gaben danach auf; nach neuen Rüstungen traten sie etwa 120 km südwestlich von Karthago, auf den Großen Feldern im Bagradastal, Scipio und Massinissa in einer Feldschlacht entgegen. Wiederum erlitten sie eine schwere Niederlage. Die Folgen des Kampfes hatte vor allem Syphax zu tragen. Er verlor nicht nur seine Herrschaft, sondern auch seine Frau an Massinissa, der dieser Gift verschaffte, nachdem Scipio die Übergabe Sophonibas an die Römer gefordert hatte. Die große karthagische „Femme fatale" endete so durch Freitod, Syphax in römischer Gefangenschaft.

Nachdem Scipio einerseits auch Tunis besetzt hatte, den Karthagern andererseits ein kleiner Erfolg zur See gelungen war, begannen Friedensverhandlungen, die sich längere Zeit hinzogen. Es ist dabei nicht auszuschließen, dass beide Seiten auf Zeitgewinn aus waren, die Karthager, die inzwischen auf die Rückkehr Hannibals und Magos hofften, Scipio, weil es ihm jetzt in erster Linie um die Verlängerung seines Kommandos ging. Wahrscheinlich war es Scipio, der dann das Geschehen um in einem Sturm gescheiterte und verlassene römische Schiffe sowie um einen angeblichen Angriff auf römische Gesandte als Vorwände benutzte, um die Kampfhandlungen wieder aufzunehmen.

Zama

Die Entscheidungsschlacht des 2. Punischen Krieges, die Schlacht bei dem nicht sicher zu lokalisierenden Zama, wurde schon in der Antike in den denkbar höchsten Rang erhoben. Für Polybios kämpften dort *die Karthager um ihre Existenz und ihren Besitzstand in Libyen, die Römer um die Weltherrschaft.*[4] Nach Livius stritten damals *die beiden bei weitem berühmtesten Heerführer und die beiden tapfersten Heere der beiden mächtigsten Völker.*[5] Seither ist jenes Ringen in zahllosen Untersuchungen und Darstellungen analysiert worden.[6]

Dennoch sind nach wie vor zentrale Punkte der Chronologie, der Topographie und sonstiger wichtiger Einzelheiten unklar und umstritten. Es kommt hinzu, dass das Geschehen offenkundig schon früh rhetorisch überformt wurde. Ein in der Überlieferung vorangestelltes, angebliches Gespräch zwischen Scipio und Hannibal dürfte wohl ebenso konstruiert sein wie die Ansprachen der Feldherrn an ihre Truppen (Abb. 22).

Angesichts dieser Sachlage empfiehlt es sich, von dem zwar scipiofreundlichen, aber auch Hannibal durchaus gerecht werdenden Bericht des Polybios auszugehen.[7] Danach war die Bereitstellung der Armee Scipios so strukturiert, dass die mit großen Zwischenräumen formierten Manipel der hastati die erste Linie bildeten. Um breite Gassen für das erwartete Eindringen von Elefanten zu schaffen, standen die Manipel der principes exakt dahinter; die dritte Linie bildeten schließlich wie meist die Triarier. Die von Laelius kommandierte italische Kavallerie sammelte sich auf dem linken Flügel der römischen Kampffront, die von Massinissa befehligte numidische Reiterei auf dem rechten.

Hannibal hatte dagegen eine Linie von mehr als 80 Elefanten vor seine Kampfreihen gestellt, in denen etwa 22 000 Söldner, Ligurer, Kelten, Balearer und Maurusier den vordersten Verband bildeten. Hinter diesen standen als zweiter Block die karthagischen und libyschen Fußsoldaten in großem Abstand, wohl um die 200 Meter, dahinter schließlich seine Veteranen aus Italien, die Garde seines Fußvolkes. Auch bei Hannibal war die Reiterei auf den Flügeln disloziert, auf dem linken die numidische, auf dem rechten die karthagische Kavallerie.

Verlässliche Angaben über die jeweilige Truppenstärke liegen nicht vor. Es hat den Anschein, dass die Karthager in den Fußtruppen zahlenmäßig überlegen, in der Reiterei dagegen weit unterlegen waren, ein Verhältnis, das auch durch die Zahl der Elefanten nicht ausgeglichen werden konnte. Damit stand von vornherein fest, dass Hannibal bei Zama auf seine weitausholende Umklammerungstaktik mit Hilfe überlegener Kavallerieverbände verzichten musste. Andererseits sollte auch hier die Reiterei, diesmal die römisch-numidische, die Entscheidung bringen.

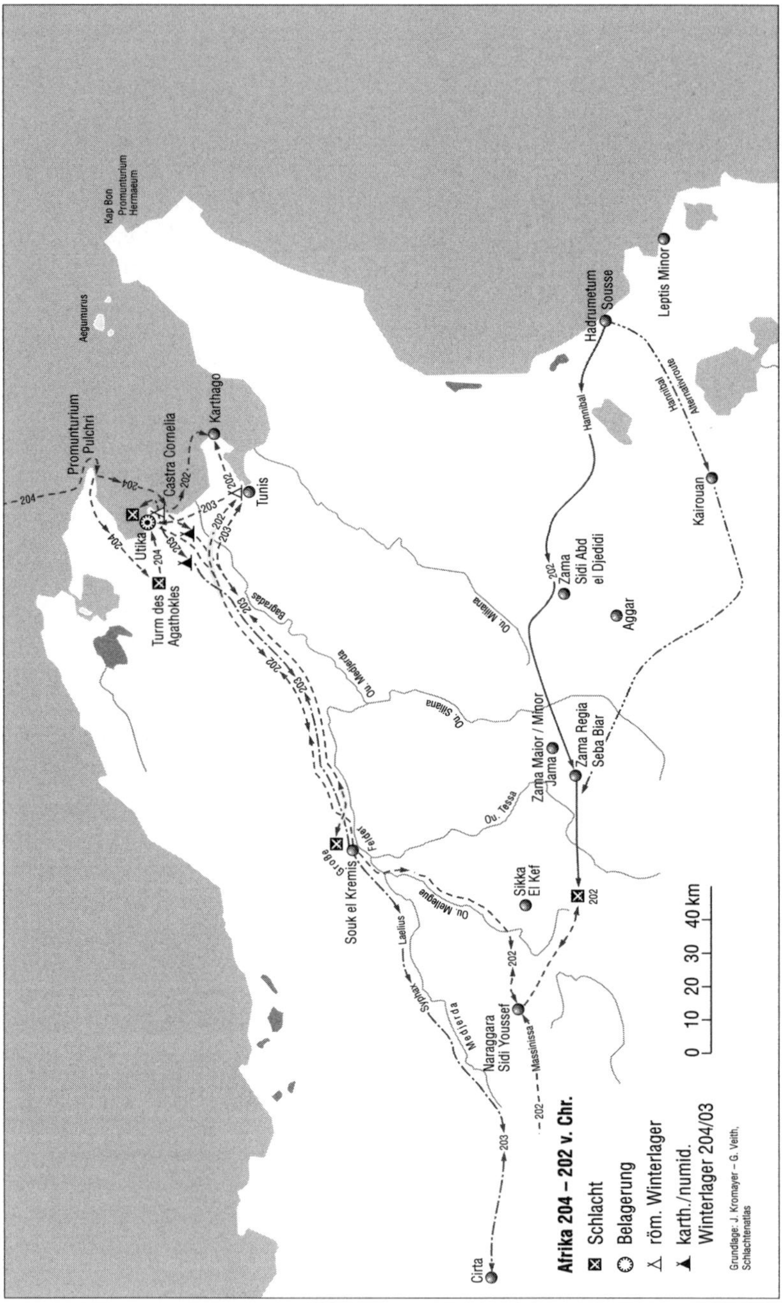

Abb. 22: Afrika 204–202

Die Schlacht wurde durch den Elefantenangriff Hannibals eröffnet. Dank Scipios Gegenmaßnahmen scheiterte er; auch im Reitertreffen siegte die Kavallerie der Römer und Massinissas und ging sogleich zur Verfolgung des Gegners über. Im Zentrum kam es daraufhin zu einer Abfolge schwerer und verlustreicher Kämpfe des Fußvolkes, die auf beiden Seiten eine Neugruppierung der Formationen erzwangen.

Die zurückkehrende italisch-numidische Reiterei brachte dann Hannibals Katastrophe, indem sie dessen Truppen im Rücken attackierte und großenteils vernichtete. Nach Polybios sollen die Römer lediglich rund 1500 Gefallene, die Karthager über 20000 sowie ebenso viele Gefangene gehabt haben. Hannibal selbst konnte mit wenigen Mann seiner Begleitung nach Hadrumetum entkommen.

Polybios schloss einst seinen Bericht über das große Ringen mit einem Vergleich der beiden Gegner ab. Nach der Schilderung der Vorteile der Römer hielt er fest: *Dennoch wusste Hannibal, soweit dies in seinen Kräften stand und den Umständen nach möglich war, seine Maßnahmen allen diesen Schwierigkeiten so gut anzupassen, dass ihn niemand hätte übertreffen können. Er hatte sich von vornherein diese große Zahl von Elefanten beschafft und jetzt vor seine Schlachtreihe gestellt, um den Gegner in Verwirrung zu bringen und seine Verbände auseinander zu reißen, hatte den Söldnern den Platz in der ersten Linie, den Karthagern dahinter angewiesen, um die Feinde zuerst zu ermüden, ihre Körperkraft sich erschöpfen und ihre Waffen sich in dem Gemetzel abstumpfen zu lassen, die Karthager aber, die das mittlere Treffen bildeten, zum Standhalten und Kämpfen zu zwingen, nach dem Wort des Dichters: 'Dass sie, auch ohne zu wollen, doch kämpften unter dem Zwange' (Ilias 4, 300). Seine kampfkräftigsten und standfestesten Truppen schließlich hatte er in einigem Abstand dahinter aufgestellt, damit sie aus der Entfernung den Kampf beobachten und seine weitere Entwicklung voraussehen könnten und damit sie bis zum Augenblick des Einsatzes bei ungeminderter körperlicher Leistungsfähigkeit und ungebrochenem Mut blieben, um dann ihre hervorragenden militärischen Eigenschaften zeigen zu können. Wenn er also damit alles getan hatte, was zu tun möglich war, und trotzdem, bis dahin unbesiegt, unterlag, so muss man nachsichtig über ihn urteilen.*[8]

Der große Gegner

Nachdem Scipios Verbände das karthagische Lager geplündert hatten, wurden sie in ihre Basis Utica zurückgeführt. Der 34-jährige Feldherr, der nun den Kriegsschauplatz beherrschte, bereitete sogleich weitere militärische Demonstrationen vor, um auf den Feind stärksten psychischen Druck auszuüben. Während das römische Heer unter Octavius gegen Karthago vorstieß, segelte Scipio selbst mit der Flotte, die inzwischen beträchtliche Verstärkungen erhalten hatte, vor den Hafen der Stadt. Ob inzwischen auch ein numidischer Verband unter dem Sohn des Syphax, Vermina, geschlagen wurde, ist umstritten.[9]

In Karthago hatte Hannibal unterdessen seine realistische Lagebeurteilung vorgetragen und dringend zur sofortigen Einleitung von Waffenstillstands- und Friedensverhandlungen geraten. Gegen einigen Widerstand konnte er seine Auffassung durchsetzen; eine größere Delegation des karthagischen Rates nahm mit Scipio Fühlung auf und danach in dessen Lager in Tunis sein Diktat entgegen. Nach Polybios waren *die Hauptpunkte dieser Friedensbedingungen … folgende: Sie durften die Städte in Libyen behalten, die sie besessen hätten, ehe sie den Krieg gegen die Römer anfingen, und das Land, das sie von alters her hätten, das Vieh, die Sklaven und das sonstige Eigentum. Von diesem Tage an sollten keine feindlichen Handlungen mehr gegen die Karthager geschehen; sie sollten nach ihren Gesetzen und Sitten leben dürfen und keine römische Besatzung aufzunehmen brauchen. Dies waren die Vergünstigungen.*

Die Auflagen waren folgende: Für allen während des Waffenstillstands unter Bruch der Verträge den Römern zugefügten Schaden sollten sie Wiedergutmachung leisten, die Gefangenen, gleichgültig, wann sie den Karthagern in die Hände gefallen wären, ebenso die Überläufer zurückgeben, alle Kriegsschiffe mit Ausnahme von zehn Trieren ausliefern und ebenso die Elefanten. Sie sollten gegen niemanden außerhalb Libyens Krieg beginnen, innerhalb Libyens nicht ohne römische Genehmigung; die Häuser, das Land und die Städte und alles Eigentum innerhalb der ihnen zugewiesenen Grenzen, das Massinissa gehöre oder seinen Vorfahren gehört habe, diesem übergeben. Sie sollten das römische Heer für drei Monate mit Proviant versorgen und ihm so lange den Sold zahlen, bis eine Entscheidung über den Vertrag aus Rom eingetroffen sei. Sie sollten zehntausend Talente Silber innerhalb von fünfzig Jahren zahlen, und zwar in jedem Jahr zweihundert euboeische Talente abliefern. Als Bürgschaft sollten sie hundert Geiseln stellen, die der römische Feldherr aus der Jugend auswählen werde, nicht jünger als vierzehn und nicht älter als dreißig Jahre.[10]

Als diese Bedingungen in Karthago erörtert wurden und ein Ratsherr Bedenken erhob, soll ihn Hannibal von der Rednerbühne herabgestoßen haben. In dem anschließenden Tumult berief er sich darauf, dass er die Formen der Versammlung deshalb nicht kenne, weil er die Stadt schon als Knabe verlassen habe und nun erst im Alter von über 45 Jahren zurückgekehrt sei. Man möge ihm deshalb die parlamentarische Ignoranz nachsehen und ihm zugute halten, dass es ihm lediglich um das Schicksal Karthagos gehe. Überzeugend und mit aller Passion habe er sich dann für die sofortige Annahme des Diktats eingesetzt. Der karthagische Rat verfuhr danach.

Die letzte Entscheidung musste freilich in Rom fallen. Auch dort kam es zu erregten Debatten und überflüssigen Verzögerungen, zu Abänderungen von Einzelheiten und zur Absendung einer Senatskommission, die gemeinsam mit Scipio die endgültigen Regelungen fixierte. Schließlich wurde der Vertrag in Karthago wie in Rom in feierlicher Weise beschworen. Karthago kam auch sogleich seinen Verpflichtungen nach. Es war ein Fanal für das Ende der karthagischen Seemacht, als Scipio die ihm ausgelieferten Kriegsschiffe vor der Stadt auf hoher See verbrennen ließ.

Scipios römischer Triumph im Jahre 201 markierte dann das Ende dieses Krieges. In den üblichen eindrucksvollen Formen zog er in die Stadt ein, um Iupiter Optimus Maximus, der höchsten Gottheit des römischen Staates, auf dem Kapitol zu danken. Den von Begeisterung überwältigten Bewohnern Roms präsentierte er eine prachtvolle Beute, Gefangene und Elefanten. Der Tag war der Höhepunkt seines Lebens. Mit dem Siegerbeinamen als 'Africanus'[11] wurde er demonstrativ überhöht (Abb. 23).

Hannibals großer Gegner Scipio Africanus war zugleich sein größter Schüler, der schließlich gerade deshalb den Meister selbst schlagen konnte. Die umfassende Aufklärung, die Koordination von Heer und Flotte, der Einsatz starker Kavallerieverbände zur Umfassung des Gegners, die Anwendung von Listen und Täuschungen jeder Art, persönliche Risikobereitschaft, flexibles Verhalten in den umsichtig vorbereiteten Schlachten, aber auch eine möglichst umfangreiche Mobilisierung von Verbündeten und die Sicherung effizienter Logistik sind für beide charakteristisch gewesen.

Beide Feldherrn verstanden es auch, ihre jeweiligen Truppen emotional zu motivieren. Dass dabei die jeweils zu erhoffende große Beute eine wesentliche Rolle spielte, ist evident. Beide verfügten zudem dank ihrer persönlichen Ausstrahlung über treue und verlässliche, dabei außerordentlich begabte Unterführer und Freunde: Scipio in Laelius und Massinissa, Hannibal in seinen Brüdern.

Im politischen Bereich lösten die beiden Oberbefehlshaber beträchtliche Spannungen aus; dies gilt insbesondere für Scipio. Dessen Erwartungshaltung war geradezu extrem: Er forderte permanente und höchste Anerkennung seiner gewiss hervorragenden Leistungen und – trotz demonstrativer Orientierung an der traditionellen Ämterlaufbahn – im Grunde eine Sonderstellung in Staat und Gesellschaft, die durchaus mit der späteren des Pompeius Magnus im 1. Jahrhundert zu vergleichen ist.

Zunächst wurden Scipios Hoffnungen auch nicht enttäuscht. 199 ist er zum Censor gewählt, zugleich zum princeps senatus, der angesehensten gesellschaftlichen Position innerhalb der römischen Führungsschicht, er-

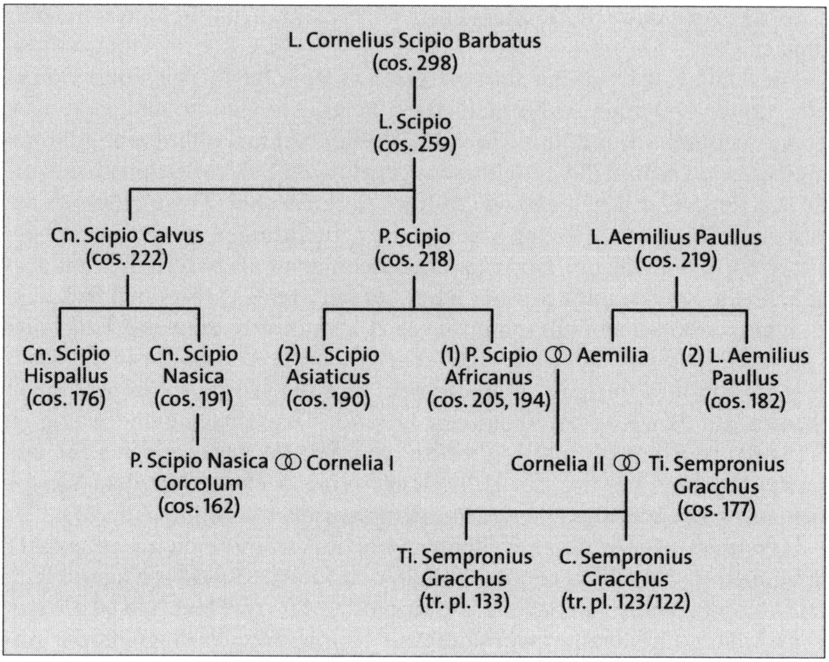

Abb. 23: Stammtafel Scipios.

hoben worden. 194 erlangte er dann auch ein zweites Mal regulär das Konsulat. Doch in den großen Auseinandersetzungen Roms mit den hellenistischen Mächten der neunziger Jahre des 2. Jahrhunderts wurden ihm anfangs aktive Führungspositionen vorenthalten, bis er schließlich im Jahre 190 als Legat seines Bruders, des Konsuls Lucius Scipio, in den Kämpfen und den Friedensverhandlungen mit dem seleukidischen Herrscher Antiochos III. ein letztes Mal seinen Einfluss entfalten konnte.

Gerade diese erneute Profilierung dürfte mit zum Anwachsen der Kritik, Médisance und Verdächtigungen gegenüber den Scipionen beigetragen haben, die sich schließlich in den nicht völlig aufzuklärenden 'Scipionenprozessen' niederschlugen.[12] Der inneren Opposition gegen die Scipionen gelang es schon im Jahre 187, zwei Volkstribunen zu bewegen, von ihnen eine genaue Abrechnung über jene Gelder zu verlangen, die beide von Antiochos III. erhalten und angeblich unterschlagen hatten. Es ist bezeichnend, wie der Africanus darauf reagierte: Er ließ zwar die Abrechnungen aus dem Haus seines Bruders herbeischaffen, doch dann zerriss er sie vor aller Augen und warf die Fragmente seinen Anklägern vor die Füße.

Diese Überreaktion ist zwar teilweise verständlich, doch trug sie nur zum weiteren Anwachsen der Opposition gegen den hochfahrenden Mann, der sich über Gesetze und Recht stellte und im Grunde eine 'königliche' Stellung innerhalb der Römischen Republik beanspruchte, bei. Bald darauf erfolgten neue Verdächtigungen und Anklagen, die wohl im Zusammenhang mit Scipios Verhandlungen mit Antiochos III. standen. Da sie auf den Tag der Schlacht von Zama gefallen waren, konnte der Africanus wiederum provozierend reagieren. Er fühlte sich offensichtlich über alle Verpflichtungen zur Rechenschaftslegung und Kontrolle erhaben. Als schließlich Cato, Scipios kraftvollster Gegner, im Jahre 184 die Censur erlangte, zog sich Scipio in eine verbitterte Selbstisolierung auf seinem Gut Liternum in Kampanien zurück. Sein Hass auf die undankbare Vaterstadt ging so weit, dass er anordnete, ihn auch auf diesem Gut und nicht im Familiengrab in der Hauptstadt beizusetzen.

Scipio war mit der Tochter des in Cannae gefallenen L. Aemilius Paullus verheiratet, die ihm zwei Töchter schenkte. Deren ältere, Cornelia, heiratete Scipio Nasica, die jüngere, ebenfalls eine Cornelia, Tiberius Sempronius Gracchus. Sie wurde zu einer der berühmtesten Frauengestalten der späten Römischen Republik, zur 'Mutter der Gracchen'.[13]

Die Entwicklung des Scipio Africanus vom jugendlichen Befehlshaber in Spanien zum hervorragenden Feldherrn und Sieger des 2. Punischen Krieges, danach zur umstrittenen Führungsgestalt innerhalb der Aristokratie und schließlich zu einem resignierten und verbitterten Außenseiter der römischen Gesellschaft entbehrt nicht tragischer Züge. Und doch steht der im Jahre 183 – im Todesjahr auch Hannibals – Verstorbene am Beginn weitreichender Initiativen und Konsequenzen: Außenpolitisch setzt nun geradezu schubartig Roms imperialistische Expansion ein, die den Westen wie den Osten des gesamten Mittelmeerraums erfassen sollte.[14]

Innen- und verfassungspolitisch ist mit seinem Namen erstmals die Trennung von Amt und Amtsgewalt verbunden, jenes Phänomen, das die Voraussetzung für die außerordentlichen Imperien der späten Römischen Republik und des Principats bildete. Ähnliches gilt für die Bereiche von Religion und Ideologie und deren Zusammenhängen mit den Elementen des späteren römischen Herrscherkultes wie der Principatsideologie. Scipios Inanspruchnahme besonderer göttlicher Unterstützung, wie der angeblichen Hilfe Neptuns bei der Einnahme von Neukarthago, sein regelmäßiges und demonstratives Gespräch mit dem kapitolinischen Iupiter, seine enge Verbindung mit Alexander dem Großen und schließlich die Stilisierung seiner Person als Verkörperung von virtus und felicitas sind erste Anzeichen der künftigen Überhöhung führender römischer Politiker.[15]

Der Sufet Hannibal – Roms Intervention – Flucht

Jeder biographischen Darstellung des letzten Drittels von Hannibals Leben (201–183) stehen beträchtliche Schwierigkeiten entgegen. Einerseits sind keine zusammenhängenden und ausführlichen antiken Quellen für diesen Zeitraum seiner Vita erhalten, andererseits wurde schon früh versucht, die Lücke durch angebliche Episoden, phantasievolle Szenen und Einzelheiten zu füllen. Da auch von Seiten Hannibals keine direkten Äußerungen über seine Ziele, Erlebnisse und Erfahrungen in jener Zeitspanne vorliegen, ist es verständlich, dass in der modernen Hannibalforschung immer wieder mit zum Teil sehr weitgehenden Annahmen, Unterstellungen und Hypothesen gearbeitet worden ist. Angesichts dieser Sachlage dürfte sich gegenüber unbelegten Rekonstruktionsversuchen Zurückhaltung empfehlen.

Eine Tatsache muss freilich von Anfang an mit Nachdruck unterstrichen werden: Im Unterschied zur Epoche des 2. Punischen Krieges konnte Hannibal nach 201 nicht mehr unabhängig handeln. In allem, was er plante und zu realisieren versuchte, war er zur Berücksichtigung der innenpolitischen Entwicklungen in Karthago gezwungen, mehr noch jedoch des konstanten Misstrauens von Rom gegenüber seiner Person sowie der Reaktionen hellenistischer Herrscher und Städte auf die Aktivitäten des Flüchtlings. Dass diese Konstellation und diese Rahmenbedingungen eine so dynamische Persönlichkeit und einen ehemaligen Oberbefehlshaber wie Hannibal, einen Mann auf der Höhe seines Lebens, Fesseln anlegte, ist wohl offenkundig.

Nach 201 erfolgten Hannibals erste Schritte in Karthago in einer ungewöhnlich zerrissenen und erbitterten politischen Atmosphäre. Zwar konnte er sich nach wie vor auf eine relativ breite Anhängerschaft stützen, doch zunächst bestimmten seine Gegner im karthagischen Rat die Politik. Diese Angehörigen der Führungsschicht belasteten Hannibal mit Kriegsschuld und Niederlage. Gleichzeitig erstrebten sie eine opportunistische und beflissene Kooperation mit Rom, dies sowohl, um ihre gesellschaftliche Stellung abzusichern, als auch, um in den bevorstehenden Auseinandersetzungen mit Massinissa bei der immer weiter ausgreifenden italischen Führungsmacht Rückhalt zu finden.

Wie gezeigt wurde, entsprach es durchaus karthagischer Tradition, besiegten Feldherrn den Prozess zu machen. Dies widerfuhr auch Hannibal. Ihm wurde einmal vorgeworfen, dass er Rom nach Cannae aus persönlichen Motiven nicht angegriffen habe, obwohl ein Sturm auf die Stadt nahe gelegen habe und nach Meinung der Ankläger auch durchaus realisierbar gewesen sei. Einen zweiten Anklagepunkt bildete die angebliche Unterschlagung von Beute.

Auf Grund seiner überzeugenden Verteidigung und der effizienten Unterstützung seiner Freunde und Anhänger konnte die Anklage niedergeschlagen werden. Ob dabei das Argument der völlig unzulänglichen karthagischen Nachschubleistungen und Verstärkungen Hannibals eine entscheidende Rolle spielte, ist nicht gesichert. Seine Stellung als karthagischer Stratege konnte Hannibal demnach vorläufig beibehalten. Die Hauptaufgabe der geringen Sicherungstruppen der Stadt dürfte die Verteidigung ihres Gebietes gegenüber den zu erwartenden Forderungen Massinissas gewesen sein. Es mag zutreffen, dass sie daneben von Hannibal auch zur Anpflanzung von Olivenbäumen verwendet wurden.

Doch schon im Jahre 200 sah sich eine karthagische Gesandtschaft in Rom mit der Forderung nach Hannibals Ablösung konfrontiert, die auch prompt vollzogen worden ist. Trotz der nur noch schwachen militärischen Mittel, über die Karthago damals verfügte, war der dämonisierte Feldherr für Rom nach wie vor eine potentielle Gefahr, die schon prophylaktisch eliminiert werden sollte. Allem Anschein nach hat sich Hannibal fortan stärker im innenpolitischen Sektor engagiert. Wohl im Jahre 196 wurde er zum Sufeten gewählt und erlangte dadurch im engeren lokalen Bereich beträchtliche Kompetenzen sowie eine herausragende Autorität, an der er auch nicht rütteln ließ. Die Tragweite und die Ziele seiner Initiativen sind freilich umstritten.[16]

Unverkennbar ging es ihm zunächst um eine effiziente Reorganisation von Verfassung und Verwaltung der Stadt. Diese war vor allem im finanziellen und Steuerbereich notwendig geworden, weil die Belastungen der Bürger durch das kontinuierliche Aufbringen der Abgaben an Rom immer größer zu werden drohten. Aus Reibungen mit einem leitenden Steuerbeamten, der seine Unabhängigkeit gegenüber Hannibal durchzusetzen suchte, entwickelte sich eine Auseinandersetzung um die Reform des Gerichtshofes der 104.

Der Sufet Hannibal brachte einen Gesetzesentwurf ein, nach dem die Dauer der Zugehörigkeit zu diesem Gremium verändert wurde. War bisher die kontinuierliche Mitgliedschaft auf Lebenszeit die Regel, so wurde sie für die Zukunft auf ein Jahr begrenzt. Eine Wiederwahl war zwar möglich, allerdings jeweils nur frühestens nach einem einjährigen Intervall. Einerseits war damit die Geschlossenheit der privilegierten Angehörigen dieser Korporation aufgehoben, andererseits wurden durch die Neuregelung nun einem größeren Personenkreis Aufstiegschancen in dieses Gremium ermöglicht. Nicht zuletzt sind hierdurch die Kompetenzen der Volksversammlung wesentlich erweitert worden. Sie konnte fortan regelmäßig die Auswahl der Bewerber vornehmen. Dass sich Hannibal mit dieser einschneidenden Reform innerhalb der Führungsschicht eine große Zahl von erbitterten Feinden schuf, ist einsichtig.

Abb. 24: Stationen der Flucht Hannibals.

Nicht geringeres Aufsehen erregte daneben seine rigorose Kontrolle und Reform des Steuer- und Abgabenwesens. Hier beseitigte er Missstände und Korruptionsmöglichkeiten. Es erwies sich, dass auf die drohende Erhöhung der Abgaben verzichtet werden konnte, wenn lediglich eine korrekte und effiziente Einziehung der gesetzmäßigen Beträge gewährleistet war. Wie immer man diese Reform bezeichnen mag, sie stellte jedenfalls einen offenkundigen Erfolg von Hannibals Verwaltungsimpulsen dar, der freilich wiederum die Reihen seiner Gegner noch weiter vergrößerte.

Diese wurden nun in Rom aktiv. Ihre Beschuldigungen, dass Hannibal mit dem seleukidischen König Antiochos III. konspiriere, ja mit diesem zusammen eine neue militärische Auseinandersetzung mit Rom plane, fielen bei den stets misstrauischen und übersensibilisierten Senatoren auf fruchtbaren Boden. Es nützte nichts, dass Scipio Africanus zur Zurückhaltung riet, die Bezichtigungen fanden Glauben und führten dazu, dass 195 eine dreiköpfige Gesandtschaft nach Karthago entsandt wurde, um das Problem zu beseitigen.

Die drei Senatoren wählten den Vorwand, einen Konflikt zwischen Karthago und Massinissa zu untersuchen. Doch Hannibal ahnte deren Absicht, ihn inhaftieren und ausliefern zu lassen. Umsichtig hatte er deshalb seine Vorbereitungen getroffen. In einem nächtlichen Gewaltritt erreichte er sein Landgut bei Thapsos, wo sein Fluchtfahrzeug bereit lag, auf dem er wohl auch ausreichende Mittel für seinen künftigen Lebensunterhalt sowie für weitere Aktivitäten deponiert hatte. Sein erstes Ziel war Karthagos alte Mutterstadt Tyros, die im seleukidischen Herrschaftsgebiet lag.

In Karthago ließen die römischen Gesandten nun ihre Masken fallen. Sie beschuldigten Hannibal jetzt ihrerseits, bei Antiochos III., Philipp V. und den Ätolern Initiativen zum Kampf gegen Rom ergriffen zu haben – Initiativen, die nie bewiesen wurden –, und forderten die eindeutige Distanzierung des karthagischen Rates von solchen Plänen. Die Ratsmitglieder überboten sich in ihrer Unterwürfigkeit: Hannibal wurde verbannt, sein Haus bis auf die Fundamente zerstört, sein Besitz eingezogen (Abb. 24).

VII. Neue Kämpfe und Ende

Im Dienst hellenistischer Herrscher

Gegen Ende des 3. Jahrhunderts hatte sich das politische Kräftefeld im Osten des Mittelmeerraumes tiefgreifend verändert.[1] Von einem Gleichgewicht der hellenistischen Monarchien konnte keine Rede mehr sein. Philipp V. von Makedonien und der Seleukide Antiochos III., der Große, nutzten eine Schwächephase der ptolemäischen Monarchie Ägyptens zu Agressionen auf deren Außenbesitzungen in dem weiten Bogen von Phönikien bis nach Thrakien (Abb. 25).

Während Philipp V. im 2. Makedonischen Krieg (200–197) von Rom auf Grund eines Ersuchens von Rhodos und Pergamon aus dem Felde geschlagen wurde und seither strikte Zurückhaltung übte (S. 106), wurde Antiochos III. zur dominierenden und unberechenbaren Gestalt. Der wohl 243/2 geborene und seit 223 regierende seleukidische Herrscher hatte schon als junger Monarch beträchtliche militärische Erfolge erzielt. Den Höhepunkt bildete dabei jener legendäre Orientfeldzug der Jahre 212 bis 205, in dem er auf den Spuren Alexanders des Großen die verlorenen 'Oberen Satrapien' des Seleukidischen Reiches (Armenien, Parthien, Baktrien, Gandhara) wiedergewinnen konnte.

Antiochos' Aktivitäten in Kleinasien, vor allem sein Übergang über den Hellespont im Jahre 196 und danach sein Vorstoß nach Thrakien mussten freilich notwendig zum Konflikt mit Rom führen. Angesichts dieser Konstellation ist es begreiflich, dass Hannibal im seleukidischen Machtbereich in allen Ehren aufgenommen wurde. Er war von Tyros aus zunächst nach Daphne gereist, wo ihn Seleukos, der Sohn Antiochos' III., freundlich empfing und ihn zum Hauptquartier seines Vaters in Ephesos weiterleitete. Auch dort war der berühmte Feldherr und Rom-Gegner hochwillkommen. Er konnte Antiochos militärisch beraten und Einfluss auf dessen weitere Planungen nehmen. Dass er dabei von Anfang an einen strikt antirömischen Kurs und entsprechende komplexe Rüstungen und Bereitstellungen empfahl, ist verständlich.

Die persönlichen Beziehungen zwischen Hannibal und Antiochos begannen zwar in voller Harmonie. Der König respektierte offensichtlich Hannibals Erfahrungen und mochte glücklich sein, einen zuverlässigen Kenner der Verhältnisse des westlichen Mittelmeerraums und nicht zuletzt des römischen Heerwesens an seiner Seite zu wissen. Doch nach seinen imponierenden Erfolgen im Orient und zuletzt in Kleinasien war er

Abb. 25: Antiochos III. von Syrien.

auch von hohem Selbstbewusstsein erfüllt und auf die Anerkennung seiner Autorität bedacht.

Die üblichen Reibungen, Meinungsverschiedenheiten und Animositäten innerhalb seiner Berater und seines Hofes kamen hinzu, um Hannibals Lage zu erschweren. Sich in solcher Umgebung zu behaupten, war der Emigrant nicht gewohnt, vor allem nicht, den Machthaber kontinuierlich von der Überlegenheit seiner Pläne überzeugen und zu deren Realisierung in denkbar weitem Umfang dessen Unterstützung erbitten zu müssen. Dabei sind zu Beginn die konträren strategischen Erfahrungen und Konzeptionen des Königs und Hannibals nicht zu übersehen. Antiochos III. hatte bisher jeweils einheitliche militärische Operationen in eigener Person geleitet und seine Siege dieser effizienten Geschlossenheit der Kampfhandlungen verdankt. Hannibal dagegen dachte in weiteren Perspektiven. Sein Krieg gegen Rom lehrte ihn die Interdependenzen verschiedener Schauplätze, wobei Italien und Rom stets den zentralen Raum seines strategischen Denkens bildeten. Hannibal blieb nach wie vor davon überzeugt, dass weitausholende, konzentrische Operationen gegen die italische Großmacht, und nur diese, zum Erfolg führen konnten.

Im Rahmen einer solchen Konzeption ist sein Vorschlag zu sehen, Antiochos möge ihm ein Expeditionskorps von immerhin 10000 Fußsoldaten und 1000 Kavalleristen zur Verfügung stellen, das auf 100 Kriegsschiffen zunächst Karthago ansteuern sollte, um die Stadt zu einem neuen Revanchekrieg gegen Rom zu stimulieren. Sollte dies jedoch nicht gelingen, so würde die Flotte eine Invasion Italiens einleiten. Parallel zu diesem Angriff von Südwesten her aber war geplant, dass das Heer des Antiochos zunächst Griechenland okkupieren und von dort aus dann ebenfalls in Italien einfallen sollte. Diese weitgespannte, konzentrische Umfassungsoffensive gegen Rom dokumentiert gewiss eine risikovolle und kühne Strategie – ob sie angesichts der Stärke des Gegners und seiner Verbündeten in Italien wie in Griechenland und Kleinasien zu realisieren war, musste sich zeigen.

Dass Hannibal im Rahmen jener Unternehmung den Oberbefehl über den Westflügel erhalten sollte, verstand sich für ihn von selbst. Zunächst stimmte der König den Vorbereitungen zu einem solchen Vorhaben auch durchaus zu. In deren Rahmen ist Hannibals Vertrauensmann Ariston von Tyros nach Karthago entsandt worden, um dort zu sondieren und mit alten Anhängern der Barkiden Verbindung aufzunehmen. Allein Aristons Aktivitäten wurden entdeckt und eine Untersuchung gegen ihn eingeleitet; einer Verurteilung konnte sich der Agent jedoch durch die Flucht entziehen. Der karthagische Rat meldete den Vorfall sogleich nach Rom, profitierte indessen von seiner Unterwürfigkeit nicht.

Zu einer Krise in den Beziehungen zwischen Hannibal und Antiochos kam es im Jahre 193, als eine römische Gesandtschaft nach Ephesos kam, um dort von Antiochos die Wiederherstellung der Freiheit der von diesem besetzten griechischen Städte Kleinasiens zu erwirken. Da sich der König damals in Pisidien aufhielt, benutzten die Senatoren die Gelegenheit, um auch mit Hannibal Kontakt aufzunehmen. Dass ihn diese vor allem bei Antiochos diskreditieren und dessen Misstrauen gegen ihn schüren wollten, ahnte er nicht. Es dauerte einige Zeit, bis Antiochos' Reserven gegenüber seinem Ratgeber beseitigt waren. In dem entscheidenden Gespräch soll Hannibal angeblich, wie schon erwähnt wurde (S. 46), auf seinen 'Knabeneid' hingewiesen haben.

Nachdem die Verhandlungen mit der römischen Gesandtschaft ergebnislos endeten, musste im Rat des Königs schließlich die Entscheidung zwischen Krieg und Frieden fallen. Antiochos trat am Ende einem Plan des Akarnanen Alexander bei, der Hannibals Feldzugskonzeption modifizierte. Der Schwerpunkt der Offensive gegen Rom sollte nun auf griechisches Territorium verlegt werden, Hannibal aber den Auftrag erhalten, in

Nordafrika einen zweiten Kriegsschauplatz gegen die Römer zu organisieren. Der Radius der Kampfhandlungen würde sich so zwar verengen, Elemente des Grundgedankens würden jedoch beibehalten werden.

Da ein Mitglied des königlichen Rates, der Ätoler Thoas, auch weiterhin gegen eine führende Beteiligung Hannibals am bevorstehenden Feldzug intrigierte und Antiochos verunsicherte, wurde Hannibals Vorstoß jedoch zurückgestellt. Sein Einsatz sollte zuletzt lediglich aus einer Fahrt mit fünf Schiffen nach Karthago bestehen, um die Stadt zum Abfall von Rom zu bringen, eine nach Lage der Dinge völlig illusorische Initiative. Hannibal brach zwar auf, landete aber schon in Kyrene, um von dort aus zu agieren. Als sich seine Fühlungnahme als ergebnislos erwies, kehrte er zu Antiochos zurück, um in dessen Stab an den Operationen in Griechenland mitzuwirken.

Nach dem Bericht des Livius[2] unternahm Antiochos seinen Griechenlandfeldzug und damit den Krieg gegen Rom mit ganz unzulänglichen Kräften. Die Offensive litt von Anfang an darunter, dass das immense Potential des Seleukidischen Reiches nur zu einem Bruchteil mobilisiert worden war: Mit den aufgebotenen 10000 Mann Fußtruppen, ganzen 500 Reitern und 6 Elefanten, den 100 großenteils leichten Kriegsschiffen und 200 Lastschiffen war die Eroberung ganz Griechenlands nicht zu erreichen, an einen erfolgreichen Kampf gegen die Römer erst recht nicht zu denken.

Allem Anschein nach wurde Hannibal, der den Beginn der Offensive mit großer Skepsis verfolgt haben mag, an deren Leitung zunächst nicht beteiligt. Er trat erst wieder in einer Beratung des Kriegsrates in Demetrias während des Winters 192/1 in Erscheinung. Kritisch soll er sich dabei mit der bisherigen Konzeption des Angriffs wie mit den politischen Fragen des Krieges befasst haben, ein Bündnis mit Philipp V. angeraten, die Verwirklichung seines alten Planes mit dem Brennpunkt Italien, nicht zuletzt aber eine Generalmobilisierung aller Kräfte des Reiches empfohlen haben.

Wie immer es um Einzelheiten und Modifikationen des ersten strategischen Konzepts Hannibals bestellt ist, seine Konzeption wies den gravierenden und provozierenden Fehler auf, dass dem König selbst innerhalb einer solchen Planung lediglich eine völlig untergeordnete Rolle zukam, die entscheidenden Aktionen in Italien aber unter Hannibals persönlicher Leitung stünden. Es zeigt sich hier nicht nur ein Mangel an diplomatischem Geschick Hannibals, sondern zugleich eine unzulängliche psychologische Einschätzung der Persönlichkeit des Monarchen wie der Funktionen, die Antiochos III. seinem Berater allenfalls zubilligen würde.

Die Ergebnisse einer solch kritischen und realistischen Stellungnahme konnten nicht überraschen: Seine Vorschläge wurden zwar respektvoll angehört, eine Verstärkung der Rüstungen auch in begrenztem Umfange eingeleitet – der Gesamtplan selbst indessen verworfen, die zu erwartenden Schwierigkeiten des Feldzugs und das Ausmaß der römischen Gegenkräfte bei weitem unterschätzt. Dass selbst Karthago bereit war, den Römern für ihren Abwehrkampf kostenlos große Getreidemengen, jeweils 500 000 Scheffel Weizen und Gerste, sowie Schiffe zur Verfügung zu stellen und gar die sofortige Begleichung der Kriegsschuld anbot, zeigt, wie umfassend die Unterstützung gewesen ist, die Rom für die neue Auseinandersetzung von seinen Verbündeten erhielt.

Die Ereignisse des Jahres 191 sollten dann Hannibals Einschätzung des beiderseitigen Potentials und der Lage bestätigen. Nach dem römischen Sieg an den Thermopylen räumte Antiochos III. Griechenland. Er machte sich auch die Auffassung seines Ratgebers zu Eigen, dass die Römer bald bis nach Kleinasien vorstoßen würden und deshalb alles darauf ankäme, die seleukidische Flotte am Hellespont zu konzentrieren und die Verteidigung Kleinasiens vorzubereiten. Hannibal selbst wurde jedoch mit einer logistischen Aufgabe betraut, für die er keine Erfahrungen besaß. Als subalterner Flotillenchef sollte er einen Teil der phönikischen Flotte des Antiochos in die Ägäis überführen.

Die mit den Römern verbündeten Rhodier griffen den gesamten seleukidischen Flottenverband vor Side an. Obwohl die Rhodier zahlenmäßig unterlegen, physisch geschwächt und durch taktische Fehler behindert waren, errangen sie in dem Seegefecht einen eindeutigen Erfolg. Auch Hannibal wurde mit seinen Schiffen in die allgemeine Flucht der seleukidischen Flotte mitgerissen und konnte deshalb seinen Auftrag nicht erfüllen. Sein erster aktiver Kampf zur See hatte in einem Debakel geendet.

An der Entscheidungsschlacht des Krieges bei Magnesia am Sipylos (190), die den Niedergang der seleukidischen Monarchie nach sich zog, war Hannibal nicht beteiligt. Antiochos III. sah sich nun zum Friedensschluss von Apamea im Jahre 188 gezwungen, ermöglichte Hannibal jedoch trotz all seiner Ressentiments die Flucht vor den Römern, als diese seine Auslieferung gefordert hatten.

Damit begann Hannibals letzter Lebensabschnitt, der in den Jahren zwischen 190 und 183 durch rasche Wechsel seiner Zufluchtsorte und ständige Bedrohung gekennzeichnet wurde. Die erste Station war die Stadt Gortyn auf Kreta, in der er freilich nur ein Jahr lang relative Sicherheit genoss. Doch als der römische Flottenbefehlshaber, der Prätor Q. Fabius Labeo, weitgehende Eingriffe auf Kreta vornahm, musste er weiterfliehen, diesmal nach Armenien, mit dessen König Artaxias er bei Antiochos III. Kontakt gewonnen hatte. Er soll dort die Leitung des Baus von dessen neuer Hauptstadt Artaxata übernommen haben.[3] Doch als der römische Einfluss in Kleinasien nach Apamea immer weitere Kreise erfasste, musste auch Artaxias die neue Lage anerkennen. Der Flüchtling sah sich zu einem neuen Wechsel der Zuflucht gezwungen.

Das Ende

Aufgrund der politischen Eingriffe Roms in Kleinasien war es dort zu einer militärischen Auseinandersetzung zwischen den Königen Eumenes von Pergamon und Prusias von Bithynien gekommen.[4] Sie entstand deshalb, weil der römische Senat im Zuge seiner Neugliederung des Territoriums seinem Verbündeten Eumenes die Landschaft Phrygia Epiktetos zuwies, die zum Herrschaftsgebiet des Prusias zählte. Es war deshalb nahe liegend, dass Hannibal für sich in Bithynien nicht nur Sicherheit, sondern zugleich die Möglichkeit aktiven Einsatzes gegen Rom sah (Abb. 26).

Tatsächlich versicherte sich Prusias seines Rats wie seiner Hilfe. Paradoxerweise wurde Hannibal auch hier als Flottillenkommandant der schwachen bithynischen Flotte eingesetzt. Ob er in einem Seegefecht mit König Eumenes tatsächlich Töpfe, in denen Giftschlangen lagen, gegen dessen Schiff schleudern ließ, ist wohl zu Recht bestritten worden.[5]

Wichtiger war, dass der ewig unruhige Mann auch jetzt noch seine antirömischen Initiativen fortsetzte. So soll er in Kleinasien Verbündete gegen Rom geworben haben. Fest steht, dass er in griechischer Sprache ein Schreiben an die Rhodier über den berüchtigten Plünderungszug des Cn. Manlius Vulso in Kleinasien aus dem Jahre 189 verfasste.[6] Ob er in Prusias' Auftrag 184 auch die Stadt Prusa gründete, ist ungewiss.

Unbestreitbar leistete Hannibal Prusias wertvolle Hilfe. Doch als im Jahre 183 T. Quinctius Flamininus beim König erschien, um dessen Kampf gegen Pergamon beizulegen, erntete der Flüchtling keinen Dank. Ob Flamininus auch den Auftrag hatte, Hannibals Auslieferung zu erwirken, oder – was wahrscheinlicher ist – dies von sich aus forderte, ist kaum schlüssig zu entscheiden. Hannibal war jedenfalls auch darauf vorbereitet (Abb. 27).

Sein letzter Wohnsitz lag an der Küste von Libyssa und wies sieben unterirdische Fluchtwege auf; doch diese waren verraten und von Soldaten des Prusias besetzt worden. Der König, den Mommsen einst als den „jämmerlichsten unter den Jammerprinzen Asiens"[7] bezeichnete, hatte den Flüchtling seiner opportunistischen Politik gegenüber Rom geopfert. Den so häufig idealisierten 'Befreier Griechenlands',[8] dessen Verhalten sich selbst qualifizierte, hat Hannibal, noch ehe er Gift nahm, in seinen letzten Worten gebrandmarkt: *Wir wollen das römische Volk von einer langen Sorge befreien, da sie glauben, es dauere zu lange, auf den Tod eines alten Mannes zu warten. Flamininus wird keinen großen und keinen denkwürdigen Sieg über einen unbewaffneten und verratenen Mann davontragen.*[9]

Abb. 26: Prusias I. von Bithynien.

Abb. 27: T. Quinctius Flamininus.

VIII. Antike und moderne Hannibal-Bilder

Ehe am Ende dieser Hannibal-Biographie eine Beurteilung der Persön lichkeit gegeben werden kann, ist es notwendig, kurz die Gesamtentwicklung des Hannibal-Bildes zu analysieren. Dabei wird keine Vollständigkeit der Bewertungen erstrebt, sondern lediglich ein Überblick über wesentliche oder repräsentative Quellen und Forschungspositionen. Ziel des Kapitels ist es dabei, die Voraussetzungen wie die Eigenart der antiken Perspektiven ebenso ins Bewusstsein zu führen wie den Wandel moderner wissenschaftlicher Aspekte, um auf diese Weise Wirkungsgeschichte und Resonanz Hannibals wenigstens in Umrissen zu erschließen.[1]

Römische Republik

Den Ausgangspunkt muss hier das Hannibal-Bild des Polybios[2] bilden, unter den ältesten erhaltenen Schilderungen der Taten und der Persönlichkeit Hannibals diejenige, die wenigstens so ausführlich ist, dass die persönlichen Akzente des Autors eindeutig zu erfassen sind. Ihre Bedeutung erhält die Darstellung des Polybios aber auch dadurch, dass sie sich dem von Fabius Pictor und der frühen römischen Annalistik vorgeformten Urteil nicht einfach unterwirft, sondern bei aller Berücksichtigung der römischen Interessen im Ganzen dennoch in vielen Einzelheiten die Unabhängigkeit des persönlichen Urteils festhält.[3]

Im Unterschied zu Livius und zu Cassius Dio, die ihre Leser später vor der Schilderung von Hannibals Kämpfen durch eine in sich geschlossene Gesamtcharakteristik voreingenommen haben, tritt Hannibal bei Polybios zunächst lediglich als Erbe von Hamilkars Hass und als Mitverschworener gegen Rom auf. Später erscheint er dann als handelnde Gestalt, an der besonders zwei Züge herausgearbeitet werden: Einmal ist er der zum Kriege entschlossene, dynamische junge Mann, zweitens der militärisch hoch begabte, vorausschauende Feldherr. Auf seinen Feldzügen bedient sich Hannibal mit besonderer Vorliebe der Listen, so schon in den spanischen Kämpfen, im Gefecht an der Trebia, im Winterlager in Norditalien, wo Hannibal häufig Kleidung und Barttracht wechselt, weil er den Kelten nicht traut. Von der Anwendung solcher List führt jedoch eine Linie zur Verstellung und zur Lüge, und solche Unaufrichtigkeit wirkt sich dann gelegentlich doch auch zu Hannibals Ungunsten aus.

Trotz dieser kritischen Reserve bewunderte Polybios den Feldherrn Hannibal; der ehemalige Kavalleriekommandeur und militärische Experte traute sich hier ein durchaus sachkundiges Urteil zu. Die schwierigen, den Gegner häufig so überraschenden Operationen Hannibals werden deshalb von Polybios ebenso gewürdigt wie die Tatsache, dass es bei einem so bunt zusammengewürfelten Heer in all den Kriegsjahren nie zu einer Meuterei gegen Hannibal gekommen ist und dass nie ein Attentat auf ihn verübt wurde. Für Hannibals glänzende strategische und taktische Begabung lässt Polybios indessen nicht allein die Siege und Erfolge sprechen, sondern er hebt auch nach der Schilderung von Zama hervor, dass Hannibal als Feldherr in dieser Schlacht alles Erforderliche getan habe.

Die Feldherrnkunst Hannibals wertet Polybios dabei nicht als bloßes Spezialistentum und nicht nur als Ausfluss militärischer Erfahrung, sondern in erster Linie als eine hohe geistige Leistung. Wiederholt hebt Polybios hervor, dass Hannibal die Gegner und deren Reaktionen richtig beurteilte; er anerkennt Hannibals Voraussicht, die das eigene Handeln jeweils abhängig machte vom Verhalten der feindlichen Führer. Auch bei der allgemeinen Beurteilung seiner Feldherrnkunst wird insbesondere die geistige Spannkraft (agchinoia) herausgestellt. Schon für seine Wahl zum Strategen war dieses Kriterium mit ausschlaggebend.

In der polybianischen Hannibal-Charakteristik[4] fallen daneben andere Momente auf. Dort steckte der Historiker zuerst den Radius von Hannibals Einfluss auf den Gang des politischen und militärischen Geschehens ab. Da er der Auffassung war, dass die Ereignisse in Spanien, Italien, Sizilien, Illyrien und selbst in Griechenland wenigstens zeitweilig durch Hannibals Willen gelenkt wurden, da Hannibal im westlichen Mittelmeerraum ebenso wirkte wie im östlichen, gewann er in der universalhistorischen Konzeption des polybianischen Werks einen ganz besonderen Rang. Hannibal war für Polybios eine der wenigen historischen Persönlichkeiten, welche die früher gegebenen Geschichtskreise zu jener umfassenden organischen Einheit der mediterranen Geschichte zusammenführten, die dann Rom ausgefüllt und beherrscht hat. Hier liegt im Kern schon eine universalhistorische Wertung zugrunde, wie sie dann von der modernen Universalgeschichte und Geschichtsphilosophie gelegentlich wieder aufgenommen worden ist.

Nachdem Polybios so die Bedeutung Hannibals ins Licht gerückt hatte, ging er ausführlich auf die beiden Hauptvorwürfe ein, welche gegen ihn erhoben wurden, auf die Vorwürfe der Grausamkeit und der Habgier. Polybios begnügte sich hier nicht mit der Feststellung der Tatsachen, sondern knüpfte daran eine allgemeine Erörterung über die Abhängigkeit des Charakters von äußeren Einflüssen an. Er betonte in dieser Hinsicht erstens den Einfluss der Freunde, zweitens das Einwirken der Vielfalt des Geschehens. Für Hannibals Grausamkeit machte Polybios den Einfluss des Hannibal Monomachos mit verantwortlich; was seine Habgier anbelangt, so wurde Hannibals Fehler einerseits mit Mago, andererseits mit dem allgemeinen karthagischen Nationallaster in Verbindung gebracht und damit relativiert.

Hannibals Grausamkeit erklärte Polybios zunächst mit dem in ihn eingepflanzten Hass,[5] somit als kausale Folge des Hasses Hamilkars. In der Gesamtcharakteristik wird dagegen Hannibals Abhängigkeit vom Wandel der politischen und militärischen Lage unterstrichen und an den Vorgängen nach dem Verlust von Capua an die Römer illustriert. Da der Feldherr nicht mehr alle gefährdeten Positionen gleichzeitig sichern konnte, wurde er zur Preisgabe von verbündeten Städten gezwungen, und da es vor dem Abzug der punischen Garnisonen zu Ausschreitungen und zu Verbrechen kam, konnten die Vorwürfe der Treulosigkeit und der Grausamkeit nicht ausbleiben. Polybios' letztes Wort in dieser Sache ist, dass jedenfalls bei den Karthagern gegenüber Hannibal der Vorwurf der Habgier, bei den Römern dagegen derjenige der Grausamkeit vorherrschend sei.

Es ist unverkennbar, dass der polybianische Hannibal sehr eng mit seinem Vater und mit Karthago verbunden wurde, und es steht ebenso fest, dass auf ihn auch die typischen Züge eines schon lange erstarrten Punierschemas[6] übertragen worden sind: List, Grausamkeit, Habgier – Züge, die Hannibal zwar offenkundig zum Teil gelegentlich zeigte, doch auch Züge, mit welchen er in der Folgezeit weithin ausschließlich identifiziert wurde.

Doch sind dies nicht die spezifischen Merkmale des polybianischen Hannibal-Bildes. Denn obwohl jener auch bei Polybios auf die römische Entwicklung bezogen und mit den Kategorien des römischen Rechts gemessen wird, kennt Polybios darüber hinaus doch auch einen allgemein menschlichen Maßstab, den römische Vorurteile nicht berühren konnten. Vorherrschend bleibt bei ihm deshalb der Eindruck einer idealen Feldherrngestalt, die nicht allein an Rom, sondern auch an der Tyche gescheitert ist.

Während die gewiss positiven und rühmenden Darstellungen der Begleithistoriker Hannibals, Silenos und Sosylos,[7] nicht mehr rekonstruierbar sind, lassen sich die Tendenzen der frühesten römischen Äußerungen über Hannibal mit ziemlicher Sicherheit ermitteln.[8] Diese werden zunächst dadurch gekennzeichnet, dass die erwähnten Puniertopoi die persönlichen Eigenschaften und Verhaltensweisen Hannibals in ungleich gröberer Weise überdeckten, als dies in der distanzierteren Gestaltung des Polybios zu fassen ist.

Hannibal war danach der Rechtsbrecher; die Vorwürfe der Treulosigkeit und Grausamkeit ergaben sich von selbst. Seine List und Verschlagenheit traten offen genug zutage.[9] Livius wies später zudem darauf hin, dass Römer und Karthager im 2. Punischen Krieg mit besonders großem Hass kämpften.[10] Auch das Werk des Fabius Pictor wurzelt in diesem Grund.[11]

Die moderne Forschung hat sich bemüht, mit Hilfe quellenkritischer Untersuchungen die einzelnen Schichten und Persönlichkeiten der frührömischen Geschichtsschreibung und insbesondere der annalistischen Überlieferung zu erfassen, freilich nicht immer mit eindeutigen oder unbestrittenen Ergebnissen.[12] Für Fabius Pictor sind jedoch, nicht zuletzt dank der Polemik des Polybios, zumindest einige Perspektiven gesichert. Von ihm wurden die Herrsch- und Habsucht Hasdrubals und Hannibals besonders stark herausgearbeitet, dann jedoch auch die kriegsauslösende Wirkung von Hannibals Angriff auf Sagunt. Schon hier waren deshalb die Barkiden in einen Gegensatz zu Karthago gestellt, eine Auffassung, welche in der neueren Forschung unter anderen Vorzeichen teilweise wieder aufgenommen wurde.

Von den Annalisten haben dann vornehmlich Coelius Antipater und Valerius Antias eine stärkere Resonanz gefunden, der Erstere als Vorlage des T. Livius, der Letztere als eine der Hauptquellen der Hannibal-Partien Appians. Einzelne Züge dieser Hannibal-Bilder lassen sich mit hinreichender Sicherheit indirekt erschließen, so zum Beispiel die wiederholten Gräuelnachrichten des Valerius Antias. Wie immer man solche einseitigen Wertungen auch beurteilen mag, um große Geschichtsschreibung im antiken wie im modernen Sinne handelt es sich dabei nicht.

Wenn Polybios darauf hingewiesen hatte, dass der Hauptvorwurf, welchen die Römer gegen Hannibal erhoben, derjenige der Grausamkeit war, so zeigt Cicero, der wiederholt auf Hannibal zu sprechen kommt, dass dies noch zu seiner Zeit und für ihn selbst galt. Wenn er in diesem Zusammenhang freilich Hannibal mit Pyrrhos verglich,[13] so wie dies auch später noch gelegentlich geschah, so wurde er damit Hannibal nicht gerecht. Sieht man einmal von der Basis Tarent ab, auf die sich Pyrrhos von Anfang an stützen konnte, so ließ sich die Rechtlichkeit des Epeiroten in dem nur wenige Jahre währenden Kampf in Unteritalien zur Not durchhalten. Welche Maßnahmen er hätte treffen müssen, wenn er den Krieg gegen Rom im Lande selbst noch weitere zehn Jahre hätte führen müssen, ist eine andere Frage.

Doch neben den Vorwürfen der Grausamkeit und der Treulosigkeit kehren nun bei Cicero auch Bestandteile des polybianischen Hannibal-Bildes wieder. So wird Hannibal einerseits als scharfsinniger Mensch bezeichnet – andererseits neben Epameinondas den idealen Feldherrngestalten zugezählt.[14] Gemäß Ciceros Definition sind dabei die für den Kriegsherrn erforderlichen Fähigkeiten in Geist und Wissen begründet. Überlegung, Mannhaftigkeit und Leistungen Hannibals rühmt Cicero dann auch in seiner Rede pro Sestio, in der er zudem darauf hinweist, dass der von seinen eigenen Mitbürgern vertriebene große Gegner in Rom noch immer gefeiert werde.[15]

Ein Beispiel dafür, das in den Schulen des Altertums, des Mittelalters wie der Neuzeit gewiss mit am häufigsten gelesen wurde, stellt jene kurze Hannibal-Biographie dar, die Cornelius Nepos gegen Ende der Republik im Rahmen seiner großen Biographiensammlung berühmter Männer veröffentlichte, und zwar in dem vollständig erhaltenen Buch über die hervorragenden Anführer auswärtiger Völker.

Cornelius Nepos begründet dort[16] die Aufnahme von Hamilkar Barkas und Hannibal in seine Sammlung damit, dass diese beiden Männer alle Afrikaner an Geistesgröße und Schlauheit übertroffen hätten. Bereits zu Beginn der Hannibal-Biographie[17] wird im Übrigen die Klugheit Hannibals in denselben Rang erhoben wie die Tapferkeit des römischen Volkes. Und schon in der Einleitung räumt Cornelius Nepos ein, dass Hannibal die Römer tatsächlich hätte besiegen können, wenn er nicht durch den Neid der Bürger Karthagos gelähmt worden wäre. Die Schlussfolgerung lautet, dass die Missgunst vieler die Mannhaftigkeit eines großen Einzelnen besiegte – eine Auffassung, die in modifizierter Form in Christian Dietrich Grabbes Drama „Hannibal" von 1834 wiederkehren sollte.

Die Gewichtsverteilung in der kurzen Biographie ist überraschend und aufschlussreich zugleich: Die Schilderung des Knabenschwurs nimmt ebenso viel Raum ein wie die Behandlung der Ereignisse in Spanien. Die Erzählungen von Hannibals Überlistung der Einwohner von Gortyn und seiner Kriegslist in der Seeschlacht gegen Eumenes beanspruchen nicht weniger Platz als die Darstellung des ganzen 2. Punischen Krieges. Neben den Erfordernissen des biographischen Genos erklärt sich dies aus zwei Gründen: Einmal war der 2. Punische Krieg inzwischen bis zum Überdruss nacherzählt worden, sodass am Hannibal-Thema noch am ehesten der letzte Lebensabschnitt, die Zeit des Flüchtlings und des im Exil lebenden Gegners, auf das Interesse der Leser stieß.

Zum andern aber ging es Cornelius Nepos darum, zu zeigen, mit welchen Listen der Schlaueste von allen seine Feinde übertölpelte, selbst einen Quintus Fabius Maximus, der seinerseits als schlauester Imperator apostrophiert wird.[18] Das Ergebnis dieser Methode war dann freilich der Vorrang der Episode vor der Analyse des Charakters, die Betonung des Effekts auf Kosten der Systematik. So werden bei Nepos im vierten Kapitel der Hannibal-Biographie die Niederlagen Roms im 2. Punischen Krieg einfach in lapidarem Stile aufgezählt; gerade die Kette der Namen wirkt besonders stark. Zwei Sätze genügen, um das ganze Ausmaß der Niederlage von Cannae in Erinnerung zu rufen. Selbst der Name des Schlachtortes ist dabei noch ausgespart.

Der ganze Krieg erscheint hier als eine ununterbrochene Serie von Katastrophen und Täuschungen der römischen Befehlshaber. Nur an zwei Stellen spitzt Nepos seine Erzählung noch besonders zu: Die Schlacht am

Trasimenischen See wird von dem augenkranken und in der Sänfte getragenen Hannibal gewonnen und die Schlussbilanz des Krieges in Italien besagt, dass nach Cannae niemand es wagte, Hannibal gegenüber ein Lager im offenen Felde zu beziehen. Den Rahmen des Hannibal-Porträts des Cornelius Nepos aber schmiedet der wechselseitige Hass zwischen Hannibal und Rom. Hannibal selbst hat den Hass des Vaters gleichsam als Erbschaft übernommen und stachelt noch zuletzt die Könige des Ostens zum Kampf gegen Rom auf. Umgekehrt vertieften die Römer durch ihr Vorgehen gegen den Besiegten diesen Hass.

Das Hannibal-Bild Diodors, der gegen Ende der Republik eine Weltgeschichte schrieb, zeigt im Grunde lediglich die schon erstarrten, konventionellen Züge. Einerseits spricht Diodor respektvoll von Hannibals militärischen Fähigkeiten und paraphrasiert in seinem Epilog auf Hannibal die polybianische Würdigung des Heerführers.[19] Andererseits werden auch hier die Geschichten von Hannibals Grausamkeit nacherzählt sowie jene von der Verlotterung des karthagischen Heeres in Kampanien. Um eine persönliche Sicht oder um ein kritisches Urteil hat sich Diodor in diesem Falle nicht bemüht.

Kaiserzeit und Spätantike

Die Universalgeschichte des Pompeius Trogus[20] steht wie das Werk Diodors am Übergang von Republik zum Principat. Deren Bindungen an die römische Tradition waren jedoch weitaus schwächer als jene der Annalisten. Gemäß der Anlage des Werkes lag der Hauptakzent auf Hannibals Wirken und Resonanz im Osten. In Trogus' großer Mithridatesrede wurde Hannibals Krieg in Italien als ein Beleg dafür zitiert, dass Rom nicht unbesiegbar sei. Für den römischen Senat blieb Hannibals Name auch noch nach dem 2. Punischen Krieg ein Trauma.

Hannibals Voraussicht bewährt sich gegenüber den römischen Interventionen in Karthago. Seine Flucht wird bis ins Einzelne ausgemalt wie auch der Schock, den sie auslöste. Von Antiochos III. wird Hannibal wie ein Geschenk der Götter aufgenommen,[21] doch da sein Rat nicht befolgt wird, fehlt dessen Unternehmungen die Rationalität großer Strategie.

Erstaunlich positiv sind auch die weiteren Stationen von Hannibals Wirken im Osten gezeichnet, doch dies alles wird noch übertroffen durch die knappe Schlusscharakteristik nach Hannibals Tod.[22] Denn hier werden auffallenderweise Hannibals Enthaltsamkeit, sein maßvolles Leben und seine Schamhaftigkeit gerühmt. Die Tatsache, dass Hannibals Heer nicht meuterte und seinen Befehlshaber nie verriet, wird dessen Mäßigung zugeschrieben. Ein Leitbegriff des frühen Principats galt somit als Maßstab auch für den großen Gegner der Römischen Republik.

Als Pompeius Trogus zu schreiben begann, lagen die ersten 25 Bücher des T. Livius bereits vor.[23] Ähnlich wie bei Polybios wird auch bei Livius an Hannibal von den ersten Erwähnungen an die Entschlossenheit zum Kriege, die hohe militärische Begabung des Feldherrn und dessen Leistung im Kriege herausgestellt. Schon der Knabe erscheint als die Personifikation der Kriegsgefahr, als der Funke und das kleine Feuer, aus dem der große Kriegsbrand entstehen kann – dies Bild lässt Livius bezeichnenderweise den karthagischen Barkidengegner Hanno entwerfen. Schon die Beschreibung der Physiognomie Hannibals dient dazu, die in ihm drohenden Gefahren sichtbar zu machen.[24]

An dem Feldherrn Hannibal werden von Livius die Schnelligkeit des Handelns gerühmt, die überlegene Taktik und die meisterhafte Ausnutzung des Geländes bereits in den Kämpfen gegen die spanischen Stämme. Weiter feiert Livius auch den persönlichen Einsatz Hannibals – doch in der Regel werden dessen militärische Erfolge gegen die Römer in einer geradezu platten Manier mit Kriegslisten, Täuschungen und Trug aller Art erklärt. Diese Linie wird so konsequent verfolgt, dass beispielsweise in Rom im Jahre 208, nach dem Ausfall der beiden Konsuln, für die Wahl der Nachfolger der Gesichtspunkt maßgebend wird, dass deren Mannhaftigkeit vor punischem Betrug sicher sein müsse.[25]

Die geistige Leistung des Feldherrn, die Polybios so stark betonte, tritt dagegen bei Livius zurück. Zwar fehlt der gelegentliche Hinweis auf die Voraussicht und die vorausschauende Planung Hannibals nicht – wie etwa bei der Räumung von Bruttium und bei der Vorbereitung seiner Flucht. Doch aufs Ganze gesehen verhindern die monotonen List- und Betrugsvorstellungen die Anerkennung einer hohen geistigen Qualität.

In dieselbe Kategorie eines kritischeren und distanzierteren Verhältnisses gehört daneben aber auch die systematische Erörterung der Vorwürfe, welche angeblich von den militärischen Spezialisten gegen den Feldherrn Hannibal vorgebracht wurden: So die wiederholt mit Emphase gebrandmarkten Versäumnisse, das Nichtausnützen des Sieges bei Cannae, die Verkennung der Folgen des Winterlagers von Capua, die Livius dahin zuspitzt, dass Capua für Hannibal ein Cannae gewesen sei.[26]

Offenkundig hat Livius von Anfang an erkannt, dass die ausführliche Schilderung des 2. Punischen Krieges die Gefahr in sich schloss, erneut Sympathien für Hannibal zu wecken. Dem glaubte er dadurch entgegentreten zu müssen, dass er noch vor Beginn der Darstellung des Krieges eine erste Gesamtcharakteristik einflocht, die den Leser gegen Hannibal einnehmen musste.[27] An die Seite der nicht verschwiegenen militärischen Vorzüge waren deshalb schon hier die schweren Vorwürfe der unmenschlichen Grausamkeit und der mehr als punischen Treulosigkeit gesetzt. Alle harmonischeren Töne aber, die dem Leser vielleicht noch aus dem ersten positiven Teil der Charakteristik in den Ohren klangen, gingen dann in jenen geballten Anschuldigungen unter, mit welchen die Charakteristik schließt: *In ihm war nichts Wahres, nichts Heiliges, keine Gottesfurcht, kein beschworenes Recht, keine Religiosität.*[28]

Die moralische Verurteilung Hannibals geht demnach von den Kriterien des Rechts und der Religion aus. In der konsequenten Berücksichtigung dieser beiden Gesichtspunkte dürfte wohl Livius' entscheidendes Kriterium liegen. Was die juristische Sicht anbelangt, so ist zu spüren, dass sich Livius bereits auf eine sehr eingehende Erörterung aller juristischen Aspekte des 2. Punischen Krieges stützen kann und von hier aus ein tiefer Schatten auf Hannibal fiel.

Schon seit Sagunt ist Hannibal bei Livius als derjenige gekennzeichnet, der den Krieg säte. Er ist ein Feldherr, der das Völkerrecht verletzt, doch wie Hannibals karthagischer Gegenspieler Hanno konstatiert, werde später der Erfolg im Kriege die Rechtsfrage entscheiden. Livius arbeitet in seiner Darstellung besonders stark heraus, wie sehr die Römer geradezu ängstlich bemüht sind, das formale Recht zu achten – während er andererseits auf das innere Recht der Karthager kaum eingeht. Der Vorwurf der Kriegsschuld wird bei ihm von den Karthagern selbst auf Hannibal geworfen. Er ist derjenige, der Verträge brach, ein Mann, der keine Treue kannte.

Diese Anschuldigung, die selbstverständlich ganz von dem römischen fides-Begriff ausgeht, wird noch ausgeweitet zu der umfassenderen des „keine Religiosität". Damit ist nun von Livius der schwerste Vorwurf erhoben, den er machen konnte, Hannibal zum Gegenpol römischer religio stilisiert. Dass bei Livius die Frage nach der Geschichtsauffassung nicht von derjenigen nach der Religiosität getrennt werden kann, steht fest. Als das Charakteristische an der Geschichtsschreibung des Livius darf gelten, dass in seinem Werk noch einmal die Wirksamkeit der römischen Religion in der Geschichte breitester Raum zugestanden wird.

Insgesamt betrachtet fehlen im livianischen Hannibal-Bild die positiven Züge nicht. Doch die negativen sind in ungleich stärkerer Weise herausgearbeitet als bei Polybios. Daneben begegnet bei Livius die vielleicht unbewusst vollzogene, doch jedenfalls sehr wirkungsvolle Trennung von Charakter und Leistung. Während bei Polybios beide Bereiche noch geschlossen waren und als Einheit verstanden wurden, musste Livius die Leistungen Hannibals oft anerkennen – Hannibals Charakter wurde dagegen isoliert betrachtet und verworfen. Darin liegt, neben der Bewahrung und Durchsetzung der annalistischen Tradition, der wichtigste Einfluss des Livius auf die Folgezeit.

Denselben Tenor wie bei Livius zeigt auch die in tiberischer Zeit für die rhetorische Praxis zusammengestellte Beispielsammlung des Valerius Maximus.[29] Sie vereinigte in ihren einzelnen Rubriken unter speziellen Tugend- und Verbrechenskategorien jeweils einheimische und fremde Beispiele. Unter den nichtrömischen Exempla ist Hannibal dabei eine der am häufigsten herangezogenen Gestalten.

Wie plump und oberflächlich alle jene Beispiele auch erscheinen mögen – die Breitenwirkung gerade dieses Werkes lässt sich wohl kaum überschätzen. Als eines der Schlüsselwerke des Unterrichts und noch der Predigt hat es das Geschichtsbild vieler Generationen mitgeformt. Besonders einschneidend sollte dabei werden, dass durch eine solche Beispielsammlung wie durch die effektvollen Szenen des Cornelius Nepos die Einheit des persönlichen Wirkens und der Persönlichkeit Hannibals aufgelöst wurde. Andererseits erreichten Bücher dieser Art freilich gleichzeitig, dass Hannibals Name nie in Vergessenheit geriet.

Selbst ein Werk wie die Naturgeschichte des älteren Plinius hat dazu beigetragen, die Erinnerung an Hannibal wachzuhalten. Denn wo von Plinius auch immer in den geographischen Abschnitten die historische Schicht des 2. Punischen Krieges oder diejenige von Hannibals Leben berührt wurde, in Salapia oder Libyssa, hat er das festgehalten. Plinius erwähnte beispielsweise in Spanien und in Nordafrika die von Hannibal errichteten Wachttürme, die zugleich einen Signalverkehr ermöglichten, oder die auch unter Hannibal ausgebeuteten spanischen Silberbergwerke. Am wichtigsten aber ist die von Plinius überlieferte Nachricht, dass zu seiner Zeit in Rom drei Hannibal-Statuen zu sehen waren.[30]

Gerade dieses wiederholte Auftauchen der Hannibal-Erinnerungen in einer so speziellen Arbeit wie der des älteren Plinius bezeugt, welch hervorragenden Platz Hannibal im Geschichtsbild der frühen Kaiserzeit noch immer einnahm. In die gleiche Richtung weist aber auch die Tatsache, dass gleichzeitig die römische Dichtung wiederholt auf den Hannibal-Stoff zurückgriff. Eine besondere Stellung hatte dabei schon früher Horaz eingenommen, bei dem ein sehr einheitliches, negatives Hannibal-Bild zu fassen ist. Es gipfelt in dem Preislied auf die Claudii Nerones.[31]

Auch bei Lukan[32] und bei Martial[33] fehlen einzelne Hinweise auf Hannibal nicht. Martial spricht bereits Silius Italicus auf dessen „Punica" an,[34] jenes Werk einer gelehrten und etwas gekünstelten Poesie, das niemals die Resonanz eines Vergil oder auch nur eines Lukan finden konnte.

Für sein Hannibal-Bild hat sich Silius Italicus weitgehend an Livius gehalten wie in manchen Einzelheiten der späteren Bücher so schon in seiner einleitenden kurzen Charakteristik: *Dieser war tatendurstig im Wesen, doch hielt er sein Wort nicht, überlegen in Listen, doch untreu in allem, was recht ist, scheute die Götter nicht, stand er in Waffen, doch schurkenhaft mutig, Schönheit des Friedens verachtend; ihm brannte im Innern der Seele Durst nach Menschenblut. Und zu allem von blühender Jugend, wünschte er eins nur: zu tilgen der Väter ägatische Schlappe und den Friedensvertrag zu ertränken im Sikulermeere. Iuno begeistert ihn, stachelt sein Herz mit Hoffnung auf Ehren. Schon erstürmt er das Capitol in nächtlichem Traumbild, oder überquert im Eilmarsch die Höhen der Alpen.*[35]

Einer allzu negativen Zeichnung standen bei Silius Italicus schon Genos und Ziele des Werkes entgegen, aber auch die Atmosphäre, in der es entstand. Hannibal war hier mit den Göttern verbunden, er war Iunos Agent und deshalb sechzehn Jahre lang die wichtigste Gestalt des ganzen menschlichen Geschlechts. Künstlerisch weitaus befriedigender als das Epos des Silius Italicus galten stets Juvenals Satiren. Für ihn war Hannibal das große Beispiel der Nichtigkeit des Feldherrnruhms:

Welch ein prächtiges Bild, wie würdig des schönsten Gemäldes:
einäugig zieht der Feldherr dahin auf dem Untier Gätuliens!
Doch was ist schließlich das End? O Ruhm, auch er wird geschlagen,
flieht voller Hast ins Exil, und sitzt vor der Hofburg des Königs
als der große Klient, den man staunend betrachtet, so lange
bis dem bithynischen Herrn es beliebt, vom Schlaf zu erwachen.
Und das Leben, das einst die Welt in Aufruhr versetzte,
nicht wird es enden das Schwert, nicht Geschoss noch Felsblock;
der Rächer
Cannaes, Vergelter der Ströme von Blut wird ein Ring nur mit Gift sein!
Geh, Verblendeter, lauf im Sturm durch die grimmigen Alpen,
dass du den Knaben gefällst und zur Übung dienest im Reden.[36]

Von der individuellen Beurteilung einmal ganz abgesehen, macht dieses Bild, wie auch eine Szene in Lukians Totengesprächen, deutlich, dass Hannibals eigentliche Leistung in der Kaiserzeit nur noch mit erheblichen Einschränkungen gewürdigt werden konnte.[37] In der Umwelt des Kaiserfriedens mussten Hannibals Taten als nicht mehr zeitgemäß erscheinen; Ruhm und Ehren jeder Art erwiesen sich als zwiespältig und nicht um jeden Preis erstrebenswert. Und doch haben sich mit Hannibal im 2. Jahrhundert n. Chr. nicht nur die Knaben und Redner beschäftigt, sondern noch immer auch die Biographen und Historiker.

Das Hannibal-Bild der Epitome des L. Annaeus Florus verdient aus ähnlichen Gründen Beachtung wie dasjenige des Valerius Maximus oder das des Cornelius Nepos: Auch hier liegt ein Werk vor, welches das Geschichtsbild weiter Kreise beeinflusst hat, obwohl seine literarischen Qualitäten bestreitbar sind. Wichtiger noch als die Tatsache, dass Florus für seine Darstellung des 2. Punischen Krieges neben Livius auch andere Quellen herangezogen hat, ist in unserem Zusammenhang die Eigenart seiner Gestaltung. Sein konzentrierter Bericht erzwang eine Beschränkung auf das, was der Verfasser für wichtig hielt. Die größere zeitliche

Distanz zu dem Geschehen und die Atmosphäre der hadrianischen Epoche hätten an sich auch neue Wertungen erlaubt. Wenn Florus manchen alten Topos übernahm und weithin römisch-panegyrisch schrieb, so schrieb er doch ohne Hass.

In der allgemeinen Würdigung des Krieges bezeichnet Florus die Punier sogar als edles Volk.[38] Hannibal ist schon eingangs zum Rächer stilisiert, der Sagunt ganz bewusst als Kriegsursache wählt. Bei seiner Schilderung des Kriegsverlaufes hat Florus Hannibals Namen zunächst absichtlich ausgespart. Der punische Feldherr wirkt gleichsam latent. Erst am Trasimenischen See fällt Hannibals Name wieder; der dritte Blitz Hannibals heißt es in geschickter Steigerung. Doch der Erfolg wird sogleich diskreditiert und der alten Schablone geopfert: Er wird als neue Kunst punischen Trugs bewertet.

Für Cannae gilt dasselbe. Hannibal wird zwar als schlauester Imperator apostrophiert,[39] doch Kriegslisten aller Art müssen seinen Sieg erklären. Während so hier und an anderen Stellen die Trug- und Hinterhaltslinie herausgearbeitet wurde, ist der Grausamkeitsvorwurf eher etwas gedämpft. Das Schicksal der Stadt Rom im 2. Punischen Krieg hat Florus besonders akzentuiert. Sowohl Hannibals Verzicht auf einen sofortigen Angriff auf Rom nach der Schlacht bei Cannae als auch das Misslingen der späteren Demonstration werden mit dem Wirken der Götter verknüpft.[40]

In der Schlacht von Zama stehen sich dann – dies ist die letzte indirekte Würdigung Hannibals – die beiden größten Anführer von allen, sowohl der früheren als auch der späteren,[41] gegenüber. Afrika ist die Frucht von Scipios Sieg und auf Afrika folgt sogleich der gesamte Erdkreis. Gleichsam als Epilog wird an Hannibal auch im Syrischen Krieg erinnert. Der Flüchtling ist noch immer der notorische Kriegstreiber, und Florus malt effektvoll die Schrecken aus, wenn sich Hannibal gar des asiatischen Potentials bemächtigen könnte.

Von den griechischen Autoren der hohen Kaiserzeit ist hier zunächst Plutarch zu nennen, der in der Fabius-Maximus-Vita, der Marcellus-Vita und der Flamininus-Vita auf Hannibal zu sprechen kam.[42] Bei Plutarch lagen die Dinge ganz ähnlich wie bei Polybios: Ein Grieche, der in hohem Maße am Ausgleich mit Rom interessiert war, hatte doch auch die Gegner Roms zu würdigen. Freilich stand die literarische Form der Biographien großer Römer hier einer geschlossenen Würdigung Hannibals entgegen und auch für die Erfassung von Plutarchs Hannibal-Bild mussten sich daraus Schwierigkeiten ergeben. Am aufschlussreichsten für die Haltung des Autors ist jedoch der Schluss der Vita des T. Quinctius Flamininus, eine Partie, in welcher Plutarch Hannibals Tod mit offenkundiger Sympathie für den Karthager geschildert hat und nun zeigt, dass das römische Vorgehen in dieser Frage sehr umstritten war. Plutarch bringt es zuerst mit der

Ruhmsucht und dem Ehrgeiz des Flamininus in Verbindung, der damals angeblich aus rein persönlichen Motiven bei Prusias interveniert hatte. Doch dann erwähnt er, dass nach dem Eintreffen der Meldung von Hannibals Freitod eine Gruppe von Senatoren das Vorgehen des Flamininus als rohen und völlig überflüssigen Racheakt verurteilt habe, bei welchem Flamininus lediglich im Sinn gehabt habe, seinen Namen für immer mit Hannibals Ende zu verbinden, und dass diese Gruppe Flamininus das Beispiel der Milde des Scipio Africanus entgegenhielt.

Aber Plutarch lässt daraufhin auch die andere Seite zu Wort kommen, die Männer, die in Hannibal immer ein glimmendes Feuer sahen, das beim leisesten Luftzug wieder aufflackerte, denn, wie Plutarch schreibt, versetzte die Römer nicht so sehr Hannibals körperliche Kraft in Schrecken als vielmehr die Schärfe seines Geistes und seine Erfahrung im Kriegswesen zusammen mit dessen eingefleischtem Hass. An eben diesen Eigenschaften ändere aber auch das Alter nichts. Und mit dem Blick auf die späteren Gefährdungen der römischen Herrschaft in Kleinasien durch Aristonikos und Mithradates VI. gibt deshalb auch Plutarch dem Flamininus Recht.

Ähnlich wie bei ihm, tritt Hannibal auch bei Appian[43] an verschiedenen Stellen des großen Gesamtwerks in Erscheinung, im Iberien-Buch, dem Hannibal-Buch und im Syrien-Buch. Im Iberien-Buch wird schon der Knabe als kriegsliebend bezeichnet. Derselbe Ausdruck wird wiederholt, als Hannibal im Hannibal-Buch zum Strategen gewählt wird. Auffallend stark ist bei Appian sodann Hannibals Grausamkeit hervorgehoben. Dies geschieht indessen nicht in der Form einer allgemeinen Erörterung, etwa im Rahmen einer Gesamtcharakteristik wie bei Polybios oder Livius – eine solche gibt Appian in den erhaltenen Partien überhaupt nicht –, sondern er lässt die Taten oder die angeblichen Maßnahmen Hannibals für sich selbst sprechen. Seine ganze Schilderung des 2. Punischen Krieges durchziehen grausame Handlungen.

Hinter dieser starken Hervorhebung der Grausamkeit, die schon auf den ersten Blick die zugrunde liegende annalistische Vorlage erkennen lässt, treten die anderen Vorwürfe gegen Hannibal etwas zurück. Täuschungsmanöver und Listen dürfen freilich auch bei Appian nicht fehlen. So provoziert Hannibal hier die Auseinandersetzung um Sagunt, indem er die Klagen der Torboleten ganz offensichtlich bestellt und eine römische Einmischung in Spanien vortäuscht. Hannibals Erfolg bei Cannae, den nun auch Appian nicht gut leugnen kann, wird nach inzwischen schon bewährtem Rezept durch die Anwendung von vier Kriegslisten an einem Tag erklärt. Immer wieder versucht Appian auch sonst eine Atmosphäre des Misstrauens und der gegenseitigen Täuschungen zu schaffen.

Wenn Appian auf diese Weise eine offene Würdigung von Hannibals Feldherrntum vermeidet, so sprachen dessen Siege doch für sich selbst.

Damit erklärt sich auch die auffallend positive Zeichnung des Fabius Maximus, denn er hatte eben als Einziger gegenüber dem militärischen Experten Hannibal die richtige Linie eingeschlagen, indem er die Schlacht nicht suchte. Es war nahe liegend, dass Appian hier eine Brücke zu Augustus schlug, der sich zu einer ähnlichen prinzipiellen Auffassung wie Fabius Maximus bekannt hatte.

Fabius Maximus ist demnach bei Appian bewusst aus der Perspektive der römischen Kaiserzeit gesehen, und diese Sicht treffen wir bei ihm auch noch an anderer Stelle: Das Hannibal-Buch endet gemäß Appians Gesamtgliederung mit Hannibals Abzug aus Italien. In den beiden letzten Kapiteln dieses Buches stellt Appian nun die Behandlung der Untergebenen und Anhänger auf beiden Seiten dar. Während Hannibal selbst seine letzten italischen Anhänger in der brutalsten Weise unterdrücken, ausplündern, schädigen oder töten lässt, gewähren die Römer am Ende angeblich eine großzügige Amnestie für alle, die auf der Gegenseite standen, mit einziger Ausnahme der Bruttier. So wird hier an einem historischen Beispiel jene humane und politisch erfolgreiche Behandlung der römischen Untertanen gefeiert, die in der Kaiserzeit auch von anderen Griechen gerühmt wurde.

Allein die bisher erwähnten Akzente von Appians Hannibal-Bild bezeichnen noch nicht dessen wichtigste Linie. Diese ist vielmehr darin zu sehen, dass der Hannibal Appians den Krieg gegen Rom überhaupt nur deswegen vom Zaune bricht, weil er damit innenpolitischen Schwierigkeiten begegnen will. Schon im Iberien-Buch stellt Appian die Dinge so dar, als habe Hannibal die Karthager absichtlich in große und lang andauernde Verwicklungen stürzen wollen, um damit einmal das karthagische Volk, insbesondere jedoch seine persönlichen politischen Gegner abzulenken, zweitens aber, um seine Ruhmsucht zu stillen. Denn Hannibal sei klar gewesen, dass er selbst dann noch Ruhm erringen würde, wenn sein Unternehmen scheitern sollte. Im Falle des Gelingens aber hätte er das Ziel erstrebt, für Karthago die Weltherrschaft zu erringen. Auch hier ist der Einfluss alter annalistischer Unterstellungen evident.

Abschließend ist kein Wort darüber zu verlieren, dass sich der Alexandriner Appian zu einem sehr geschickten Anwalt der alten römischen Geschichtsauffassung in der Kaiserzeit gemacht hat. Sein Hannibal ist kühl und unbeteiligt gezeichnet. Er ist der Kriegstreiber, der den jahrzehntelangen Kampf gegen Rom aus persönlichen Gründen heraufbeschwört. Er ist dazuhin grausam und verschlagen wie eh und je. Dem Leser des Hannibal-Buches bleibt zuletzt der Eindruck, dass mit den Römern das Recht und die Ordnung über den Terror einer brutalen Gewaltherrschaft triumphiert haben.

Noch auf einen dritten kaiserzeitlichen Autor in griechischer Sprache ist näher einzugehen, auf Cassius Dio. Soweit die meist von Zonaras überlieferten Fragmente der ersten Bücher des Cassius Dio erkennen lassen, hat seine Römische Geschichte einst nahezu den ganzen fragwürdigen Reichtum und die Fülle der Episoden, welche die antike Tradition in den rund 400 Jahren seit dem Geschehen gesammelt hatte, in sich vereinigt.

Der Eid des Knaben fehlt hier ebenso wenig wie die ganz bewusste Entfesselung des Kampfes um Sagunt. Die nach Karthago gesandten Ringe der bei Cannae gefallenen Ritter sind bei Cassius Dio ebenso zu finden wie die zahlreichen Beispiele der Grausamkeit, Verstellung und Hinterlist. Entspricht dies alles somit im Großen und Ganzen einer bereits konventionell gewordenen römischen Auffassung, so sind doch zwei wichtige Ausnahmen festzuhalten.

So gab auch Cassius Dio eine Gesamtcharakteristik Hannibals,[44] in der noch einmal, wie einst bei Polybios, die geistigen Qualitäten des Karthagers hervorgehoben waren, die Schärfe seines Verstandes und die Schnelligkeit seines Reaktionsvermögens. Selbstverständlich begegnet auch hier der Preis einer vollendeten Körperbeherrschung, einer Art von militärischer Askese, doch wird daneben Hannibals Bildung gerühmt und betont, dass er nicht nur durch phönikische Erziehung, sondern auch durch hellenische Paideia geformt worden sei.

Damit hängt zusammen, dass auch von Cassius Dio die Meisterschaft der Menschenbehandlung Hannibals besonders gefeiert wird, und ein gut Teil seiner Erfolge ist eben darauf zurückgeführt. Erneut finden wir hier durch und durch griechische Kriterien, und gerade vor ihnen kann die Persönlichkeit des Puniers bestehen, während in der Darstellung des Geschehens selbst dann wieder mehr die konventionellen, negativen Züge zum Vorschein kommen, sodass Charakteristik und Schilderung nicht vollständig im Einklang sind. Dennoch liegt in der Hannibal-Charakteristik des Cassius Dio wenigstens ein Versuch vor, zumindest in einzelnen Punkten ein unabhängiges Urteil zu wahren, während für die kaiserzeitliche Literatur in griechischer Sprache sonst weithin entweder die Tendenz zum Ausgleich charakteristisch ist, wie bei Plutarch, oder gar diejenige, durch die Übernahme und Erhärtung der altrömischen Tradition die eigene loyale Haltung unter Beweis zu stellen, wie bei Appian.

Den zweiten neuen Bestandteil von Cassius Dios Nachrichten über Hannibal bildet die Mitteilung, dass der Kaiser Septimius Severus an Hannibals Grab ein Monument aus weißem Marmor habe errichten lassen.[45] Es ist bekannt, dass mit dem aus Afrika und Syrien stammenden Haus der Severer eine völlig neue Grundeinstellung zum Puniertum gegeben war.[46] Der Ausgleich zwischen den afrikanischen und römischen Kräften, den diese Dynastie so sehr begünstigt hat, trug nun zumindest auch dazu bei, dass die Kluft zwischen Rom und Hannibal nicht noch weiter vertieft worden ist. Die Errichtung des neuen Grabmals ist dafür als Geste ebenso bezeichnend wie das Wort des Pescennius Niger, das die Historia Augusta überliefert,[47] dass Hannibal ein nachahmenswertes Beispiel sei.

Doch so versöhnlich solche Nachrichten nun auch klingen mögen, die bereits jahrhundertealten Topoi konnten von ihnen selbstverständlich nicht mehr getilgt werden. Noch für Augustin war Hannibals Grausamkeit eine feststehende Tatsache, wenn er sie auch abzuschwächen versuchte durch den Hinweis darauf, dass Hannibal dem Morden im Blutbad von Cannae zuletzt doch Einhalt geboten habe.[48]

An einer echten Korrektur des traditionellen Hannibal-Bildes aber war die spätantike Geschichtsschreibung kaum interessiert. Weitverbreitete Werke, wie wir sie beispielsweise im *De viris illustribus* finden, knüpften in ihrer Hannibal-Darstellung an die oben bei Florus skizzierten Linien an. Im Eid wird die Verbindung mit Hamilkar betont, Sagunt absichtlich als Kriegsursache gewählt. Der Feldzug selbst ist in den Namen der Gegner Hannibals und seiner Schlachten verdichtet. Der versäumte Angriff auf Rom bildet auch hier den Wendepunkt in der linear gesehenen Entwicklung.

Die rhetorisch effektvolle Parallelisierung von Siegen und Niederlagen erweckt den Anschein pausenloser Rückschläge bis zur Überwindung durch Scipio. Die kurzen Satzglieder spiegeln die Dynamik des Geschehens, verbinden die Flucht zu Antiochos III. nahtlos mit der Niederlage in Afrika und setzen schließlich auf den letzten Lebensabschnitt einen besonders starken Akzent. Das kleine Kapitel vereinigt in sich so auf knappstem Raum ein Maximum von Szenen, Namen und Ereignissen.

Auch in der Breviarienliteratur, wie beispielsweise bei Eutrop, entfiel im Allgemeinen durch die Konzentration auf die Fakten die vom Hass diktierte Wertung und Ausschmückung. Eutrop bezeichnet Hannibal als schlauesten und ungeduldigen Anführer,[49] Sextus Aurelius Victor wollte Probus gewiss nicht diskriminieren, wenn er ihn mit Hannibal verglich.[50]

Für die christliche Geschichtsschreibung standen dann ganz neue Probleme im Vordergrund, wie dasjenige, das Orosius erörtert,[51] die Frage nämlich, ob Hannibal durch römische Tapferkeit oder durch göttliches Erbarmen daran gehindert worden wäre, Rom einzunehmen. Dieses Problem führte naturgemäß in den Mittelpunkt des christlichen Geschichtsverständnisses. Denn nach der Einnahme der ja längst unter christlichen Herrschern stehenden Stadt Rom durch Alarich war die einstige Behauptung der Stadt gegen Hannibal zu einem historischen Trumpf in den Händen der spätantiken Altgläubigen geworden. Orosius stellte demgegenüber fest, dass beides, die einstige Rettung wie die jetzige Züchtigung Roms, nach dem Willen des einen wahren Gottes geschehen sei.

Lebendig ist die Erinnerung an Hannibal auch in der spätantiken Dichtung stets geblieben, sei es, dass ihn Rutilius Namatianus als Beispiel der vom ewigen Rom überwundenen Gefahren apostrophiert,[52] sei es, dass Claudius Claudianus mit der Erinnerung an Cannae den Wechsel des Schicksals ins Bewusstsein ruft,[53] sei es, dass Sidonius Apollinaris[54] die Zustände um Geiserich mit denen von Hannibals Lager in Capua vergleicht.

Parallel zur technischen und qualitätsmäßigen Verbesserung der Abbildungsmaterialien haben sich Archäologen und Numismatiker der Gegenwart bemüht, durch intensive Interpretationen und mit Hilfe von zahlreichen Vergleichen das Wesen antiker Persönlichkeiten zu erfassen. Dabei gelangen in nicht wenigen Fällen, so zum Beispiel für Themistokles, hellenistische Herrscher und für römische Aristokraten wie Principes durchaus präzise und überzeugende Erkenntnisse. Im Falle Hannibals sind solche Versuche bisher deshalb nicht gelungen, weil kein einziges der in Betracht kommenden Porträts und Münzbilder durch entsprechende Legenden einwandfrei gesichert ist (Abb. 28).

Bei der wiederholt abgebildeten Büste des Museo Nazionale in Neapel glaubte man lange Zeit, ein authentisches Hannibal-Bildnis zu besitzen – in Wirklichkeit handelt es sich um ein Kunstwerk der Renaissance.[55] Ähnliche Widersprüche wurden gegen die Deutung der Marmorherme des Museums der Villa Albani in Rom vorgebracht, bei der es sich um einen Strategen vom Ende des 5. Jahrhunderts v. Chr. handeln soll[56] (Abb. 29).

J. D. Breckenridge wiederum meinte, Hannibal in einer Bronzestatue des römischen Thermenmuseums identifizieren zu können, die zumeist als hellenistischer Herrscher gedeutet wird.[57] Nicht durchsetzen konnten sich auch die Spezialstudien von G. Ch. Picard[58] und G. Hafner[59], die von neuen Interpretationen einer Bronzebüste aus Volubilis und eines Marmorporträts aus dem Madrider Prado ausgegangen waren (Abb. 30, Abb. 31).

Um die Auswertung der barkidischen Münzen in Spanien hat sich insbesondere E. S. G. Robinson große Verdienste erworben.[60] Allein auch hierbei war bei den vermeintlichen Hannibal-Porträts auf Silbermünzen eine letzte Gewissheit nicht zu erreichen. So erlaubt die derzeitige Forschungslage nicht, Hannibals Persönlichkeit aus diesem Quellenbereich zu erschließen (Abb. 32).

Wenn wir von hier aus auf die Entwicklung des antiken Hannibal-Bildes zurücksehen, so zeigt sich, dass es seine bleibenden Konturen schon in der durch Hass vergifteten Atmosphäre des 2. Punischen Krieges erhalten hat. Sagunt als Fanal von Hannibals Kriegswillen und Grausamkeit ist ein Vorwurf, welcher von Polybios bis zu Augustin erhoben worden ist. In seinen

Abb. 28: Marmorbüste Hannibals?

weiteren Zusammenhang wird man auch den erst vor wenigen Jahrzehnten bekannt gewordenen Brief Hannibals an die Athener stellen müssen, der etwa aus dem Jahr 150 stammen soll und einen völlig hypertrophen Kriegsherrn zeigt.[61]

Während andere Fehler, wie die von Polybios erwähnte Habgier, später wieder in den Hintergrund traten, stand zumindest seit Livius der beherrschende negative Kanon fest mit den Vorwürfen der Grausamkeit, Treulosigkeit und Religionslosigkeit – sieht man aber näher zu, so sind dies jene Vorwürfe, die auch den Puniern allgemein galten.

Abb. 29: Marmorherme der Villa Albani.

Wählt man jedoch Livius und Valerius Maximus als für den Aufbau des römischen Geschichtsbildes besonders einflussreiche Werke zur Richtschnur, so wurden die hohen geistigen Qualitäten Hannibals lange Zeit zurückgedrängt, seine militärischen Erfolge als Ergebnisse von List und Täuschung erklärt und somit in ihrer wirklichen Bedeutung herabgedrückt. Zu einem angemessenen Verständnis der Persönlichkeit konnte die bloße Wiedergabe dieser Denkschablonen nicht führen, lediglich die Erinnerung an die Taten wurde bewahrt. Gegenüber Polybios brachten indessen auch die späteren Hannibal-Charakteristiken des Livius und Cassius Dio kaum

Abb. 30: Büste aus Volubilis.

eine echte Bereicherung oder einen sichtbaren Fortschritt im Verständnis der Person.

Es ist bemerkenswert, wie stark und wie lange im Falle Hannibals das Bild eines Menschen durch den ganz einseitig gesehenen Typus eines Volkes überdeckt wurde und wie dann jedoch nicht nur generelle Züge der Punier auf Hannibal übertragen, sondern umgekehrt auch Maßnahmen Hannibals wieder den Puniern allgemein zugerechnet wurden. Doch wenn das Phänomen der 'List' wie ein roter Faden die römische Erklärung für die Niederlagen und Katastrophen im Kampf gegen Hannibal abgeben

Abb. 31: Porträt Hannibals?

muss, so entspricht dies – neben den allgemeinen Erfahrungen – auch römischem Selbstverständnis, im militärischen Bereich nicht zuletzt der traditionellen Taktik der Bauernmiliz der Römischen Republik.

Kriegführung war für die Legionen der Republik zunächst identisch mit dem massierten Vorgehen der Schlachtreihe. Deren wuchtiger Frontalangriff sollte den Zusammenprall der kompakten Fußtruppen möglichst schnell entscheiden. Differenzierte taktische Bewegungen oder aufeinander abgestimmte Operationen waren dabei nach allen Voraussetzungen nicht zu verwirklichen.

Abb. 32: Karthagische Münzen aus Spanien.
Herakles Melkarth und Elefant mit Reiter.

Mehr noch: Diese 'primitive' Kampfesweise entsprach durchaus der Mentalität der römischen Bürgersoldaten. In ihr konnten sich deren besondere Qualitäten: Disziplin, Härte, Zähigkeit und die physische Kraft der Bauern und Hirten voll entfalten. Es kam alles darauf an, eine möglichst starke Phalanx zu bilden, um die zahlenmäßige Überlegenheit der römischen Streitkräfte zu erreichen. Auch deshalb war die Republik von vornherein gezwungen, in möglichst weitem Umfang Truppen ihrer Verbündeten einzusetzen.

Die Anwendung von Listen und Methoden moderner Kriegskunst war dagegen primär Sache der Schwächeren. Wurden sie angewandt, so hielten sich die Gegner nach römischer Ansicht nicht an den üblichen Stil der Kriegführung, den geschlossenen Kampf der Schlachtreihen. Doch der Mannesmut der plumpen römischen Formationen wurde von überlegener Strategie und Taktik langfristig dienender Verbände und ebenso langfristig kommandierender, erfahrener gegnerischer Feldherrn schließlich überwältigt.

Angesichts dieser Voraussetzungen spitzte sich der grundsätzliche Gegensatz der Kriegführung im 2. Punischen Kriege zu. Cannae markiert auch die ins äußerste Extrem getriebene Massierung der römischen Schlachtreihe, Hannibals Sieg war in solcher Perspektive auf den militärischen Bereich übertragene punische List, eine List, deren Erfolge nicht zu leugnen, sondern nur zu diskreditieren waren. Doch Rom diskreditierte nicht nur; es zog langfristig auch die Konsequenzen aus den bitteren Erfahrungen jener Kämpfe. Es kam schließlich zu durchgreifenden Reformen römischer Heeresorganisation und militärischer Führung – aber auch zur systematischen Sammlung und Auswertung von Kriegslisten, die in Frontins großem kaiserzeitlichem Werk der „Strategemata“ gipfeln sollten.

Eine weitere auffällige Wechselwirkung war ganz anderer Art: Der Kampf gegen Hannibal hatte die Römer nach Spanien geführt. Eben jene Defizite, die sie einst Hannibal vorwarfen, Grausamkeit, Treulosigkeit, Habgier, legten sie auf jenem Kriegsschauplatz bald selbst an den Tag, während umgekehrt wieder dem Freiheitshelden Viriatus nicht wenige Züge Hannibals zugeschrieben worden sind.

Neuzeit

Der Überblick über das antike Hannibal-Bild erklärt es zum Teil, weshalb viele Züge von Hannibals Persönlichkeit im Dunkeln blieben und auch, weshalb ganze Bereiche seines Wirkens, wie zum Beispiel sein politisches Handeln, nach Polybios kaum mehr untersucht worden sind. Das Interesse am Feldherrn blieb jedoch immer lebendig, obwohl es im Mittelalter, wie schon erwähnt wurde, zurücktrat. Doch als dann die moderne Geschichtswissenschaft ihre Aufmerksamkeit wieder stärker Hannibals Gestalt und Leistungen zuwandte, traten zunächst erneut die militärischen Qualitäten in den Vordergrund.

Schon Machiavelli hatte im „Principe“ die Tatsache, dass Hannibal seine so bunt zusammengewürfelte Armee in so schwierigen Situationen und während eines so langen Zeitraumes im Zaume hielt, an die Spitze aller militärischen und organisatorischen Leistungen überhaupt gestellt.[62] Für Montesquieu war Hannibals Überwindung aller Hindernisse *das großartigste Schauspiel, das uns die Antike bietet.* Er suchte Hannibals Verzicht auf einen Angriff auf Rom nach der Schlacht von Cannae damit zu rechtfertigen, dass die Bestürzung eines kriegsgewohnten Volkes fast immer in Mut umschlage. Hannibals Schicksal in Italien subsumierte er unter dem allgemeinen militärischen Erfahrungssatz: *Eroberungen sind leicht zu machen, weil man sie mit allen seinen Kräften macht. Sie sind jedoch schwer zu halten, weil man sie nur mit einem Teil seiner Kräfte verteidigt* – ein Satz, den auch Friedrich der Große unterstrichen hat.[63]

Die militärische Leistung Hannibals wurde dann durch Napoleon I. gleichsam kanonisiert: *Dieser Mann, der wagemutigste von allen, vielleicht der erstaunlichste; so kühn, so sicher, so groß in allem; der mit zwanzig Jahren sich ausdenkt, was kaum denkbar war, ausführt, was für unmöglich gehalten werden musste; der, auf jede Verbindung mit seinem Heimatland verzichtend, sich bei feindlichen oder unbekannten Völkern durchschlägt, die anzugreifen und zu besiegen sind, erklimmt die Pyrenäen und die Alpen, die als unüberwindlich galten, und steigt nur nach Italien hinab, um mit der*

Hälfte seiner Armee allein für den Erwerb eines Schlachtfeldes, für das Recht zu kämpfen zu bezahlen; der dieses Italien sechzehn Jahre lang besetzt, durchzieht und regiert, der mehrfach dieses schreckliche und gefürchtete Rom ganz kurz vor seinen Untergang versetzt und seine Beute erst loslässt, als man sich seine Lektion zunutze macht, ihn bei sich zu Hause zu bekämpfen.[64]

Danach begeisterten sich dann auch die großen Historiker der Folgezeit. Barthold Georg Niebuhr brach in seinen Bonner Vorlesungen in geradezu panegyrische Töne aus: *Einen solchen Mann, der Dinge ausführt wie die Einrichtung und Bezwingung von Spanien, den Zug durch die Alpen, die Siege über die Römer, die Aufschüttelung von Italien, nennen wir den ersten seiner Zeitgenossen, fast möchten wir ihn den ersten Menschen nennen, den die Geschichte kennt … Diesen Mann bewundere und liebe ich fast unbedingt.*[65]

Wenig später richtete Theodor Mommsen im ersten Band seiner „Römischen Geschichte" ein faszinierendes Hannibal-Porträt auf, in dem viele Einzelzüge von Polybios, Livius und Cassius Dio neu gruppiert waren. Dabei unterdrückte er die in den Quellen überlieferten Vorwürfe keineswegs. So wurde betont, dass Hannibal gehasst habe, *wie nur orientalische Naturen zu hassen verstehen.* Aber er rühmte dann auch *Besonnenheit und Begeisterung, Vorsicht und Tatkraft* sowie jene *erfinderische Verschmitztheit, die einen der Grundzüge des phönikischen Charakters bildet.* Weiter heißt es: *Von seinem strategischen Genie zeugt jedes Blatt der Geschichte dieser Zeit und nicht minder von seiner staatsmännischen Begabung, die er noch nach dem Frieden mit Rom durch seine Reform der karthagischen Verfassung und durch den beispiellosen Einfluss bekundete, den er als landflüchtiger Fremdling in den Kabinetten der östlichen Mächte ausübte … Er war ein großer Mann; wohin er kam, ruhten auf ihm die Blicke aller.*[66]

Um nur ein spezielles Beispiel zu nennen, so hat Mommsen *die militärische und politische Stellung Hannibals* im Jahre 217 glänzend erfasst. Nach ihm waren Hannibal die politische Festigkeit wie das überlegene Potential der römisch-italischen „Eidgenossenschaft" durchaus bewusst: *Aus dieser Einsicht flossen die beiden Grundgedanken, die Hannibals ganze Handlungsweise in Italien bestimmt haben: den Krieg mit stetem Wechsel des Operationsplans und des Schauplatzes, gewissermaßen abenteuernd zu führen, die Beendigung desselben aber nicht von den militärischen Erfolgen, sondern von den politischen, von der allmählichen Lockerung der italischen Eidgenossenschaft zu erwarten … Dass Hannibal selbst auf dem Gipfel des Glücks sich nie hierüber getäuscht hat, ist bewunderungswürdiger als seine bewundertsten Schlachten.*[67]

Mommsens Hinweis auf Hannibals „staatsmännische" und politische Begabung wurde zunächst nur wenig beachtet. Sowohl in den Biographien als auch in den allgemeinen historischen Darstellungen überwogen die militärischen Aspekte, und dies keineswegs nur auf deutscher Seite. Nach Graf Schlieffens Studie beherrschte Cannae vollends das zeitgenössische Denken; Hannibal war zum Vorbild der modernen Strategen geworden.[68]

Wie bereits ausgeführt wurde, änderte sich das Bild erst, nachdem der schwäbische Historiker Gottlob Egelhaaf den Vertrag Hannibals mit Philipp V. von Makedonien im Hinblick auf Hannibals politische Ziele interpretiert hatte und damit eine Diskussion eröffnete, die bis in die Zeit nach dem Zweiten Weltkrieg andauerte.[69] Dabei zeigten sich freilich auch die Schwierigkeiten und Grenzen solcher Interpretationen. Arnaldo Momigliano hat sehr entschieden gegen den „Politiker" Hannibal Stellung bezogen und in diesem Zusammenhang auch die allgemeinen Hindernisse für Feldherrn, eine wirklich erfolgreiche Politik zu betreiben, betont. Seiner Ansicht nach war Hannibal *der letzte und größte der hellenistischen Condottieri.*[70]

Parallel zur Entfaltung dieser Perspektive hatten gleichzeitig Verlauf und Folgen des Ersten Weltkriegs das Geschehen des 2. Punischen Krieges auf mannigfaltige Weise aktualisiert. Cannae war gleichbedeutend mit einer idealen strategischen Konzeption, die auch dem zahlenmäßig Schwächeren die Chance des totalen Sieges zu bieten schien, noch immer und in verhängnisvoller Weise faszinierender als alle erfolgreiche 'Ermattungsstrategie'. Der Ausbruch des 2. Punischen Krieges wurde als Modell einer 'Kriegsschuldfrage' untersucht,[71] Deutschlands Lage nach dem Ende des Ersten Weltkrieges mit derjenigen Karthagos am Ende des 2. Punischen Krieges, Versailles mit dem Frieden von 201 verglichen. Von solchen Prioritäten wurde auch Hannibal tangiert.

Eduard Meyer, der angesehenste deutsche Althistoriker in der Ära nach Mommsen, hatte damals im Rahmen einer Sammlung von Kurzbiographien ein Doppelporträt von Hannibal und Scipio gezeichnet. Grundlegend für dessen Hannibal-Verständnis war neben der hohen Würdigung geistiger Kräfte die Berücksichtigung seiner hellenistischen Bildung. Meyer sah *die Einwirkung der griechischen Kultur in dem Adel der Gesinnung, in der inneren Vornehmheit –, die Hannibal durchweg bewiesen hat. An ihm ist nichts Kleinliches und Niedriges; und nichts ist weniger zutreffend, als die aus der Erbitterung des Kampfes erwachsene Beschuldigung durch die Römer, er sei grausam, rachsüchtig und treulos gewesen, die dann in Schauergeschichten derselben Art ausgemalt wird, wie sie jetzt unsere Feinde von uns erfinden.* Hannibals Ziel war es nach Meyer nicht, die Welt zu erobern, sondern *der Aufrichtung der römischen Weltherrschaft rechtzeitig entgegenzutreten. Der Krieg, den er begann, war ein Krieg für die Unabhängigkeit der Völker und Staaten.*[72]

Sympathie und Bewunderung für den großen Feldherrn und den gescheiterten Politiker haben danach in den zwanziger Jahren des 20. Jahrhunderts weithin das deutsche Geschichtsbild bestimmt. Der 'Meister der Politik' und der Strategie blieb insbesondere ein Vorbild für die Truppenführer der Reichswehr und – allen neuen Strömungen zum Trotz – selbst noch für die Offiziere des 2. Weltkrieges.[73] Im Banne der Rassenfrage verhielten sich die deutschen Historiker alles andere als einheitlich. Der 'Nicht-Arier' Hannibal, der ungeachtet seiner Provenienz so hervorragende soldatische Eigenschaften aufwies, bot zudem noch besondere Schwierigkeiten, die zu eigenartigen dialektischen Kunstgriffen oder zu historiographischer „Verschmitztheit" nötigten.[74]

Wie immer Hannibals militärische und politische Leistung bewertet wurde, seine Persönlichkeit beherrschte so eindeutig eine entscheidende Phase der römischen Geschichte, dass sowohl die Verfasser geschichtsphilosophischer Systeme und weltgeschichtlicher Darstellungen als auch die Vertreter der Universalgeschichte seiner Gestalt Tribut zollten. Einige Beispiele mögen diesen Strang belegen: Hegel ließ in seinen Vorlesungen über die Philosophie der Geschichte mit dem 2. Punischen Krieg die Periode der Entscheidung und Bestimmung der römischen Herrschaft beginnen. Bei ihm stand ganz die Würdigung des militärischen Genies im Vordergrund. Hegel unterstrich, dass der *große Hannibal* Rom an den Rand des Untergangs gebracht hatte, und feierte ihn, weil er *sich allein durch sein Genie sechzehn Jahre in Italien gegen die römische Ausdauer und Beharrlichkeit* hielt.[75]

Auch Jacob Burckhardt begeisterte sich in seiner Vorlesung über Roms großen Widerpart: *Er steht in einem gewissen Sinn über allen Griechen, auch über Alexander. Rom hatte auf alles rechnen können, nur nicht auf einen solchen Gegner.*[76] Doch am erstaunlichsten ist die Hannibal-Würdigung Rankes. In seiner „Weltgeschichte" rühmte auch er vor allem den Strategen: *Noch heute hegen namhafte Geister die lebendigsten Sympathien für Hannibal. Ausgezeichnete Zeitgenossen – aus politischen sowohl wie aus militärischen Kreisen, … erklären Hannibal selbst in intimem Gespräch für den größten aller Feldherrn, die je gelebt haben. Und gewiss: niemals hat es einen Kriegsführer gegeben, der eben dies in so hohem Grade war, wie Hannibal.*" Doch dazu treten andere Perspektiven:

Die Weltstellung Hannibals kulminiert eben darin, dass er die Kräfte des Occidents gegen Rom heranführte und auch die orientalischen mit denselben in Verbindung brachte. Er ist der größte Antagonist gegen die emporkommende Römerherrschaft, welcher überhaupt gelebt hat. Dazu kam die Bedeutung des Zugs durch die Alpen: *(Hannibal) durchbrach zuerst diese gewaltige Grenzscheide; der punische Semit eröffnete der europäischen Kultur ihren Weg.*[77]

Eigenwillig und eigenartig zwiespältig ist die Beurteilung Hannibals bei Oswald Spengler. Durch das Aufsprengen des alten universalhistorischen Zusammenhangs und die Aufspaltung der antiken Kultur fiel der Rahmen fort, in den Ranke Hannibal gestellt hatte. Umgekehrt brachten die Parallelisierung von Römertum und Preußentum, eine der Dominanten von Spenglers „Philosophie der Zeit", und der Gleichzeitigkeitsansatz von Hannibal und Erstem Weltkrieg den Gegner Roms wieder in einen neuen größeren Zusammenhang.

Hannibal war für Spengler einerseits *ein bloßes Intermezzo der antiken Geschichte, in deren Verlauf er überraschend einfiel.* Unter den *Menschen von Granit*, die der antiken Kultur angeblich fehlten, war *Hannibal, der Fremde, ... der einzige Mann.* Doch andererseits hatte dieser *das tragische Geschick, in Wirklichkeit nicht für sein Land, sondern für das Hellenentum zu kämpfen*, ja er war *vielleicht der einzige Mensch seiner Zeit, die Römer nicht ausgenommen, der den Gang der Entwicklung deutlich voraussah.*[78]

Gleich Ranke und Spengler sah sich auch Arnold J. Toynbee von der Gestalt Hannibals in ungewöhnlicher Weise angezogen. Ein ausführlicheres Hannibal-Porträt ist freilich in keinem der großen Werke enthalten; eine erste Wertung mag man jedoch in dem wiederholt apostrophierten *genius of Hannibal*[79] erblicken oder in anderen, kühlen und sachlichen Erörterungen von Hannibals militärischen Maßnahmen.[80] Doch schon in „A Study of History" wird deutlich, dass Toynbee den Folgen des römischen Sieges im „römisch-karthagischen Doppelkrieg" und denjenigen von Hannibals Kriegsführung in Italien seine volle Aufmerksamkeit schenkte, ja, man wird sagen können, dass nur wenige Historiker diese Folgen in einer ähnlich umfassenden Weise bedacht haben.[81]

Die tiefen Wunden im Lande selbst, die wirtschaftlichen, sozialen und moralischen Auswirkungen des Sieges waren im älteren Werk nur angedeutet, in „Hannibal's Legacy" sind sie allseitig gesammelt, detailliert beschrieben und zu einem eindrucksvollen Gesamtbild gestaltet. Die universalhistorische Bedeutung von Hannibals Krieg in Italien wird hier, wo gleichsam der Schatten beschrieben wird, den er über das Land warf, nicht weniger scharf gesehen als in den älteren Sätzen des II. Bandes von „A Study of History", wo Toynbee es als das allgemeine Resultat des römischen Sieges im Kampf gegen Hannibal bezeichnete, dass das römische Imperium zu einem hellenistischen Universalstaat wurde, und wo selbst das Vorschieben der römischen Grenze vom Po zum Rhein als eine direkte, jenes vom Po zur Donau als eine indirekte Folge des Krieges mit Hannibal eingeschätzt worden ist.[82]

In der Zeit nach dem Zweiten Weltkrieg hat Wilhelm Hoffmann in einer Reihe von Spezialstudien und insbesondere in seiner kleinen Hannibal-Biographie[83] jene älteren Ansätze der Forschung, die Hannibal mit hellenistischen Erscheinungsformen und Kräften verbunden hatten, zu einem gewissen Abschluss geführt. Ausgehend von der Entwicklung des Herrschaftsbereiches der Barkiden war Hannibal hier weniger von der karthagischen Tradition her verstanden als vielmehr von den Bedingungen und der Struktur einer Sonderform der hellenistischen Monarchie. Die neuen Fluchtlinien bewährten sich. Es war in ihren Bahnen möglich, zu einem ausgeglicheneren Verständnis Hannibals zu kommen, als dies einst die Vorstellungen des Exponenten Karthagos, des Patrioten und Freiheitskämpfers, der isolierten Einzelpersönlichkeit, des militärischen Genies, das lediglich das Erbe des Vaters aufgenommen hatte, erlaubten.

An Hoffmanns Konzeption schloss sich auch Alfred Heuß in seiner, damals am weitesten verbreiteten „Römischen Geschichte" an. Hannibal war für Heuß ein *Mann des raschen Handelns*; dessen Vorstoß nach Italien erschien ihm als *der Punkt, an dem die Genialität Hannibals in ihrer Verbindung von klarster Einsicht und übermenschlicher Energie sich zum ersten Mal enthüllte*. Heuß verglich ihn mit Pyrrhos und konstatierte: *Er war mit Recht überzeugt, dass ein Berufsheer wie das seinige, von einem großen Willen durchpulst und von Verehrung für einen großen Kommandanten beseelt, einem Milizheer, und sei es auch das berühmte römische, überlegen war, Hannibal stand auf der Höhe der damaligen Kriegswissenschaft. Hellenistisch gebildet wie er war –, war ihm die militärische Theorie der Griechen vertraut*. Als Gründe für Hannibals Scheitern nannte Heuß einmal den *Grundirrtum*, die Annahme, dass *starke zentrifugale Kräfte* die römische Herrschaft bekämpfen würden, sodann die Schwäche der karthagischen Flotte, aber auch die mangelnde Koordination zwischen den militärischen Aktionen Karthagos und Hannibals.[84]

Zu kaum zu überschätzender Wirkung gelangten daneben die Handbücher von Hermann Bengtson und seinen Schülern Werner Huß und Jakob Seibert, die Bengtsons Methode auf hohem Niveau weiterführten. Durch ihre umfassenden und zuverlässigen Zusammenstellungen und Auswertungen der Quellen wie der modernen Spezialliteratur sind sie unentbehrlich geworden. Für Bengtson selbst zählte Hannibal zwar zu den bedeutendsten Feldherren der Antike, auch er unterstrich jedoch dessen politische Fehleinschätzung der italischen Bundesgenossenschaft Roms.[85] Werner Huß gab in seiner großen „Geschichte der Karthager" in erster Linie eine präzise und gut fundierte Darstellung des Geschehens. Trotz seiner primär karthagischen Perspektive wurde auch bei ihm Hannibals Handeln minutiös geschildert, während dessen Persönlichkeit zurücktrat.

Die mit Abstand wichtigsten modernen Publikationen zur Geschichte Hannibals im deutschen Bereich sind indessen dem Münchner Althistoriker Jakob Seibert zu verdanken. In langjährigem Studium der Quellen und

Forschungen, in Lehrveranstaltungen und Exkursionen, nicht zuletzt durch die Autopsie aller relevanten Stätten hatte Seibert eine imponierende Trias von Werken zu Hannibal vorbereitet. Eine handbuchartig angelegte Biographie wurde durch einen Begleitband „Forschungen zu Hannibal“ ergänzt; ein Bildband lieferte dazu ein selten in solchem Umfang präsentiertes historisches wie modernes Illustrationsmaterial.

Sieht man von allen, meist plausiblen Einzelwertungen ab, so lautet Seiberts Gesamturteil über Hannibal: *Nach meiner Ansicht war Hannibal ein hervorragender Logistiker und Schlachtentaktiker, ein exzellenter Menschenführer ..., aber unfähig zur schonungslosen Selbstkritik, ein miserabler Stratege und ein schlechter Politiker mit einer völligen Verkennung seines Gegners.*[86]

So grundlegend und bedeutend die genannten Hauptwerke der deutschen Forschung neben vielen anderen deutschen Spezialstudien sind, insgesamt stellen sie lediglich einen kleinen Teil der seit dem Zweiten Weltkrieg in diesem Problemkreis besonders aktiven internationalen Spezialforschung dar, die im Folgenden lediglich exemplarisch skizziert werden kann.

Eine Sonderstellung nehmen dabei die Arbeiten des französischen Sprachbereichs ein. Sie waren bereits durch die Errichtung des französischen Protektorats in Tunesien im Jahre 1881 begünstigt. Das spezielle Interesse französischer Gelehrter an der Geschichte dieses Raumes erlosch auch nicht, als der Staat 1955 seine Autonomie erlangt hatte, hielt vielmehr bis in die Gegenwart an. Ein spezifisches Merkmal jener Studien war dabei von Anfang an die Bemühung, sowohl die antike Überlieferung als auch die Resultate der modernen Archäologie auszuschöpfen.

Insgesamt konnten die französischen Werke über Hannibal zugleich auf einer besonders regen Karthago- und Nordafrika-Forschung aufbauen. Der Bogen erstreckt sich dabei von dem Klassiker St. Gsell bis zu S. Lancel in der Gegenwart. Nach den älteren Studien verschiedenster Zielsetzung von J. Carcopino, Ch.-A. Julien[87] und P. Grimal beeinflussten seit den fünfziger Jahren des 20. Jahrhunderts vor allem die Monographien von G.-Ch. und Colette Picard, die eine besonders weite Verbreitung fanden, das allgemeine Geschichtsbild. In ihnen wurde insbesondere der Einfluss hellenistischer Elemente auf Karthago wie auf Hannibal stark betont.

Die neunziger Jahre des letzten Jahrhunderts brachten dann einen neuen Höhepunkt einschlägiger Initiativen und Darstellungen. Als Beispiele seien hierfür zunächst die Werke von E. Lipinski[88], A. Ennabli[89] und M. Fantar hervorgehoben, neben manchen anderen vor allem aber diejenigen von Y. Le Bohec und S. Lancel.

In seiner Militärgeschichte der Punischen Kriege scheute Yann Le Bohec, der führende europäische Spezialist auf diesem scheinbar obsoleten

Gebiet, nicht davor zurück, endlich einmal wieder in höchster Kompetenz und Anschaulichkeit die kriegsgeschichtlichen Probleme der Epoche zu behandeln. Ausgewogen und kenntnisreich vermittelte er die Kontroversen um Hannibals Persönlichkeit in Quellen wie in moderner Forschung. Dass er dessen militärisches Genie anerkannte, bedarf wohl kaum der Erwähnung. Entscheidend für Le Bohecs Auffassung über Hannibal ist, dass er dessen Persönlichkeit sowohl durch semitische als auch durch hellenistische Züge geprägt sah, dabei von einer semitischen Basis und einer hellenistischen Oberfläche ausging, von einem Dualismus der Kulturen, der sich auch in Hannibals Militärdoktrin niedergeschlagen habe.

Moderne Versuche, in Hannibal einen Vorkämpfer der Demokratie oder einen militanten Antikolonialisten zu sehen, führte Le Bohec mit Ironie ad absurdum. Für ihn verfolgte Hannibal eine komplexe und kohärente Konzeption, in welcher sich innere und äußere Politik ergänzten: *pour Carthage, avec le peuple, et contre Rome.*[90]

Das beste französische Hannibal-Porträt der Gegenwart stammt von Serge Lancel, dem Althistoriker der Universität Grenoble, der zwischen 1974 und 1981 die Leitung des archäologischen UNESCO-Projekts „Sauvez Carthage“ innehatte, bereits durch eine umfassende und instruktive Karthago-Monographie hervorgetreten war und über besonders profunde Kenntnisse jener Region verfügt. Seine durchaus kritische Biographie zeichnet sich nicht zuletzt durch das plausible Urteil eines Verfassers aus, der sich vor allem um die Lösung der konkreten topographischen Probleme bemühte.

Einige, für Lancels persönliche Sicht charakteristische Akzente seien hervorgehoben: So ist Hannibal für ihn – im Gegensatz zu Momigliano – kein *Condottiere*, sondern *der legal ernannte und von seiner Regierung loyal unterstützte Heerführer.*[91] Bezeichnend für das Werk ist weiterhin die besondere Betonung wirtschaftlicher Aspekte, sei es – im Anschluss an die Forschungen von C. Nicolet – der wirtschaftspolitischen und geldgeschichtlichen Vorgänge in Rom selbst, sei es der Auswertung der archäologischen Daten für die konkrete Erfassung *des paradoxen wirtschaftlichen Aufschwungs Karthagos nach Zama.*[92]

Lancels abschließende Beurteilung Hannibals lautet: *So wie sein Krieg gegen Rom der erste Weltkrieg war, so war der Anführer dieses Krieges der erste internationale Held, den die Welt kannte. – Mehr noch als für das außergewöhnliche Format als Heerführer und für das strategische Genie, das die vergangenen Epochen beeindruckte, ist unsere Zeit empfänglich geworden für die Vieldeutigkeit einer menschlichen Erfahrung … Der berühmteste Karthager ist ein paradoxer Karthager … Ein Hadrian musste auf den Kaiserthron steigen, damit auch Rom einen Sohn besaß, der, wie Hannibal, zugleich pietas und Sinn für das Universelle in sich vereinigte.*[93]

Ganz anders verlief die Forschungsentwicklung im italienischen Bereich. Sowohl auf der Apenninenhalbinsel als auch auf den großen Inseln war das Geschehen zur Zeit der Punischen Kriege im Allgemeinen und Hannibals im Besonderen Teil der eigenen Landesgeschichte im engeren Sinne, damit einer lokalen, regionalen und gesamtitalischen Geschichtstradition, die zum Teil noch heute lebendig ist. So erklärt sich die Dominanz der topographischen und regionalen Spezialstudien, auf die hier nicht näher eingegangen werden kann, auch die nie abbrechende Passion, die militärischen Operationen und großen Schlachten konkret zu fixieren.[94]

Die römische Geschichte jener Epoche wurde viele Jahrzehnte hindurch durch das klassische Werk von Gaetano De Sanctis bestimmt, dessen Partien über die Punischen Kriege noch immer einflussreich sind. Angeregt durch die zeitgenössische Kriegsschulddiskussion nach 1918, die Kontroverse um den Politiker Hannibal sowie speziell durch Arbeiten von W. Otto und seines eigenen Schülers A. Momigliano hat sich De Sanctis in einer sehr persönlichen Untersuchung auch näher mit Hannibal befasst und dabei diesen in die römisch-karthagische Politik wie in jene der Barkiden eingeordnet.

Nicht Hamilkar Barkas, den De Sanctis als „heldenhaften Barkiden“ bezeichnet und dem er auch den Plan einer Offensive gegen Italien zuschreibt, und auch nicht Hasdrubal, sondern Hannibal trug nach ihm *gegenüber seinen Landsleuten und gegenüber der Geschichte die volle Verantwortung für die Wahl des Zeitpunktes und für die politisch-militärische Vorbereitung des Krieges*. Allerdings wird eingeräumt, dass Hannibals Entscheidungen durch die Logik der römischen Expansion und die Entwicklung des römischen Imperialismus provoziert wurden. Im Gegensatz zu Momigliano unterstreicht De Sanctis, dass Hannibal auch als Politiker Außergewöhnliches leistete, dass er zwar zu den größten Feldherrn gehört, die es je gab, von den *abenteuerlichen Gestalten der Diadochenära* aber grundsätzlich zu trennen ist: *Hannibal blieb während seines ganzen Lebens, trotz seiner Machtfülle als militärischer Führer, der loyale Bürger und Soldat Karthagos, ein Mann, der für ein Ideal lebte, und zwar nur für eines, nämlich das Vaterland. In Hannibal begegnet, erhöht durch die Größe Karthagos und die seiner Person, die gleiche stammeseigene Verpflichtung zur Solidarität, die dem semitischen Leben und der semitischen Kultur zugrunde liegt, nichts mehr und nichts weniger.*

Es ist verständlich, dass sich De Sanctis, ähnlich wie so viele italienische Autoren, nicht zurückhalten kann, den Triumph der römischen Seite mit Emphase zu feiern, einerseits den *granitenen Block* der italischen Bundesgenossenschaft, andererseits *die absolute Einheit zwischen der politischen und der militärischen Führung* Roms sowie den Einklang zwischen Regierenden und Regierten. Mehr noch: Roms Sieg ist für De Sanctis *in erster*

Linie der Sieg der vollkommensten und der am festesten gefügten politisch-militärischen Ordnung, welche die antike Kultur auf der Grundlage der Freiheit hervorzubringen vermocht hatte ... Es ist ferner der Sieg über eine Kultur, die weniger reich, weniger schöpferisch und, um es in einem Wort zu sagen, weniger menschlich war. Unter diesem Aspekt befreit De Sanctis die Römer auch von der Schuld, *die im Hinblick auf den Beginn des Zweiten Punischen Krieges auf ihnen lasten kann.*[95]

Wie die übrigen großen italienischen Darstellungen der Epoche der Punischen Kriege aus der faschistischen Ära, so die Werke von E. Pais und G. Gianelli 1935, dokumentieren, waren damals die Voraussetzungen für eine adäquate Würdigung Hannibals kaum gegeben. Auch dafür bildete das Jahr 1945 eine entscheidende Zäsur, für welche die frühen Publikationen von Santo Mazzarino charakteristisch sind. Doch als wichtiger erwiesen sich die völlig veränderten Rahmenbedingungen: Entscheidend wurde nun die Intensivierung der Erforschung von Phönikern und Puniern auf italienischem Boden wie die Stimulierung der archäologischen Grabungen insgesamt, Phänomene, die oben bereits erwähnt wurden.[96] Daneben blieb die Kontinuität topographischer und landesgeschichtlicher Studien bezeichnend, wie sie zum Beispiel in der Tagung des Jahres 1961 in Cortona[97] sichtbar wurden.

Dass sich die rege italienische Spezialforschung daneben an den einschlägigen internationalen Kontroversen lebhaft beteiligte, verstand sich von selbst. Exemplarisch sei dafür die Auseinandersetzung von Francesco De Martino mit den Thesen von Toynbees „Hannibal's Legacy“ erwähnt.[98]

Für die Jahrzehnte der Folgezeit sind dann einmal die vielfältigen Aktivitäten von Giovanni Brizzi sowie die Wertungen der anspruchsvollen und modernen „Storia di Roma“[99] repräsentativ. Es ist bezeichnend, dass die Rolle der Einzelpersönlichkeiten in dem imponierenden italienischen Pendant zur Cambridge Ancient History von sekundärer Bedeutung ist, die Gestalt Hannibals, der Gesamtkonzeption des großen Werkes entsprechend, daher zurücktritt.

Sieht man von einigen primär populärwissenschaftlichen Werken[100] ab, so liegt aus dem angloamerikanischen Bereich aus den letzten Jahrzehnten keine bedeutendere und anspruchsvollere wissenschaftliche Biographie Hannibals vor. Die wichtigsten einschlägigen Darstellungen und Forschungen der Gegenwart behandelten vielmehr Grundlagen und spezielle Aspekte der Thematik. An erster Stelle ist dabei der klassische, dreibändige Polybioskommentar von F. W. Walbank zu nennen, eine für den Gesamtbereich unentbehrliche Basis.

Von ähnlicher Bedeutung wurde für Hannibals Folgen das bereits mehrfach erwähnte, stark beachtete Werk von A. J. Toynbee „Hannibal's Legacy“, das zudem vor allem nach der kritischen Monographie von P. A.

Brunt[101] eine lebhafte Diskussion auslöste. Für die Gesamtzusammenhänge und den Rahmen wie die Folgen der Punischen Kriege dürfte der großen Studie von E. S. G. Gruen ein ähnlicher Rang zukommen.

Für die britischen Aktivitäten sind die intensiven topographischen Untersuchungen von de Lavis-Trafford ebenso typisch wie zahlreiche Beiträge zur Alpendurchquerung, wobei der Leistung, dem Weg und Schicksal der Elefanten besondere Aufmerksamkeit galt.[102] Jahrzehnte hindurch gab daneben H. H. Scullard die stärksten Impulse zur Erfassung dieser Epoche. Ob die Gestalt des Scipio Africanus, die Klärung der inneren Strukturen und Zielsetzungen der römischen Führungsschicht, wiederum die Rolle der Elefanten oder die Vermittlung der Punischen Kriege im Rahmen der Cambridge Ancient History, stets fanden die gediegenen Ausführungen Scullards große Beachtung.

Neben einigen weiteren Themenkreisen, zu denen nicht zuletzt auch die numismatischen Arbeiten zu zählen sind,[103] standen immer wieder die militärischen Elemente der Geschichte Hannibals im Zentrum des allgemeinen Interesses.[104]

Besonders starke Resonanz löste dabei die primär militärwissenschaftlich orientierte Monographie des ehemaligen britischen Generalstabschefs Sir Nigel Bagnall aus. Im Rahmen seiner Gesamtanalyse des Kampfes zwischen Rom und Karthago um die Herrschaft über das Mittelmeer konzentrierte sich der Verfasser bewusst auf die strategischen, operationalen und taktischen Ebenen des Geschehens. Ihm war bewusst, dass seine Konzeption und seine Begrifflichkeit den antiken Bewusstseinslagen nicht entsprechen; gleichwohl sah er in ihnen ein geeignetes heuristisches Instrumentarium, um Entstehung und Verlauf der Punischen Kriege zu durchleuchten.

In diesem Rahmen gab Bagnall auch eine Gesamtbeurteilung Hannibals. Dabei unterstrich er, dass dieser auf taktischer Ebene eine größere Beweglichkeit seiner Verbände erzielte: *Die offensive Aktion, Überraschungseffekte und eine Flexibilität, durch die der Gegner eingekesselt wurde, waren Kennzeichen seiner Kriegführung*. Als Hannibals Endziel wurden das Aufbrechen der römischen Konföderation sowie darüber hinaus eine weitläufige Einkreisung Italiens von außen benannt. Der Autor rühmte insbesondere Hannibals Führungsqualitäten. Hannibal war nach ihm *ein Feldherr, der allen Menschen in internationalen Führungspositionen als Vorbild dienen kann, denn er führte seine Leute vor allem durch sein Beispiel. Nur zu genau kannte er die Belastbarkeit seiner Soldaten. Zudem war er sowohl physisch als auch psychisch robust, furchtlos, ohne tollkühn zu sein, unbeirrbar in seinen Zielen, außergewöhnlich kompetent und, wenn es nötig war, unbarmherzig gegen seine Feinde.* Auch der britische General sah in Hannibal *ohne jeden Zweifel ein Genie*. Selbst im Vergleich mit Scipio Africanus wurde betont, *dass der Palmzweig für innovatives Denken und für gewaltige Leistungen unter widrigsten Umständen an Hannibal geht.*[105]

Für Hannibals Stellung im allgemeinen Geschichtsbild ist schließlich ein Vergleich seiner Berücksichtigung in den entsprechenden Partien der Cambridge Ancient History besonders aufschlussreich. Während in deren erste, weit und lange verbreitete Auflage ein durchaus positiv gezeichnetes Porträt von L. Hallward eingefügt ist,[106] dominiert in der neuen Auflage eine wesentlich kritischere, nüchterne Sicht. Die Persönlichkeit Hannibals erhält keine klaren Konturen, die Ereignisgeschichte wurde stark konzentriert, bei Hannibal dessen Aggressivität gegen Rom betont und behauptet, er habe keinen Plan dafür gehabt, was nach einem eventuellen Sieg über Rom geschehen solle.[107]

Rückblicke auf die Geschichte des Hannibal-Bildes enden in überraschenden Resultaten: Obwohl sich die Quellenlage über den großen Karthager seit der Antike nur wenig verändert hat, dominiert noch immer die Vielfalt der Perspektiven und Wertungen. Die lange Reihe der Hannibal-Porträts wird durch singuläre Individualleistungen ebenso charakterisiert wie durch die fast unübersehbare Zahl von Vermittlungswerken, die in erster Linie die geistigen und politischen Strömungen der jeweiligen Gegenwart wie den Wechsel der Methoden und Ansätze der Geschichtswissenschaft widerspiegeln.

Konstanten der Entwicklung sind dabei die kontinuierliche Präsenz der Persönlichkeit Hannibals nicht nur bei militärischen Spezialisten von Napoleon über Schlieffen bis zu Bagnall, sondern eben auch in weitesten Kreisen aller Altersstufen. Dabei stehen neben den persönlichen Akzenten bedeutsamer Gesamtdarstellungen und Biographien viele Hunderte von Spezialuntersuchungen, die sich zwar lediglich mit Einzelaspekten wie topographischen Problemen befassten, dabei jedoch fast stets Mosaiksteine zum Verständnis Hannibals beitrugen.

Trotz unbestreitbarer Fortschritte in Einzelfragen ist der Mensch Hannibal freilich im Letzten noch immer genauso fern und unzugänglich geblieben wie eh und je. Es spricht alles dafür, dass die Grundlinien der bisherigen Konstellation auch in Zukunft bestimmend bleiben werden. Die Bilanz der Gegenwart hat daher auch keinen Anspruch auf verbindliche Dauer; die Dialektik der bisherigen Wirkungsgeschichte wird auch weiterhin andauern.

Kennzeichnend für die Situation der Gegenwart sind einerseits wenige allgemeine Grundtendenzen, andererseits die Fortdauer genereller Differenzierung. Unbestreitbar ist die distanziertere, kühlere und weniger emotionale Beurteilung des Feldherrn Hannibal und damit des Kerns seiner Persönlichkeit. Wesentliche neue Aspekte bilden daneben seit geraumer

Zeit die umstrittene Einschätzung seiner politischen Ziele wie seine Einordnung in die allgemeine Hellenismusdiskussion, eine gewiss berechtigte Perspektive, die jedoch die Gefahr in sich trägt, die semitische Komponente seines Wesens zu relativieren.

Aufschlussreich bleibt ferner die Tatsache, dass trotz der schon lange erreichten 'Globalisierung' der Forschung, ihrer internationalen oder zumindest europäischen Verflechtung, noch immer auch nationale Schwerpunkte und Prioritäten zu erfassen sind: So ist für den deutschsprachigen Bereich neben konventioneller Grundlagenforschung die kritische und antimilitaristische Grundströmung nicht zu übersehen, für den französischen die enge Verbindung mit archäologischen Untersuchungen. Während die weitgehende Identifikation der italienischen Studien mit römischen Prioritäten offenkundig bleibt, wird der englischsprachige Bereich durch die Beschäftigung mit vielfältigen konkreten Sachfragen und topographischen Problemen ebenso charakterisiert wie mit den Sektoren der Grundlagenforschung, militärgeschichtlichen Untersuchungen und der Einordnung des Geschehens in umfassendere Zusammenhänge. Auch hier herrscht somit, um mit Burckhardt zu reden, eine concordia discors.

IX. Hannibals Persönlichkeit

Der Rückblick auf die Beurteilung Hannibals in Antike und Neuzeit führte am Ende zu einem ziemlich zwiespältigen Eindruck. Ein Jahrhundert nach dem Tode Alexanders des Großen, ein halbes Jahrhundert nach demjenigen des Pyrrhos waren einst die Voraussetzungen für ein Erfassen der Persönlichkeit Hannibals besonders günstig. Wie andere hellenistische Kriegsherren, so hatte auch Hannibal nicht wenig für die Fixierung seiner persönlichen Leistung getan. Allein weder sein Tatenbericht im Hera-Tempel am lakinischen Vorgebirge noch die verlorenen Darstellungen des Sosylos und Silenos, sondern das „Kriegsbild" der Gegenseite hat schließlich die öffentliche Meinung und das allgemeine Geschichtsbild bestimmt.

Selbst in einem Augenblick, da zumindest im griechischen Bereich das Interesse an dem großen Individuum und an der literarischen Form der Biographie besonders ausgeprägt und entwickelt war,[1] hat der Punier davon nicht profitiert. Die rationale Würdigung des großen Feldherrn, die Berücksichtigung von Charakter und Erziehung, seine Verflechtung in einen umfassenden historischen Prozess bei den griechischen Historikern vermochten sich gegen die grellen Töne des römischen Hasses nicht durchzusetzen.

Jede Beurteilung der Persönlichkeit Hannibals wird so der Tatsache Rechnung tragen müssen, dass für ihn keine ähnlichen Selbstzeugnisse vorliegen wie bei Caesar und Augustus, nicht einmal der Niederschlag der Berichte aus seiner Umgebung wie bei Alexander dem Großen. Was über Hannibals Persönlichkeit überliefert ist, bleibt schemenhaft und weithin unbefriedigend, denn auf welchen idealen Feldherrn passen die Merkmale der Charakteristiken eines Polybios, Livius und Cassius Dio nicht? Wie wenig wirklich individuelle Züge der Persönlichkeit Hannibals sind in ihnen enthalten? Ist es nicht bezeichnend, dass sich Cassius Dio für die Wahrheit seiner allgemeinen Schilderung von Hannibals Geisteshaltung auf das Zeugnis seiner Taten berufen muss?[2] Dem leidenschaftlichen Hass der Gegenseite genügten Hannibals Name als Fanal sowie eine allgemeine Fixierung ausgewählter, meist negativer Eigenschaften, der militärischen Qualifikation und eines maßlosen Willens. Die vielen offenen Fragen um Hannibals Porträt spiegeln diesen Sachverhalt am klarsten wider.[3]

Die Folgen des bewussten Verzichts auf eine angemessene und getreue Erfassung der Individualität des Puniers in der Antike sind nicht zu verkennen. Es war gerade deshalb möglich, sowohl die Beziehung zum Vater als auch die Verbindung mit der Heimatstadt über Gebühr zu betonen, die

Umweltbedingungen des hellenistischen Zeitalters ebenso zu verkennen wie die afrikanische Provenienz[4] und endlich weitausgreifende Reflexionen über angebliche politische oder militärische Fernziele Hannibals anzustellen.

Wenn die geschichtsphilosophischen und universalgeschichtlichen Bewertungen der Neuzeit eines in Erinnerung gerufen haben, so ist dies die Bedeutung der persönlichen Entscheidungen Hannibals. Die Folgen, die seine Entschlüsse zeitigten, sein Entschluss zum Angriff auf Sagunt, sein Entschluss zum Zug durch die Alpen, sein Entschluss, Italien zum Kriegsschauplatz zu machen, heben sich aus der wachsenden Distanz nur noch stärker ab. Die Aufgabe, verlorene Züge der Person Hannibals wiederzugewinnen, vermag auch der moderne Historiker nicht zu lösen. Auch er ist weithin gezwungen, von Hannibals Verhalten, Entscheidungen und Leistungen Rückschlüsse auf dessen Individualität zu wagen.

Über das Leben im Haus des Hamilkar Barkas und damit über Hannibals Jugendeindrücke ist nur wenig bekannt. Nicht einmal der Name seiner Mutter ist überliefert. Im Unterschied zu Hannibals Brüdern Hasdrubal und Mago, die zwar im Verlaufe des 2. Punischen Krieges wichtige Kommandos innehatten, aber an Hannibals überragende militärische Begabung bei weitem nicht heranreichten, gewinnen dessen drei Schwestern kein Profil. Es steht lediglich fest, dass sie – wohl stets aus politischen Motiven – mit einflussreichen Persönlichkeiten verheiratet wurden, so mit Bomilkar, Hasdrubal und dem Numiderfürsten Naravas.

Dass der junge Hannibal schon früh von den Eindrücken seines Vaters aus dem 1. Punischen Krieg und aus dem großen Söldneraufstand, später von dessen Kämpfen in Spanien erfuhr und sich mit dieser soldatischen Welt identifizierte, dürfte wahrscheinlich sein. Ebenso wahrscheinlich ist es, dass er nicht nur durch eine traditionell karthagische, sondern auch durch griechische Bildung geprägt wurde und dass dabei der Spartaner Sosylos einen besonders großen Einfluss auf ihn ausübte, ihn wohl auch mit den Taten Alexanders des Großen näher bekannt machte. In religiöser Hinsicht scheint Hannibal, wie seine Reise nach Gades vor dem Beginn der Offensive im Jahre 218 bezeugt, zunächst ein sehr enges Verhältnis zu Melkart und zu Herakles gehabt zu haben. Ähnlich demonstrative Akte sind später nicht mehr belegt.

Die entscheidenden Impulse erhielt der junge Barkide jedoch auf dem spanischen Kriegsschauplatz. Die Feldzüge waren seine Universitäten, an der Seite seines Vaters und Hasdrubals ging er zur Lehre. Dort sammelte er seine Erfahrungen in der Praxis, zeichnete sich als Kavallerieoffizier aus, in einer Truppengattung, die ihm stets besonders am Herzen liegen sollte, erlernte die Besonderheiten der Führung von Söldnerverbänden und Hilfstruppen, aber auch die Notwendigkeit, mit den Stämmen des

Landes zu kooperieren und sie zur Hinnahme der barkidischen Herrschaft zu bringen.

Die Bedeutung dieser frühen Erfahrungen in Spanien ist kaum zu überschätzen. Er erlebte militärische Erfolge und Eroberungen, aber auch Katastrophen wie den Tod des Vaters und die Ermordung seines Schwagers Hasdrubal. Umfassende Erkundung des Gegners wurde ihm ebenso vertraut wie die Ausnutzung des Geländes und der Gebrauch von Kriegslisten. In der Härte der Operationen wuchs seine physische und psychische Belastbarkeit. Da er alle Strapazen der Armee teilte und diese, wie bei Söldnerverbänden üblich, an den Plünderungen und an der Beute großzügig beteiligte, wurde er trotz seiner Jugend als Befehlshaber anerkannt und beliebt.

Livius hat ihn daher auch zum Ideal eines militärischen Kommandeurs stilisiert: *Er war äußerst kühn, wenn es galt, gefährliche Aufträge zu übernehmen, und in den Gefahren selbst erwies er sich sehr besonnen. Keine Anstrengung konnte seinen Körper ermüden und seinen Mut besiegen. Gleich war seine Ausdauer in Hitze und Kälte. Das Maß im Essen und Trinken wurde von seinem natürlichen Verlangen, nicht von der Lust bestimmt. Nicht Tag und Nacht legten die Zeit für Schlafen und Wachen fest; was ihm nach getaner Arbeit noch übrig blieb, widmete er der Ruhe. Aber auch sie wurde nicht durch ein weiches Lager oder durch Stille herbeigezaubert. Viele haben ihn gesehen, wie er zwischen Wachen und Soldatenposten auf der Erde lag, nur mit einem Militärmantel zugedeckt. Seine Kleidung unterschied sich in nichts von der seiner Altersgenossen. Dagegen fielen seine Waffen und Pferde auf. Er war der beste Soldat zu Fuß und zu Pferde. Als Erster zog er in den Kampf, als Letzter verließ er das beendete Treffen.* Diesem, zum Teil gewiss topischen Idealbild stellt Livius unmittelbar daran anschließend jedoch die wiederum topischen punischen Charakterfehler gegenüber: *Unmenschliche Grausamkeit, eine mehr als punische Treulosigkeit. Nichts galt ihm Wahrheit, nichts war ihm heilig. Gottesfurcht kannte er nicht, ein Eid war ihm bedeutungslos, und er empfand keine religiöse Bindung.*[5]

Es ist bezeichnend, dass der hier exemplarisch zitierte Livius auf eine bemerkenswerte Seite von Hannibals Charakter überhaupt nicht eingeht: Sein Verhältnis zu Frauen kommt nicht zur Sprache. Davon ist lediglich bekannt, dass Hannibal in Spanien Himilke, die Tochter eines Aristokraten aus Castulo, heiratete. Abgesehen von einer erdichteten Geliebten in Lukanien, gibt es in dieser Hinsicht nicht einmal Legenden oder Gerüchte, eine Tatsache, die wohl für sich selbst spricht.

Jahr für Jahr entwickelte Hannibal so in Spanien immer stärker eine geradezu extrem militärische Existenz. Seine Qualifikationsfelder wie die Dimensionen seines Handelns änderten sich freilich in dem Augenblick, als er nach der Ermordung Hasdrubals zum Oberbefehlshaber ausgerufen wurde und damit die Gesamtverantwortung für die Armee der Barkiden in Spanien zu übernehmen hatte.

Gerade für die folgende Phase des Geschehens war Polybios, der ehemalige Kavallerieführer des Achäischen Bundes und Militärschriftsteller wie Universalhistoriker, besonders legitimiert, Hannibals Wirken und Leistungen zu beurteilen. Wie bereits erwähnt (S. 153f.), rühmte er insbesondere Hannibals Feldherrnkunst als geistige und kriegswissenschaftliche Leistung, dessen zutreffende Lagebeurteilungen und Prognostik dank seiner geistigen Spannkraft, seinem Weitblick wie seinem Denken in gesamtmediterranen Horizonten.

Für diese Epoche seines Lebens, die zwei Jahrzehnte zwischen 221 und 201, kommt es nun freilich darauf an, Hannibals Stellung als Oberbefehlshaber möglichst scharf zu präzisieren. Es kommt darauf an, ins Bewusstsein zu rufen, dass Hannibal – anders als Alexander der Große, Caesar oder Napoleon – nicht als Oberbefehlshaber sämtlicher Streitkräfte seines Staates agierte, sondern lediglich als Befehlshaber auf einem Kriegsschauplatz unter mehreren. Während der makedonische König, der dictator perpetuo und der französische Kaiser souverän handeln und das gleichzeitige Geschehen auf parallelen Feldern allein verantwortlich dirigieren konnten, war dies bei Hannibal gerade nicht der Fall.

Hannibal besaß zwar für sein italisches Kriegstheater sowohl militärisch als auch politisch große Vollmachten, war indessen für das Geschehen auf den anderen Kriegsschauplätzen, wie gezeigt wurde, von den Entscheidungen des karthagischen Rates abhängig. Dass die Koordination der militärischen Einsätze auf den verschiedenen Schauplätzen zu wünschen übrig ließ, ist evident.

Es ist ebenso evident, dass den karthagischen Ratsherren die Vorgänge auf Sizilien und Sardinien näher lagen, erst recht die spanischen Silberbergwerke mehr bedeuteten als die Schlachten in Italien. Die Einsicht, dass es nach Hannibals großen Anfangserfolgen darauf ankam, die Entscheidung dieses Krieges in Italien herbeizuführen, Hannibal in denkbar weitestem Umfang und kontinuierlich durch Verstärkungen seines Potentials in jeder Form zu unterstützen, fehlte den Mitgliedern des Rates, die zumeist über keine militärischen Erfahrungen verfügten. Für sie waren primär ökonomische Maßstäbe vorrangig.

Die Prioritäten des karthagischen Rates sind deshalb kaum verständlich, weil Hannibal andererseits mit großer Loyalität die Initiativen des Rates, so weit es ihm möglich war, unterstützte und den Rat selbstverständlich bei wichtigen politischen Entscheidungen, wie dem Vertrag mit Philipp V., beteiligte. Falls auf karthagischer Seite überhaupt daran gedacht wurde, Verbündete gegen Rom zu gewinnen und zu mobilisieren, war der Einsatz des Rates jedenfalls völlig unzulänglich.

Ähnlich liegen die Dinge im Bereich der Flotte. Schon bald nach Kriegsbeginn hatte sich die Unterlegenheit der karthagischen Seestreitkräfte herausgestellt, auch deren wachsende Bedeutung im weiteren Verlauf der Kampfhandlungen. Doch die Wiederaufrüstung einer karthagischen Kriegsflotte wurde nur halbherzig betrieben; die Römer konnten dagegen von ihrer Seeherrschaft in den verschiedenen Teilen des Mittelmeeres profitieren.

Angesichts dieser Abhängigkeiten und Rahmenbedingungen verdient Hannibals militärische Leistung erst recht volle Anerkennung. Anders liegen die Dinge im politischen Bereich. Dabei ist – im Gegensatz zu modernen Forschungstendenzen, die sich ausschließlich auf den 'Politiker' Hannibal konzentrieren – zu berücksichtigen, dass sowohl auf dem spanischen als auch auf dem italischen Kriegsschauplatz von Anfang an die Interdependenz zwischen Kriegführung und Politik dominierte.

Die Barkiden traten in ein politisch zerklüftetes Spannungsfeld ein. Mit befreundeten Stämmen übernahmen sie zugleich deren Gegner. Weder die iberischen noch die keltischen Gruppen bildeten weitgespannte Einheiten. In vielen Fällen konnte Hannibal, ungeachtet seiner Erkundungsbemühungen, erst an Ort und Stelle die vielfältigen, oft traditionellen Konfliktlagen erkennen. Dass die mit ihm koalierenden Kräfte dabei immer wieder den eigenen Einfluss wie die eigene Macht überschätzten und ihn immer wieder für ihre eigenen Partialinteressen einsetzen wollten, ist nahe liegend. Dass Hannibals politische Agenten ihn teilweise nicht realistisch informierten, ist ebenfalls nicht auszuschließen. Die Defizite auf diesem Gebiet sind nicht zu beschönigen.

Hannibals politisches Ziel war offenkundig, durch die Unterstützung aller zentrifugalen Kräfte innerhalb des römischen Bundesgenossensystems dessen Dekomposition herbeizuführen. Dass er deren Virulenz überschätzte und umgekehrt die Kohärenz der römisch-italischen Bundesgenossenschaft unterschätzte, ist der elementare und schließlich verhängnisvolle Fehlansatz seiner Politik gewesen. Da sich einerseits seine Armee aus dem Lande selbst ernähren musste und deshalb zwangsläufig immer größere Schäden verursachte und da andererseits die wenigen Verbündeten, die ihm zufielen, zwar ihre neue 'Freiheit' in Anspruch nahmen, sein Potential aber nicht wesentlich verstärkten, geriet Hannibal in ein kaum auflösbares Dilemma.

Was Hannibals Konzeptionen und Denkkategorien anbelangt, so kann man davon ausgehen, dass die Dimensionen seines Denkens zunächst durchaus durch die phönikisch-karthagischen Traditionen bestimmt wurden. Doch ein Instrumentarium, um in diesen weitgespannten Horizonten politisch tätig zu werden, stand ihm nicht zur Verfügung. Nach den italischen Rückschlägen, insbesondere nach der Niederlage Hasdrubals am

Metaurus 207, war sein Autoritätsverlust eindeutig, sein Handlungsspielraum zuletzt auf sein Réduit verengt, waren entscheidende Aktionen von ihm nicht mehr zu erwarten. Hannibals letzter Brückenkopf in Süditalien konnte günstigstenfalls noch in Friedensverhandlungen als schwacher Trumpf ausgespielt werden, falls er nicht, wie es geschah, von Karthago selbst aufgelöst wurde.

Den zuletzt genannten politischen Schwierigkeiten, Defiziten und Niederlagen Hannibals stehen nun freilich seine vielfältigen militärischen Qualifikationen und Leistungen gegenüber. An ihre wichtigsten Etappen ist auch hier noch einmal zu erinnern: In der Krise des Jahres 219 um Sagunt zeigte Hannibal ein selbstsicheres und entschlossenes Auftreten. In den achtmonatigen schweren Kämpfen um die Stadt, in denen der junge Befehlshaber verwundet wurde, erlebte er erstmals die Schwierigkeiten einer langen Belagerung eines hartnäckigen und zum äußersten Widerstand entschlossenen Gegners. Es ist denkbar, dass die Erfahrung jenes Jahres für ihn zum Trauma wurde und dazu führte, dass er in Zukunft Kämpfe dieser Art nach Möglichkeit vermied.

Entsprechend den sich neu stellenden Zielen wurde 219/8 Hannibals Armee umstrukturiert. Die Eskalation des Geschehens ist erregend. Ging es zunächst lediglich darum, den Norden Spaniens vor römischen Landungen zu sichern, so folgte nach der römischen Kriegserklärung der überraschende Entschluss, durch Pyrenäen und Alpen gegen Italien vorzustoßen, um damit allen römischen Offensivplänen den Boden zu entziehen. Tatsächlich gelang die Realisierung dieses kühnen Planes. Dabei sind die Vermeidung von Kämpfen gegen die Mehrzahl der nordspanischen Stämme ebenso bewundernswert wie die beträchtliche logistische Leistung, der Übergang über die Rhône nicht weniger als der Verzicht auf eine Auseinandersetzung mit P. Scipio. Schon in diesen Eröffnungszügen des neuen großen Krieges zeigte sich die souveräne strategische Qualifikation des von den Römern offensichtlich völlig unterschätzten Gegners.

Zu Recht gilt der dann folgende Alpenübergang als eine klassische militärische Leistung. Das ganze Unternehmen brachte auch für Hannibal persönlich denkbar schwerste, sowohl physische als auch psychische Belastungen. Ihm standen nicht nur die Alpenbewohner, sondern ebenso Gelände und Natur entgegen; schwere Krisen konnten nicht ausbleiben. Immer wieder mussten feindliche Sperrversuche durchbrochen und Überfälle zurückgeschlagen werden.

Obwohl sich Hannibal an den Kelteneinfällen in Italien während der zwanziger Jahre des 3. Jahrhunderts orientieren konnte und ihm keltische Führer zur Verfügung standen, war er nie vor Überraschungen aller Art sicher. Dass er, unter denkbar hohem Zeitdruck stehend, dennoch Ruhetage einlegte und die bald erschöpften Verbände insgesamt nicht überforderte, spricht für seine Nervenstärke wie für seine Unbeirrbarkeit. Gewiss musste er hohe Verluste in Kauf nehmen, doch das Ziel wurde erreicht.

Die folgenden Etappen der Offensive erforderten dann ganz andere Qualitäten. In den Gefechten am Ticinus und an der Trebia zeigten sich erstmals die Grundzüge seiner Schlachtentaktik, die für ihn fortan spezifisch blieben: der Kavalleriedurchbruch an den Flügeln, der in den Vorstoß in den Rücken des Feindes überging, daneben die überlegene Wahl des Gefechtsfeldes und des Beginns der entscheidenden Kämpfe, die Irreführung des Gegners durch Täuschungsversuche und die Überraschungsangriffe zuvor verborgener Einheiten.

Hatten schon die ersten Siege nach Hannibals Alpenüberquerung in hohem Maße motivierend auf seine Truppen gewirkt, so galt dies erst recht im Jahre 217 für die Schlacht am Trasimenischen See, die Katastrophe des Flaminius, zu der Hannibals überlegene Ausnutzung des Geländes ebenso beitrug wie die Versäumnisse seines Gegners im Bereich der Erkundung und Sicherung seines Durchmarschgebietes.

Cannae stellte dann den unbestrittenen Höhepunkt der frühen Siege gegen einen zahlenmäßig weit überlegenen Feind dar. Die Schlacht ist ausführlich beschrieben worden, desgleichen ihre Folgen (S. 86ff.). Auf Hannibals Triumph folgte ein jahrelanger Bewegungskrieg mit wechselvollen Kämpfen, dem Auf und Ab politischer wie militärischer Aktionen, Erfolgen wie Rückschlägen – eine Phase, die an den verantwortlichen Befehlshaber die denkbar höchsten psychischen Anforderungen stellte. Dies galt erst recht für den Kleinkrieg nach Hasdrubals Untergang, als Hannibal auf den äußersten Süden der Apenninenhalbinsel zurückgedrängt war und die Räumung seines letzten kleinen Brückenkopfes bevorstand.

Die Schlacht von Zama war danach lediglich noch ein Nachspiel eines bereits verlorenen Krieges. Mit ihr endete dann auch, und nicht mit den kleinen Flottenoperationen im Dienste hellenistischer Herrscher, Hannibals militärische Laufbahn. Da dem Flüchtling diplomatische Fähigkeiten fehlten, musste auch seine Tätigkeit als Militärberater an der Seite Antiochos' III. scheitern. Die Feldzugspläne, die er für den seleukidischen Herrscher entwarf, mochten aussichtsreiche Elemente enthalten, insgesamt waren sie im Hinblick auf das mobilisierte Potential des Königs illusionär.

Wenn angemessen berücksichtigt wird, unter welchen Voraussetzungen und Rahmenbedingungen Hannibal den 2. Punischen Krieg in Italien führen musste, so besteht Sir Nigel Bagnalls Beurteilung als „Genie“ gewiss zu Recht. In einem Ringen, das auf beiden Seiten mit äußerster Zähigkeit geführt wurde, war indessen nicht der geniale Feldherr entscheidend, sondern einmal das größere Potential Roms, zum andern das Festhalten der römischen Bundesgenossen an ihrer Führungsmacht – und dies trotz aller

Katastrophen und hohen Verluste. Entscheidend wurden Durchhalten und Wiederaufraffen der so oft Besiegten.

Wenn die antike Überlieferung Hannibals Persönlichkeit mit den Vorwürfen der Grausamkeit, Habgier, Treu- und Gottlosigkeit zu verdecken suchte, so hat die moderne Forschung solche Pauschalurteile berichtigt, zumindest relativiert. Ebenso unrichtig war es, in ihm primär einen von tiefem Hass erfüllten Kriegstreiber zu sehen und den 2. Punischen Krieg, eine nach Roms Intervention in Spanien unvermeidlich gewordene Auseinandersetzung, gleichsam zu personalisieren. Dabei wird verkannt, dass der junge Befehlshaber in entscheidenden politischen Fragen durchaus im Einklang mit dem karthagischen Rat handelte, ja, dass selbst sein Einfluss auf das militärische Gesamtgeschehen jenes Krieges begrenzt gewesen ist.

Es ist einfach, Hannibal mit der Verantwortung für den Kriegsausbruch, hohe Verluste, verfehlte Chancen und schließlich für die Niederlage Karthagos und deren Folgen zu belasten, Defizite aufzuspüren und ihm aus der Distanz so vieler Jahrhunderte besserwisserische Alternativen vorzuschlagen. Umgekehrt spricht es wohl für sich selbst, dass die Römer von einer geradezu pathologischen Furcht vor diesem Manne erfüllt waren und dass die griechisch-römische Überlieferung nicht ohne Herabsetzungen auskam, um eine künftige Bewunderung seiner Persönlichkeit zu verhindern oder zumindest um die römischen Niederlagen zu rechtfertigen.

Der Überblick über die Galerie der antiken und modernen Hannibal-Bilder zeigte indessen, dass nicht nur 'die Knaben' und militärische Spezialisten von Hannibals Persönlichkeit fasziniert wurden, von einer Persönlichkeit, der auch die ritterlichen Züge nicht fehlten und die nur aus der Realität ihrer Zeit angemessen beurteilt werden kann. Hannibals Einschätzung in der Gegenwart ist aus vielen Gründen – und Illusionen – gewiss kritischer und nüchterner geworden. Und doch können auch Hannibals Scheitern und eine gewisse Tragik seiner Existenz nicht verhindern, dass er als militärisches Genie und als eine große historische Persönlichkeit anerkannt wird – wie immer dabei die Akzente gesetzt werden.

Dabei ist es kein Zufall, dass Hannibals historische Rolle und Funktion von modernen Universalhistorikern und Geschichtsphilosophen oft richtiger gesehen wird als von den akribischen Erforschern der Ereignisgeschichte. Der Grund dafür liegt nicht zuletzt darin, dass „Hannibal's Legacy" mindestens ebenso bedeutend gewesen ist wie sein Handeln in seiner Gegenwart.

Durch seine Aktionen provozierte Hannibal die entscheidenden imperialistischen Impulse Roms, jene Impulse, die mittelfristig nicht allein zum Untergang eines 'freien' Karthago, sondern zum Niedergang der gesamten hellenistischen Staatenwelt des mediterranen Ostens führten – Impulse, die jedoch zugleich mit einem tiefgreifenden Strukturwandel der römischen Wirtschaft und Gesellschaft und damit ersten Anzeichen der Krise der späten Römischen Republik identisch sind. In ihr sollte schließlich auch die Solidarität jener römischen Führungsschicht zerbrechen, die so viel zum Sieg über Hannibal beigetragen hatte. Eine Gestalt wie Scipio Africanus war ein Vorläufer jener großen römischen Feldherrn, die für das römische Imperium unersetzlich wurden und schließlich zum Principat überleiteten.

X. Karthagos Untergang

Während Rom auch nach dem Friedensvertrag von 201 die Entwicklungen in Nordafrika misstrauisch verfolgte, bemühte sich die überwiegende Mehrheit der realistisch denkenden Mitglieder des karthagischen Rates in geradezu serviler Weise um ein gutes Einvernehmen mit dem römischen Senat.[1] Dies zeigte sich insbesondere während Hannibals letzten Aktivitäten, als Karthagos Führungsschicht alle römischen Verdachtsmomente und Besorgnisse beflissen zu zerstreuen suchte. Die Stadt beglich nicht nur alljährlich ihre Kriegsschulden, sie zögerte auch nicht, Rom in dessen militärischen Auseinandersetzungen tatkräftig zu unterstützen.

Im Rahmen einer generellen römischen Machtpolitik,[2] die ein Höchstmaß an außenpolitischem Einfluss mit einem Minimum militärischen Einsatzes, möglichst ohne ständige Heerespräsenz oder Flottendemonstrationen, erzielen wollte und sich dabei auf starke Verbündete stützte, kam in Nordafrika dem numidischen König Massinissa[3] eine entscheidende Rolle zu. Auf Grund seines konsequenten und umfassenden militärischen Einsatzes in der Endphase des 2. Punischen Krieges und seiner engen Verbindung mit Scipio Africanus wie mit anderen römischen Aristokraten, war er in eine politische Schlüsselstellung gerückt, wobei er sich in der Regel auf die römische Unterstützung seiner Interessen verlassen konnte.

Massinissa sah sich nach 201 zunächst gezwungen, seine Herrschaft über die nun vereinigten Teile Numidiens zu konsolidieren. Dass er gleichzeitig die weitere Expansion seines Territoriums erstrebte, ist verständlich; der römisch-karthagische Friedensvertrag lud ihn geradezu dazu ein. Doch dabei taktierte der König klug und vorsichtig. Er trat nicht sogleich mit Maximalforderungen hervor, deren Erfüllung selbst dem ihm wohlwollend gesinnten römischen Senat schwer gefallen wäre, sondern begnügte sich im Laufe der Zeit mit immer neuen, begrenzten Ansprüchen. Damit erhielt Rom regelmäßig die Funktion völkerrechtlicher Entscheidungskompetenz, wobei Beschlüsse oft genug verschleppt wurden. Um die Rückwirkungen, die solche Demütigungen Karthagos nach sich ziehen mussten, kümmerte man sich zunächst nicht.

Persönlich war Massinissa gewiss eine faszinierende Erscheinung. Polybios, der ihn kennen gelernt hatte, widmete ihm einen rühmenden Nachruf, in dem Massinissas körperliche Leistungsfähigkeit ebenso unterstrichen wurde wie dessen Vitalität, Anspruchslosigkeit, Selbstdisziplin und Regierungskunst: *Seine größte, beinahe göttliche Leistung aber war dies: Während ganz Numidien bis dahin Ödland gewesen war und durch Klima und Boden für untauglich galt, Feld- und Baumfrüchte hervorzubringen, hat er zuerst und allein den Beweis geliefert, dass sein Land diese Fähigkeit nicht weniger besitzt als irgendein anderes.*[4]

Massinissas Forderungen auf einstigen numidischen Besitz setzten schon unmittelbar nach dem Friedensvertrag ein. Obwohl Rom zu seinen Gunsten entschied, kam ein Vertrag zwischen Karthago und Massinissa zustande, der die beiderseitigen Beziehungen für einige Zeit regelte und sich im Wesentlichen bewährte. Doch mittelfristig gab Massinissa keine Ruhe. Während sich wiederholt römische Gesandtschaften in Karthago aufhielten und karthagische in Rom vorstellig wurden, besserte sich die Gesamtlage für Karthago nicht.

Ging es um das Jahr 182 um wertvolles Land im Bagradastal, so soll Massinissa etwa zehn Jahre später rund 70 Dörfer und kleinere Siedlungen okkupiert haben; in beiden Fällen wurde sein Vorgehen von Rom sanktioniert. Als er Mitte der sechziger Jahre einen weiteren Vorstoß an der Kleinen Syrte und bei den Emporien unternahm, konnte er zwar das flache Land besetzen, die Städtchen leisteten ihm jedoch Widerstand. Erneut wurden die karthagischen Beschwerden abgewiesen. 162/1 sprach Rom einmal mehr die strittigen Gebiete Massinissa zu; mehr noch: Karthago hatte dem König als Entschädigung für entgangene Einnahmen auch noch die Summe von 500 Talenten zu zahlen.

Über alldem wuchsen nach der Mitte der fünfziger Jahre die Spannungen im karthagischen Rat. Während dort eine Gruppe noch immer auf ein Nachgeben gegenüber den Römern setzte, plädierten andere Mitglieder für ein prinzipielles Zusammengehen mit Massinissa, wieder andere lehnten jede weitere Zurückhaltung ab und forderten eine entschiedenere Verteidigung der eigenen Interessen. Die Einzelheiten der karthagischen Innenpolitik sind indessen nicht bekannt.

Zu einer Zuspitzung der Lage kam es, als wohl 152 eine zehnköpfige römische Gesandtschaft, zu der auch M. Porcius Cato und P. Cornelius Scipio Nasica gehörten, in Karthago sondierte. Damals kam Cato zu der Überzeugung, dass eine endgültige Lösung der karthagischen Probleme unumgänglich sei und diese Überzeugung vertrat er im römischen Senat auch konsequent und bis zum Überdruss. Jeder seiner Stellungnahmen in der Körperschaft soll er damals das stereotype *Ceterum censeo Carthaginem esse delendam* (Im Übrigen bin ich der Meinung, dass Karthago zerstört werden muss) hinzugefügt haben.

Doch eine andere Senatorengruppe um Scipio Nasica[5] sah zunächst noch keine überzeugende Ursache für die Führung eines 'gerechten' Krieges. Ein Jahr später änderte sich freilich die Lage, als eine neue römische Gesandtschaft in Karthago die Aufwiegelung der Bevölkerung erlebt hatte. Es wurde deutlich, dass die Bereitschaft zum Widerstand gegen

Rom dramatisch angewachsen war. Eine weitere Eskalation trat ein, als in Karthago 40 Angehörige der pronumidischen Ratsgruppe verbannt wurden und nun ihrerseits Massinissa zum Eingreifen aufforderten.

Tatsächlich wurde Massinissa zunächst in begrenztem Rahmen aktiv, neue Verhärtungen der Situation folgten. 150 ging schließlich ein größeres, allerdings militärisch völlig unerfahrenes karthagisches Heer unter dem Boetharchen Hasdrubal – ohne vorherige römische Billigung, dies wurde entscheidend – gegen Massinissas Verbände vor. In der Schlacht sollen den 52000 Numidern angeblich 58000 Karthager gegenübergestanden haben, Truppen, die eine katastrophale Niederlage erlitten. Als genüge dies noch nicht, wurden Karthager, die kapituliert hatten, bei ihrer Rückkehr in die Stadt auch noch niedergemetzelt.

Die Vorgänge des Jahres 150 waren deshalb so folgenschwer, weil sie Rom die Argumente für die Führung eines 'gerechten' Krieges lieferten. Der Verstoß gegen den römisch-karthagischen Friedensvertrag war eindeutig. Sowohl in der römischen Führungsschicht als auch in der gesamten Bevölkerung der Stadt wurde nun die bisherige Politik gegenüber Karthago lebhaft diskutiert. Jetzt musste sich auch Scipio Nasica der Einschätzung Catos beugen und dem damals insgeheim gefassten Kriegsbeschluss zustimmen.

Ist der Anlass für die Entscheidung des römischen Senates, den Beschluss zur Kriegführung wie jenen, diese Absicht zunächst geheim zu halten, mit den Vorbereitungen für die Operationen jedoch sogleich zu beginnen, vor allem jedoch die Festlegung, Karthago nun endgültig zu zerstören, aus der Sicht der Senatoren begreiflich, so bleiben die tieferen Ursachen dafür kontrovers. Es dürfte sich dabei von vornherein empfehlen, von jedem monokausalen Erklärungsversuch für Ausbruch und Ziel des 3. Punischen Krieges abzusehen und von einem Zusammentreffen verschiedener Faktoren auszugehen.

Zunächst ist die in weiten Kreisen immer noch latente Stimmung gegen den alten Feind, der in Italien so weitflächige Zerstörungshorizonte und schwere Verluste hinterlassen hatte, zu berücksichtigen, eine emotionale Grunddisposition, die durch die immer wieder aufflackernden Unruhen und Probleme in Nordafrika noch verstärkt wurde. Da inzwischen auch mit einem baldigen Tod des beinahe 90-jährigen Massinissa zu rechnen war, konnten weitere Verwicklungen für die Zukunft nicht ausgeschlossen werden. Eine prophylaktische Intervention und eine endgültige Lösung der karthagisch-numidischen Krise lagen deshalb nahe.

Dazu trat ein sich schon länger abzeichnender Wandel in der römischen Machtpolitik. Die bisher angewandten Methoden einer faktisch indirekten Beherrschung römischer Einflussräume hatte sich zuletzt nicht bewährt. Weder in Spanien noch in Makedonien war es gelungen, dauerhaft konsolidierte Lösungen zu finden. Die Bereitschaft, endlich Schlussstriche unter lästige potentielle Krisenherde zu ziehen, nahm zu.[6]

Umstritten ist dagegen eine ausschließlich oder primär ökonomische Betrachtungsweise, wie sie früher wiederholt vertreten wurde, unterdessen jedoch kritischer gesehen wird. Dabei ist wohl kaum zu bestreiten, dass Cato als Augenzeuge von Karthagos neuer Prosperität tief beeindruckt war, auch nicht, dass archäologische Zeugnisse für die Vitalität des karthagischen Fernhandels während des 2. Jahrhunderts sowohl in Illyrien als auch im Schwarzen wie im Roten Meer vorliegen.[7] Die Erholung der karthagischen Landwirtschaft dank einer modernen, rationalen Produktionsweise wie jene der alten Wirtschaftsdomänen im Textil- und Metallbereich waren für römische Augen neben der Zunahme des Handelsvolumens provozierend genug. Da inzwischen auch die karthagischen Kriegsschuldabgaben beendet waren, stand einem weiteren Aufstieg der Stadt nichts im Wege.

Schließlich ist zuletzt mit plausiblen Argumenten auf andere innerrömische Impulse hingewiesen worden, so auf den Willen von Angehörigen der Führungsschicht, sich durch neue militärische Kommandos auszuzeichnen, sowie auf den großen Anreiz, den die zu erhoffende immense Beute bei einer Einnahme Karthagos darstellte.[8] Aus diesem Syndrom verschiedenartigster Motivationen und Impulse ist es wohl zu erklären, dass sich gegen den Kriegsbeschluss zuletzt kein nennenswerter Widerstand erhob.

Während die römische Mobilmachung begann, suchte man in Karthago zu retten, was noch zu retten war. Die Kommandeure der gegen Massinissa operierenden und von diesem so drastisch zerschlagenen karthagischen Armee, Hasdrubal und Karthalo, sowie andere Exponenten jener Kampfhandlungen sind mit der Todesstrafe belegt worden, vor allem wurde einmal mehr eine Rechtfertigungsgesandtschaft nach Rom delegiert, welche dort Massinissas Provokation erläutern und die karthagische Reaktion erklären sollte. Der Senat ging darauf nicht ein; die Gesandten kehrten ohne jedes Ergebnis zurück.

Ein überraschender diplomatischer Erfolg brachte die Dinge während des Winters 150/149 in Fluss: Utica, die alte Konkurrentin Karthagos, unterwarf sich damals Rom; damit war eine besonders geeignete Basis für die römische Invasion gesichert. Jetzt wurde auch die römische Kriegserklärung bekannt gemacht, die Kriegführung selbst den Konsuln des Jahres 149, M'. Manilius und L. Marcius Censorinus übertragen. Diese konnten, unter Heranziehung zahlreicher Freiwilliger, immerhin über eine Armee von etwa 80 000 Fußsoldaten und 4000 Kavalleristen verfügen sowie über eine Flotte von 50 Penteren und Dutzenden weiterer, kleinerer Einheiten. Ihr erstes Ziel war die Bereitstellung aller Verbände in Lilybaion.

Die Karthago drohenden Gefahren waren nun nicht mehr zu übersehen; in der Stadt beschloss man, sich Roms Willen zu unterwerfen, um in letzter Stunde Kampfhandlungen zu vermeiden. Erneut sollte eine Gesandtschaft in Rom die formelle Bereitschaft zur Unterwerfung unter die Anordnungen des Senats bekunden. Tatsächlich schien diese Erfolg zu haben, da der Prätor, der die Entscheidung des Senates mitteilte, lediglich die Stellung von 300 jungen Geiseln aus der karthagischen Führungsschicht forderte, die innerhalb von 30 Tagen den Konsuln in Lilybaion zu übergeben waren, daneben jedoch die Zusage verlangte, die Weisungen der Konsuln auszuführen.

Damit begann jene hinterlistige und perfide Täuschungsdiplomatie der römischen Seite, welche Rom weithin diskreditieren musste. Ausgerechnet der Staat, der jahrzehntelang die punischen Täuschungen und Irreführungen angeprangert und auch Hannibal damit identifiziert hatte, ging nun selbst dazu über, den Kontrahenten bewusst in die Irre zu führen, ja zu übertölpeln. Doch um den unvermeidlichen Vertrauensverlust kümmerte man sich in Rom nicht; die Resultate würden am Ende für sich selbst sprechen.

Karthago erfüllte auch jetzt innerhalb der gegebenen Frist die Forderung und stellte die Geiseln; den Begleitern wurde aufgetragen, die weiteren Forderungen der Konsuln in Utica entgegenzunehmen. Dort ist den Karthagern zunächst die Ablieferung aller Waffen befohlen worden. Auch diese wurden bereitwillig übergeben. Mit einer langen Wagenkolonne sind angeblich etwa 200 000 Ausrüstungsgegenstände und Waffen sowie rund 2000 Katapulte in das römische Lager in Utica gebracht worden, gefolgt von einer langen Prozession unterwürfiger karthagischer Ratsherren und Würdenträger.

Doch auch dieser Akt des Gehorsams brachte keinen Erfolg. Wenig später wurde die verlogene Täuschung der Karthager dann zu ihrem Höhepunkt gebracht: Die Konsuln bestellten noch einmal eine Gesandtschaft ein, der M'. Manilius das letzte und entscheidende Diktat Roms bekannt gab: Alle Karthager hatten ihre Stadt zu räumen und sich 80 Stadien (ungefähr 15 km) entfernt im Landesinnern neu anzusiedeln. Damit war die Existenzgrundlage der alten See- und Handelsstadt vernichtet. Ein Versuch der Gesandten, darüber mit dem Senat verhandeln zu dürfen, wurde abgelehnt, sie selbst ihrem Schicksal überlassen. Denn als diese Gesandten wieder nach Karthago zurückkehrten und die Entscheidung der Römer bekannt gegeben hatten, brach dort ein Sturm von Wut und Entrüstung aus. Die Gesandten wurden ebenso attackiert wie alle Italiker, deren die rasende Menge habhaft werden konnte. Nun, da nur noch das nackte Leben zu verlieren war, beschloss auch der karthagische Rat, gegen die Römer Krieg zu führen.

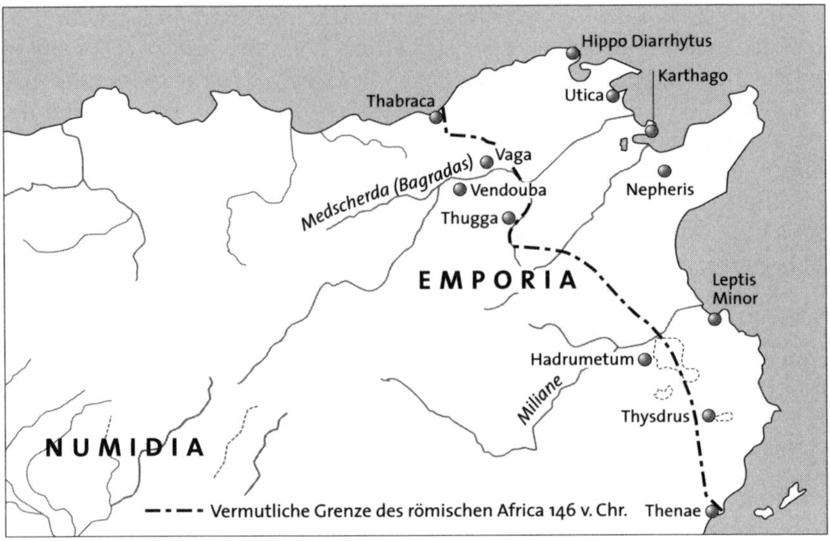

Abb. 33: Karte Nordafrikas um 146 v. Chr.

Um das eigene Potential für den verzweifelten Abwehrkampf zu vergrößern, wurden alle Sklaven freigelassen und in Dienst genommen, eine neue, umfangreiche Rüstungsproduktion improvisiert, mit dem Kommando im Vorfeld der Stadt jetzt der zum Tode verurteilte Hasdrubal, mit jenem in Karthago selbst ein gleichnamiger Enkel des Massinissa beauftragt.

Die eigentlichen Kampfhandlungen liefen im Jahre 149 nur schleppend an. Die Konsuln hatten nicht nur die Belagerung Karthagos vorzubereiten, sondern daneben auch die prekäre Versorgung ihrer großen Verbände zu gewährleisten. Immerhin konnten sie einige weitere Städte an sich heranziehen, während der karthagische Befehlshaber in der Umgebung der Stadt, bei Nepheris, in deren Südosten, eine gut gesicherte Basis auszubauen vermochte.

Erste Angriffe auf das noch immer stark befestigte Karthago scheiterten, die Römer mussten im Gegenteil Rückschläge und Verluste hinnehmen. Sie hatten offensichtlich den fanatischen Verteidigungswillen der Karthager völlig unterschätzt, von der *wunderbaren, von einem wahrhaft genialen, ja dämonischen Volkshass getragenen Bewegung* keine Vorstellung.[9] Um von den Einzelheiten der blamablen Anfangsoperationen, deren Schwierigkeiten und Misserfolgen abzulenken, griff die antike Überlieferung zu dem probaten Mittel, schon jetzt den zukünftigen Helden dieses Kriegsschauplatzes, P. Cornelius Scipio Aemilianus, effektvoll herauszustellen.

Der zukünftige Sieger über Karthago und später auch über Numantia wurde 185/4 als zweitältester Sohn des L. Aemilius Paullus, der später bei Pydna über Perseus triumphierte, geboren und schon früh von einem Sohn des älteren Africanus adoptiert. Aus Scipios ersten Lebensjahrzehnten sind freilich nur wenige Fakten überliefert. So nahm er 168 unter seinem Vater an der Schlacht von Pydna teil und profitierte danach auch persönlich von diesem Sieg, als ihm Aemilius Paullus Teile von Perseus' Bibliothek überließ. Seit jenem Griechenlandaufenthalt war Scipio kulturell besonders aufgeschlossen, unterstützte nicht nur lateinische Dichter, sondern freundete sich auch mit Polybios an. Eine weitere Station seiner Laufbahn ist erst wieder aus dem Jahre 151 bekannt, als er Militärtribun unter L. Licinius Lucullus wurde, sich in Spanien auszeichnete und mit einer Mauerkrone belohnt sah.[10]

Sein Befehlshaber entsandte ihn dann im folgenden Jahr zu Massinissa, um von diesem Elefanten für den spanischen Kriegsschauplatz zu erbitten. Scipio konnte dabei an die bewährten Kontakte seines (Adoptiv-)Großvaters anknüpfen und das Vertrauen des numidischen Königs gewinnen. Unter M'. Manilius erneut als Militärtribun eingesetzt, soll er sich in den wechselvollen Kämpfen des ersten Kriegsjahres wiederholt hervorgetan, kritische Situationen gemeistert und bedrängte römische Einheiten befreit haben. Wiederum ausgezeichnet, kehrte er nach Rom zurück, wohl ohne zu ahnen, dass er den nordafrikanischen Kriegsschauplatz schon bald darauf, und diesmal als Konsul und Oberbefehlshaber, wiedersehen sollte.

Da auch weitere römische Operationen im Jahre 149 keine wesentlichen Erfolge gebracht hatten, verbanden sich mit dem Eintreffen des Konsuls und Oberbefehlshabers L. Calpurnius Piso Caesonius und des Flottenadmirals L. Hostilius Mancinus zu Beginn des Jahres 148 neue Hoffnungen. Diese verlegten den Schwerpunkt ihrer Aktivitäten zunächst auf die Belagerung der noch zu Karthago stehenden Nachbarstädte. Dabei hatten sie zwar bei Neapolis Erfolg, doch in den Fällen von Aspis und Hippu Akra scheiterten ihre Bemühungen. Am Ende war so auch das Ergebnis dieses Kriegsjahres für Rom enttäuschend.

Die wichtigsten Vorgänge spielten sich damals sowohl in Karthago als auch in Rom im innenpolitischen Bereich ab. In Karthago kam es aus persönlichen wie aus politischen Gründen zur Ermordung des in der Stadt kommandierenden Boetharchen Hasdrubal durch den gleichnamigen Befehlshaber in Karthagos Vorfeld, der künftig die karthagischen Streitkräfte allein befehligte.

In Rom wurde unter dem Eindruck des bisher enttäuschenden Kriegsverlaufes der junge Scipio Aemilianus, das Idol der Massen, in einem erregten Wahlkampf zum Konsul für das Jahr 147 und gleichzeitig zum Oberbefehlshaber in Nordafrika ernannt, obwohl ihm die verfassungsrechtlichen Voraussetzungen dafür fehlten. Gleichzeitig sind auch die dortigen römischen Land- und Seestreitkräfte durch die erfolgreiche Mobilisierung von Verstärkungen, nicht zuletzt aus den Reihen der Verbündeten, wesentlich erweitert worden (Abb. 34).

Mit Scipios Ankunft in Utica während des Frühjahrs 147 begann dann die entscheidende Phase der Kämpfe um Karthago. Schon unmittelbar nach seiner Landung hatte er eine eingeschlossene römische Einheit unter Mancinus freizukämpfen; es folgte die durchgreifende und rücksichtslose Disziplinierung des Heeres. Zug um Zug wurde danach der Ring um die Stadt enger gezogen.

Ein erster Vorstoß gegen die Vorstadt Megara glückte, musste jedoch auf Grund der entstandenen Risiken wieder abgebrochen werden. Die hier zutage getretenen Gefahren veranlassten Hasdrubal zur Radikalisierung der Abwehr: Vor den Augen von Scipios Truppen wurden römische Gefangene auf der Stadtmauer gefoltert und danach in den Tod gestürzt; jede Hoffnung auf einen letzten Kompromiss sollte beseitigt werden.

Neben dem Bemühen, Karthago vom Umland abzuschneiden und damit die Versorgung der Stadt zu verhindern, konzentrierten sich Scipios Initiativen auf die Anlage denkbar großer Befestigungen, die durch Gräben und Wälle gesichert waren. Es folgte die Aufschüttung eines Dammes, der die Zufahrt zum Hafen absperrte. Hasdrubal konterte mit dem Ausheben einer neuen Fahrrinne, in der eine neu ausgerüstete, die letzte karthagische Flotte die Einschließung durchbrach. Es kam schließlich zu einer für beide Seiten verlustreichen Seeschlacht, die jedoch keine Änderung der Gesamtlage herbeiführen konnte.

In den letzten Monaten des Jahres 147 verlagerten sich die Kämpfe auf ein Ringen um die große Hafenmole, auf Vorstöße gegen die letzten größeren karthagischen Verbände im Umfeld der Stadt, vor allem bei Nepheris, sowie auf die Besetzung weiterer Siedlungen im Hinterland. Zwar konnte damit die systematische Isolierung Karthagos zum Abschluss gebracht werden, die Stadt selbst aber war noch immer nicht eingenommen.

In Rom verlängerte man bei diesem Stand der Dinge Scipios Kommandogewalt auch für das nächste Jahr; im Frühling 146 ergriff der ehrgeizige und von seinem Auftrag besessene Befehlshaber neue Initiativen. Angriffe an Handels- und Kriegshafen führten ihn endlich in die Stadt selbst, doch die Offensive geriet ins Stocken, als seine Truppen einen verschwenderisch ausgestatteten Tempel plünderten. Nur mit Mühe gelang es, die beutegierigen Verbände zu neuen Vorstößen voranzutreiben.

Längs der drei engen Straßen, die vom Zentrum der Stadt zur Byrsa führten, setzte nun ein gnadenloser, fanatischer Nahkampf ein, in dem die

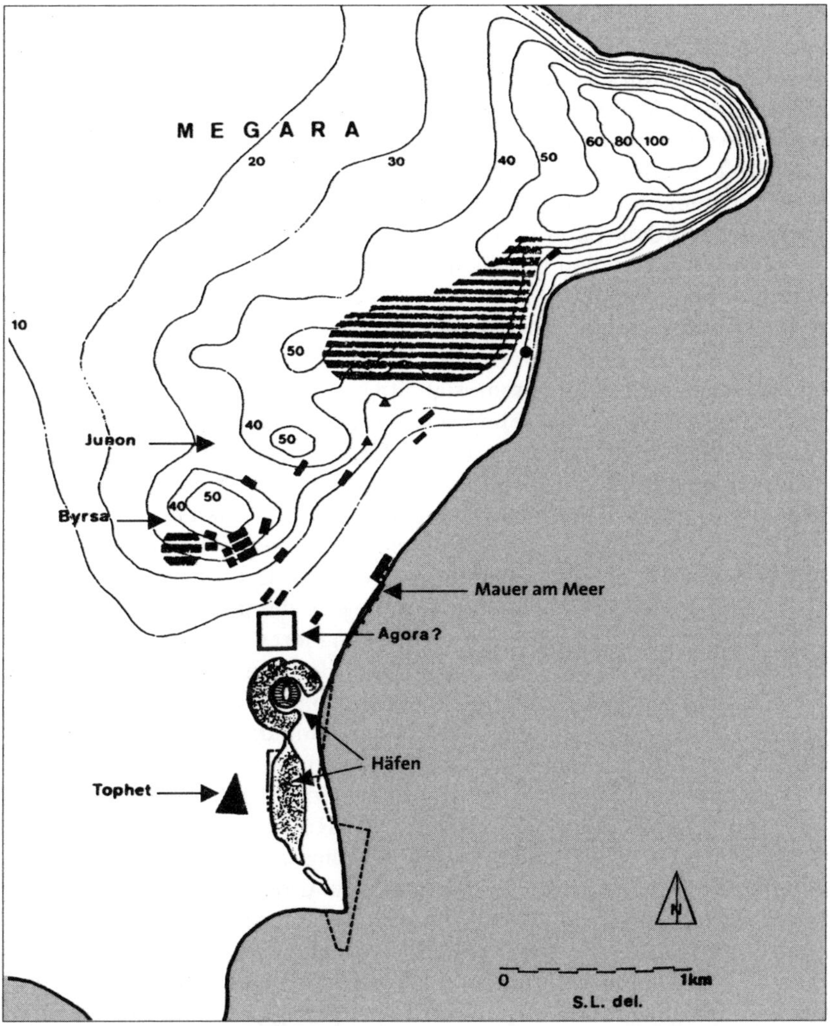

Abb. 34: Plan Karthagos 146 v. Chr.

entkräfteten und verzweifelten Bewohner von Anfang an keine Chancen hatten. Sowohl auf den engen Gassen selbst als auch auf den Dächern der sechsstöckigen Gebäude zu ihren Seiten drangen die Römer Zug um Zug vor. Dabei spielten sich jene entsetzlichen Szenen ab, die Appian[11] beschrieben hat.

Das gesamte Areal wurde niedergebrannt und niedergerissen, nicht nur die letzten karthagischen Kämpfer, sondern auch alte Menschen, Frauen und Kinder, die sich in den Häusern versteckt hatten, wurden auf bestialische Weise getötet, Leichen und Verwundete und noch Lebende in Gruben gestoßen, Schutt und Menschen niedergewalzt, um den Zugang zur Byrsa freizuräumen.

Nach sechstägigem Gemetzel kapitulierten schließlich auch die rund 50 000 Männer und Frauen, die in einen großen Tempel der Byrsa geflohen waren. Sie wurden später in die Sklaverei verkauft. Ausgenommen waren die etwa 900 römischen Überläufer, die eine Hinrichtung zu gewärtigen hatten. Sie zogen sich zusammen mit Hasdrubal, dessen Frau und deren beiden Knaben auf das höchstgelegene Heiligtum der Byrsa zurück, wo sie sich noch eine Zeit lang erfolgreich verteidigen konnten. Doch schließlich mussten auch sie die Sinnlosigkeit weiteren Widerstandes einsehen. Nachdem sich Hasdrubal selbst Scipio ergeben hatte, wurde der Tempel von den letzten Verteidigern angezündet. Hasdrubals Frau, deren Name nicht bekannt ist, tötete nach Beschimpfungen ihres Mannes ihre beiden Kinder und wählte danach im letzten Feuer der Stadt den Freitod.

Karthagos Untergang, der selbst Scipio nachdenklich gestimmt haben soll, entsprach in all seiner gnadenlosen Grausamkeit römischem Kriegsrecht. Und doch blieb den letzten Verteidigern der jahrhundertealten punischen Metropole die historische Würdigung ihres verzweifelten Ringens nicht versagt. Es ist ein Charakteristikum der punisch-semitischen Geschichte, dass zentrale Plätze wie Tyros, Karthago und Jerusalem in erbitterten, aussichtslosen Kämpfen untergingen und dass der Fanatismus der letzten Verteidiger diesen Untergang besiegelte.

Blutrausch und Beutegier der römischen Soldaten hatten zuletzt keine Grenzen gekannt. Jetzt wurden ihnen die Ruinen der Stadt von Scipio auch noch zur abschließenden Ausplünderung freigegeben, dies mit Ausnahme der Gegenstände aus Edelmetall und der Weihgeschenke. Von ihnen durften sizilische Städte ihr früheres Eigentum zurückschaffen. Gemäß römischer Tradition delegierte der Senat eine Zehn-Männer-Kommission, die gemeinsam mit Scipio die abschließenden Regelungen hinsichtlich Karthagos traf. Scipio wurde beauftragt, auch noch die letzten Reste der Stadt niederreißen zu lassen; die Viertel Byrsa und Megara wurden verflucht, eine ständige Niederlassung auf dem Gebiet der Stadt untersagt, nicht jedoch das Betreten ihres Bodens.

Neuregelungen galten indessen auch Karthagos Umfeld. Jene Städte, die Karthago treu geblieben waren, sind zerstört, die übrigen jedoch, an der Spitze Utica, durch Landzuweisungen begünstigt worden. Mit der Einführung einer Kopf- und Grundsteuer für die übrige Bevölkerung und der künftigen Verwaltung des Gebietes durch einen Prätor wurde die Einrichtung einer römischen Provinz Africa abgeschlossen.

Die weiteren Folgen des Geschehens hat Theodor Mommsen in berühmten Sätzen so beschrieben: *Über diesen dritten Weltteil aber scheint noch über das Grab der Vaterstadt Hannibals hinaus der alte Nationalhass gegen die Poener zu walten. Man hielt das Gebiet fest, welches Karthago bei seinem Untergange besessen hatte, aber weniger um es zu eigenem Nutzen zu entwickeln als um es anderen nicht zu gönnen, nicht um dort neues Leben zu erwecken, sondern um die Leiche zu hüten; nicht Herrsch- und Habsucht, Furcht und Neid haben die Provinz Africa geschaffen. Eine Geschichte hat sie unter der Republik nicht.*[12]

Doch so konsequent verlief die weitere Entwicklung nicht.[13] Schon 122 wollte Gaius Gracchus im Raume des ehemaligen Karthago die erste außeritalische römische Kolonie mit insgesamt 6000 Neusiedlerstellen anlegen, ein Plan, der freilich von dessen innenpolitischen Gegnern verhindert wurde. Ein ähnlicher Impuls ging von Caesar aus, konnte jedoch erst 29 unter Octavian in bescheidenerem Umfang verwirklicht werden.

Mit der Annexion durch Rom war das alte karthagische Territorium zugleich in dessen äußere wie innere Geschichte verstrickt worden. Zwischen 112 und 105 wurde das Land Schauplatz des Jugurthinischen Krieges, den Jugurtha, ein Enkel Massinissas, provoziert hatte, ein Krieg, mit dem der Aufstieg von Marius und Sulla verbunden war.[14] Doch auch in die folgenden römischen Bürgerkriege ist das römische Africa einbezogen worden.

Zunächst zögernd, dann unaufhaltsam setzte sich unter dem Principat die Erholung und der Wiederaufstieg der Region fort. Dabei umfasste die Provinz zunächst lediglich etwa 25 000 Quadratkilometer, das heißt etwa ein Viertel des modernen Tunesiens. Unter den Flaviern wies sie den ersten Konsul auf, Literatur und Jurisprudenz erlebten wie Karthago selbst unter den Adoptivkaisern des 2. Jahrhunderts n. Chr. eine neue Blütezeit.

Auf dem Land behauptete sich die punische Sprache; das Sufetenamt ist noch in den Inschriften der römischen Provinz bezeugt. Im religiösen Sektor sind zwar Phänomene punischer Kulte, wie Prostitution und Kinderopfer, beschnitten worden. Andererseits zogen Tinit und Baal Hamon als Dea Caelestis und Saturnus in das Pantheon von Angehörigen der römischen Oberschicht ein. Vor allem unter der Dynastie der Severer (193–235 n. Chr.) sollte Karthago dann ein Höchstmaß an Förderung genießen. Neben Rom und Alexandria zählte es zu den größten Städten des Imperiums.

Epilog

Hannibals Name ist verbunden mit der entscheidenden machtpolitischen Phase der Punischen Kriege, diese wiederum mit der klassischen, heroischen Epoche der Römischen Republik. Nach dem Abschluss der Unterwerfung Süditaliens durch Rom hatte der lokale Konflikt um Messana ein Ringen ausgelöst, dessen Dimensionen, Verlauf und Bedeutung nicht einmal in Ansätzen vorauszusehen waren. Denn die Intervention in Messana führte nicht nur zum Kampf um Sizilien, sie zwang die traditionelle Landmacht Rom zugleich zum wiederholten Aufbau von Kriegsflotten und zur Bewährung in der völlig ungewohnten Seekriegführung.

Wider jedes Erwarten wurde die dominierende Seemacht des westlichen Mittelmeers, Karthago, in verlustreichen Kämpfen geschlagen, während ein erster römischer Invasionsversuch in Nordafrika scheiterte. Wurden die Punier zu immer stärkerem Einsatz von Söldnern gezwungen, der schließlich nicht mehr zu finanzieren war, so konnte Rom dank seiner überlegenen Seestreitkräfte wie des Potentials und der Zuverlässigkeit seiner Bundesgenossen die Krise des karthagischen Staates nach dem Ende des 1. Punischen Krieges bedenkenlos ausnützen und seine Herrschaft über die großen Inseln ausdehnen.

Erst durch die Barkiden ist dann die Iberische Halbinsel zum neuen Schauplatz der Auseinandersetzungen geworden, die nach Hamilkar Barkas und Hasdrubal dann von Hannibal auf ihren Höhepunkt getrieben wurden. Sie sollten bald in immer weiteren Radien geführt werden, bezogen auch den ostmediterranen Raum mit ein und fanden schließlich erst im 3. Punischen Krieg mit der Zerstörung Karthagos ihr Ende. Die eigentliche Entscheidung aber war bereits zur Zeit Hannibals gefallen und bezeichnenderweise durch die Landschlacht von Zama besiegelt worden.

Hannibals historische Funktion und Bedeutung dürften insbesondere dann deutlich werden, wenn die verschiedenen Wirkungsebenen seines Handelns berücksichtigt werden, Ebenen, die sich teilweise überschneiden, aber auch ergänzen, zum Teil von ihm selbst unbewusst beeinflusst wurden und die erst zusammengenommen seine Stellung in der Geschichte markieren. Dabei sind vier verschiedene Perspektiven zu unterscheiden: einmal sein Wirken im 2. Punischen Krieg, sodann die Folgen seines Handelns im Rahmen der karthagischen wie der römischen, aber auch der mediterranen Geschichte insgesamt. Bei allen vier Blickpunkten müssen ferner die jeweiligen Voraussetzungen und bestimmenden Traditionen zur Geltung kommen.

Die römisch-punische Auseinandersetzung ist, wie gezeigt wurde, durch römische Initiativen ausgelöst worden. Mit dem Aufbau einer Flotte entstand ein wichtiges Instrument der imperialen Politik Roms. Für die weitere Entwicklung der Beziehungen zwischen den beiden Mächten sollten dann jene Erfahrungen bedeutsam werden, die Hamilkar Barkas in der Endphase des Ringens auf Sizilien wie im Söldnerkrieg und deren unmittelbaren Folgen sammeln konnte. Der große historische Einsatz der Barkiden auf der Pyrenäenhalbinsel hätte an sich karthagischen wie römischen Interessen dienen und eine Neutralisierung der Spannungen bewirken können. Er konnte Karthago notwendige Kompensationen erbringen und brauchte Rom nicht zu tangieren, da er zunächst außerhalb des römischen Blickfeldes lag. Doch gerade der beträchtliche, nicht zuletzt materielle Gewinn der barkidischen Kriegführung und Politik, die immer weitere Ausdehnung des barkidischen Machtbereichs auf der Iberischen Halbinsel sollte neue Reibungen und Verstrickungen herbeiführen. Massalia suchte nun ebenso römische Unterstützung wie iberische Gegner der Barkiden, zum Beispiel Sagunt.

Im Prinzip schienen sich die Ereignisse um Messana zu wiederholen. Die Einmischung Roms in einen lokalen Konflikt war identisch mit dem immer stärkeren Engagement auf dem iberischen Schauplatz insgesamt; auf barkidischer und damit karthagischer Seite wurde an Trauma und Folgen der Vorgänge um Messana gerührt. Nur dadurch ist Hannibals allergische und konsequente Reaktion im Konflikt um Sagunt zu verstehen. Die Vorgeschichte des 2. Punischen Krieges beginnt somit bereits mit derjenigen des Ersten. Die beginnende Kontinuität römischer Machtpolitik auch im außeritalischen Raum, nicht die Entscheidung eines ehrgeizigen jungen Feldherrn war die Ursache des neuen Ringens, das stets im Zusammenhang mit dem vorausgehenden Kriege zu sehen ist.

Was das beiderseitige Potential der Krieg führenden Parteien und damit ihre Strategie anbelangt, so war von Anfang an entscheidend, dass die alte Handels- und Seemacht Karthago schon im 1. Punischen Krieg die Seeherrschaft endgültig verloren hatte und sie auch nie mehr wiedergewinnen konnte, während Rom die seine stets erneuerte. Nur auf Grund dieser militärischen Lage und auf Grund der dadurch gegebenen, begrenzten Möglichkeiten ist die bewusste Priorität des Landkrieges der Barkiden in Spanien zu verstehen. Die Wiederaufnahme der alten phönikisch-punischen Interessen musste daher in völlig neuen Formen und mit völlig neuen Schwerpunkten erfolgen.

Wenn beide Parteien den 2. Punischen Krieg mit einer offensiven Strategie begannen, so ist dies auf karthagischer Seite einzig Hannibal zu verdanken. Dabei lässt sich nicht ausschließen, dass Hannibals Intentionen auch durch die Eigenentwicklung der Auseinandersetzung mitbestimmt wurden. Es gibt plausible Gründe dafür, anzunehmen, dass es Hannibal zunächst um die Verhinderung römischer Landungen im Raum zwischen dem Ebro und den Pyrenäen und erst danach um den Vorstoß nach Italien ging.

Neben Stärken und Defiziten im Seewesen musste für die Einschätzung des beiderseitigen Potentials die Mobilisierung von Verbündeten und Partnern auf lange Sicht mitbestimmend werden. Auch darin war Rom von Anfang an weit überlegen. Die numidischen und iberischen Verbände, die Hannibal neben Söldnern und Kelten aufbieten konnte, reichten nie an den Umfang der römischen Bundesgenossen heran, die permanent zu ergänzen waren, während Hannibals Ersatz stets bescheiden blieb.

Kaum zu überschätzen ist auch der tiefgreifende Unterschied in der Mentalität dieser Einheiten. Während Hannibals Truppen, vereinfacht gesagt, durch eine Söldnermentalität unter einem großen Heerführer geprägt waren, verteidigten die Italiker ihr von Plünderungen heimgesuchtes und bedrohtes Land. Technisch, organisatorisch und qualitativ sind diese Milizen den Berufssoldaten auf Hannibals Seite gewiss unterlegen gewesen, doch auf die Dauer konnten sie sich behaupten, Erfahrungen sammeln und, wenn zweckmäßig geführt, am Ende das Ringen dann doch auch für sich entscheiden.

Angesichts dieses Kräfteverhältnisses und dieser Konstellation sind Hannibals Leistungen im 2. Punischen Krieg denkbar hoch einzuschätzen. Dabei haben seine Entschlüsse vor allem nur die erste Phase des Kampfes bestimmt. Er konnte für seine Operationen zwischen Ebro und Cannae immer wieder den Überraschungseffekt nutzen, vor allem jedoch seine weit überlegene Feldherrnkunst beweisen. Wenn militärische und politische Aktivitäten bei ihm auch nicht zu trennen sind, so dominierte doch stets sein militärisches Denken, jene intellektuelle Souveränität, die Polybios zu Recht gerühmt hat.

Seine Siege in den großen Schlachten sprachen dabei für sich selbst. Ihnen und nicht karthagischer Diplomatie ist die allerdings problematische Ausweitung des Krieges zu verdanken, die Roms Stellung tief erschütterte, die karthagischen Kräfte aber zugleich zersplitterte, damit Hannibal letzten Endes schwächte und die karthagischen Erwartungen enttäuschen musste. Die römischen Erfolge in Sizilien, Sardinien, Spanien und die Ineffizienz von Hannibals Bündnis mit Philipp V. von Makedonien haben wesentlich zu Karthagos Niederlage beigetragen.

Hannibals Behauptung in Italien während eineinhalb Jahrzehnten, eine Behauptung, wie sie bis in die Zeit der Völkerwanderung keinem anderen Gegner Roms je gelungen ist, war zwar unspektakulär, dennoch aber eine seiner größten Leistungen. Diese Phase des Kampfes ohne den Enthusiasmus der großen Siege und ohne den Gewinn immenser Beute durchzustehen, war wohl noch schwieriger als die Triumphe des Anfangs zu erringen.

Da bei seinen italischen Verbündeten nach wie vor die Partialinteressen überwogen, die Bereitschaft zu eigenem militärischen Einsatz begrenzt blieb, die Belastungen durch die Präsenz von Hannibals Heer in dem immer beschränkteren Aktionsradius aber immer drückender wurden, verschlechterten sich die äußeren Bedingungen für die Führung des Bewegungskrieges drastisch. Was hier überhaupt noch an Initiativen möglich war, hat Hannibal ergriffen.

Für die Barkiden wie für Karthago ist der 2. Punische Krieg ein zunächst durchaus erfolgreiches Aufbäumen gegen die immer weiter ausgreifende, imperialistische Macht Roms im westlichen Mittelmeerraum gewesen. Obwohl Hannibals Entscheidungskompetenz in diesem Ringen begrenzt war, ist der Kampf in erster Linie sein Krieg gewesen. In zentralen Punkten wurde er durch ihn ausgelöst, durch ihn stimuliert und im italischen Bereich auch durch ihn geprägt. Mit seiner Rückkehr nach Nordafrika war der Krieg bereits verloren, Zama lediglich ein Epilog in dem unvermeidlichen Schlussakt, sein und Karthagos Waterloo. Die Folgen jener endgültigen Niederlage aber zogen bereits mittelfristig sowohl Hannibals als auch Karthagos Untergang nach sich.

In den Perspektiven der karthagischen Traditionen und der karthagischen Geschichte war die Politik der Stadt nach dem Ende des 1. Punischen Krieges historisch durchaus legitimiert. Ohne die Kompensationen, welche die Initiativen der Barkiden boten, blieb die tiefe Krise des Staates unüberwindlich. Nach der römischen Annexion Siziliens, Sardiniens und Korsikas konnte die italische Republik zunächst saturiert erscheinen. Erst als die Initiativen der Barkiden Erfolge zeitigten, mischte sich Rom auch hier ein. Die Eskalation der Gegensätze ist in Hannibal personifiziert.

Nachdem sich Karthago mit Hannibals Entscheidungen in Spanien identifiziert hatte, blieb ihm keine andere Wahl, als auch das neue Ringen gegen Rom durchzustehen. Es musste auch Hannibals strategischen Entschluss hinnehmen, sein Heer nach Italien zu führen und die Römer damit nicht aus der Defensive Iberiens, sondern aus der Offensive in der Apenninenhalbinsel zu schlagen. Die karthagische Kriegführung gegen Rom hatte sich während des 1. Punischen Krieges lediglich mit Plünderungszügen an den italischen Küsten begnügt; der Einsatz einer Armee in Italien lag völlig außerhalb allen karthagischen Denkens.

Wie in Sagunt, so hatte Hannibal auch hier vollendete Tatsachen geschaffen. Aus der Sicht der antibarkidischen Ratsherren Karthagos hatte er deshalb auch nicht nur die Eröffnung des Krieges, sondern auch die Wahl einer geradezu revolutionären Strategie zu verantworten. Während der Feldherr zunächst durch seine unerwarteten Erfolge gerechtfertigt schien, mussten Reserviertheit und Kritik zunehmen, als seine Operationen stagnierten und sich auch die militärische Gesamtlage zu Roms Gunsten entwickelte. Die Vorgänge nach dem Friedensschluss von 201 und selbst nach Hannibals eindrucksvollem Wirken als Sufet dokumentieren, dass dessen Stellung in der Stadt prekär geworden war. Nur so erklärt sich auch die geringe Resonanz seiner späteren Initiativen.

Wenn sich Karthago auf seine nordafrikanische Basis zurückgeworfen sah und auf Grund von Massinissas immer neuen Aspirationen nicht einmal in seinem engen Restbesitz Sicherheit und unbeschränkte Autonomie genoss, so konnte diese völlig unbefriedigende Form der Existenz nur als Kausalfolge von Hannibals Wirken beurteilt werden. Es war nahe liegend, Kriegsschuld wie Kriegsfolgen ihm zuzuweisen. Im weiteren Verlauf karthagischer Sicht hatte dann später, nach dem Abschluss des 3. Punischen Krieges, Hannibals gescheiterter Einsatz auch die endgültige Katastrophe der Stadt und ihren Untergang nach sich gezogen.

Im Rahmen der römischen Geschichte sollte der Kampf gegen Hannibal zu einer tiefgreifenden Veränderung der wirtschaftlichen und sozialen Strukturen ganz Italiens führen. Roms Sieg war teuer bezahlt, wie zwei Zahlen für die Bevölkerungsveränderungen belegen können: Einerseits hatte das Ringen nach modernen Schätzungen rund 100 000 Tote gefordert, andererseits wurden in der ersten Hälfte des 2. Jahrhunderts etwa eine Viertelmillion ehemaliger Kriegsgefangener als Sklaven nach Italien verbracht, Sklaven, die großenteils im Bereich der Agrarwirtschaft als billige Arbeitskräfte eingesetzt wurden.

Die einst für Italien charakteristische Kleinbauernwirtschaft war nach dem Kriege insbesondere in den weithin ausgeplünderten Gebieten Mittel- und Süditaliens nicht mehr zu restituieren. Die skizzierte Bevölkerungsveränderung ermöglichte stattdessen den Übergang zu der mit Sklaven betriebenen Gutswirtschaft, damit zugleich zur Rationalisierung und Spezialisierung der italischen Landwirtschaft insgesamt. Parallel hierzu kam es zum Ausbau einer großflächig betriebenen Weidewirtschaft. Die Abwanderung verarmter, geschädigter oder enteigneter Kleinbauern nach Rom führte dort zur Bildung eines städtischen Proletariats.

Die Erweiterung des römischen Macht- und Einflussbereichs zog daneben eine beträchtliche Intensivierung der Handels- und Finanzgeschäfte nach sich. Allerdings profitierten von ihr nahezu ausschließlich die Angehörigen der Führungsschichten, nicht zuletzt die Mitglieder der schon erwähnten Gesellschaften von Staatspächtern, die publicani, deren Bedeutung seit dem Kriege sprunghaft zugenommen hatte. Das wichtigste Merkmal der Nachkriegsepoche war so die Polarisierung der römischen Gesellschaft. Das einst ausgewogene System von freien Kleinbauern und mittleren Grundbesitzern, das zugleich durch die Institution der Klientel, der engen persönlichen und wechselseitigen Leistungs- und Schutzbeziehung zwischen Patron und Klienten, menschlich fundiert war, wurde mehr und mehr obsolet.

Aus diesem, hier nur anzudeutenden Problembündel sollten dann schon mittelfristig die großen Krisenherde der späten Republik erwachsen, die Sozialkonflikte vor allem im landwirtschaftlichen Sektor, die Versorgungszwänge für die nun langfristig dienenden römischen Soldaten, schließlich die Sklavenaufstände und Bürgerkriege.

Die Römische Republik hatte im 2. Punischen Krieg nicht zuletzt durch die innere Geschlossenheit und Beharrungskraft ihrer Führungsschicht gesiegt. Sie vor allem hatte die schweren militärischen Katastrophen und Krisen bewältigt und in jenem Ringen auch einen hohen persönlichen Einsatz geleistet. Solange ihre innere Solidarität anhielt, war ihre Stellung unerschütterlich. Dies belegt am deutlichsten die Tatsache, dass während des ganzen 2. Jahrhunderts lediglich eine Hand voll von sozialen Aufsteigern (homines novi) das Konsulat, die höchste und wichtigste römische Magistratur, bekleiden konnte.

Aufgesprengt wurde die Geschlossenheit im 2. Jahrhundert nicht durch die Fortdauer oder Verschärfung von Gegensätzen zwischen den einzelnen Adelsgeschlechtern oder Fraktionen, sondern insbesondere durch den wachsenden und kontinuierlichen Einfluss profilierter Einzelpersönlichkeiten, sei es von militärischen Experten oder Sozialreformern. Ein Gesetz des Jahres 180, die lex Villia annalis, zeigt an, dass damals versucht wurde, solche langfristige Amtsgewalt durch die enge Reglementierung der senatorischen Laufbahn zu verhindern, was auf die Dauer dann doch nicht gelang.

Die Zahl jener Persönlichkeiten, die in das Gleichmaß der senatorischen Führungsgruppe nicht mehr zu integrieren waren, auf die der römische Staat jedoch zur Lösung militärischer, politischer oder sozialer Konflikte nicht verzichten konnte, nahm zu und erzwang langfristig durchgreifende Reformen. Oben wurde unterstrichen, dass dabei Scipio Africanus, dem Sieger über Hannibal, eine Schlüsselstellung zukam.

Nach dem Frieden des Jahres 201 hatte Rom auch de jure das Erbe der Barkiden in Spanien angetreten. Es ist bezeichnend, dass sofort mit der weiteren Nutzung der Erzgruben von Cartagena begonnen wurde, in denen etwa 40 000 Sklaven härteste Arbeit zu leisten hatten. Doch ungestört verlief die Ausbeutung der Territorien auf der Pyrenäenhalbinsel zunächst keineswegs. Gerade der systematische Ausbau der römischen Administration mit ihren hohen Auflagen führte Jahrzehnte hindurch zu immer neuem Widerstand der Bevölkerung, sei es der keltiberischen, sei es der lusitanischen Stämme.

Die verlustreichen Kämpfe in schwierigstem Gelände und unter extremen Witterungsbedingungen schienen kein Ende zu finden, hohe Verluste der römischen Bauernmilizen und ihrer Bundesgenossen rissen nicht ab. Es ist symptomatisch, dass es 151 zu einer Meuterei von Truppen kam, die für den spanischen Kriegsschauplatz vorgesehen waren. Die Einnahme von Numantia im Jahre 133 durch Scipio Aemilianus, den Eroberer Karthagos, markierte zwar einen großen römischen Erfolg, konnte indessen nicht verhindern, dass das Land auch noch unter Pompeius, Caesar und Augustus ein Unruheherd blieb. Hannibals Erbe hatte sich auch hier zunächst als ein sehr problematischer Gewinn erwiesen.

Den Osten des Mittelmeerraums hatte Rom in den Illyrischen Kriegen von 229 und 219 lediglich berührt. Es wurde bereits erwähnt, dass die dann folgende Auseinandersetzung mit Philipp V. von Makedonien eine Konsequenz von dessen Bündnis mit Hannibal gewesen ist. Damit begann die Serie jener Kriege gegen die griechischen Staaten und hellenistischen Königreiche, in denen der Flüchtling Hannibal allenfalls eine bescheidene und vergebliche Beraterrolle spielte. Da Roms System einer zunächst indirekten Beherrschung des östlichen Machtbereiches scheiterte, kam es schließlich zur Radikalisierung und Brutalisierung der römischen Außen- und Machtpolitik. Es ist bezeichnend, dass ihr im Jahre 146 Korinth ebenso zum Opfer fiel wie Karthago.

Insgesamt gesehen, hinterließ Hannibal somit auch in den Bereichen der römischen Wirtschafts- und Sozial-, Innen- wie Außenpolitik tiefe Spuren. Gewiss sind diese weitreichenden Strukturveränderungen wie die durch ihn eingeleiteten politischen Entwicklungen im östlichen Mittelmeerraum nicht ihm allein zuzuweisen, gewiss waren sie von ihm teilweise auch nicht bewusst intendiert. Und doch war es seine Saat, die hier aufging und am Ende wesentlich zur Krise der späten Römischen Republik wie zur Paralysierung der hellenistischen Staatenwelt beitragen sollte. Auf ihnen lag Hannibals Schatten und nur dann, wenn diese Entwicklungen mit berücksichtigt werden, wird Hannibals Wirkung im Rahmen der mediterranen Geschichte voll erfasst.

Weichen wir am Ende der Frage nach den Gründen der Faszination nicht aus, die Hannibals Persönlichkeit mehr als zwei Jahrtausende hindurch und über alle wissenschaftlichen Kontroversen und allgemeinen Wertungen hinweg bis in die Gegenwart in weitesten Bereichen erregte. Die Antwort darauf liegt nicht allein in Hannibals einzigartiger militärischer Bewährung, in seinen Leistungen und Siegen, sondern in der Begegnung mit einem Manne, der die äußersten Höhen und Tiefen menschlicher Existenz durchlebte und dabei konsequent und kompromisslos immer derselbe blieb, eine in jeder Hinsicht große Gestalt, ein Charakter karthagischer Provenienz, aber universellen Wirkens und Ranges.

Anmerkungen

I. Handlungsrahmen und Traditionen

1 Siehe zur Einführung in diesen Bereich: A. Parrot u. a., Die Phönizier, München 1977 (Universum der Kunst); H. G. Niemeyer (Hrsg.), Phönizier im Westen, Mainz 1982 (Madrider Beiträge 8); ders., Die Phönizier und die Mittelmeerwelt im Zeitalter Homers, Jahrbuch des Römisch-Germanischen Zentralmuseums 31, 1984, 1–94; S. Moscati u. a. (Hrsg.), I Fenici. Catalogo della Mostra, Mailand 1988; W. Culican, Phoenicia and Phoenician Colonization, in: CAH Band 3,2, Cambridge ²1991, 461–516; V. Krings (Hrsg.), La civilisation phénicienne et punique. Manuel de recherche, Leiden 1995; H. G. Niemeyer, Die frühe phönizische Expansion im Mittelmeer, Saeculum 50, 1999, 153–175; ders. u. a., Phönizier, Punier, in: DNP 9, 2000, 911–933.

2 Hesekiel 27, 12.

3 Herodot 6, 47, 1.

4 M. Koch, Überlegungen zur Geschichte der Iberischen Halbinsel im 1. Jahrtausend v. Chr., in: T. Ulbert (Hrsg.), Hispania Antiqua, Mainz 2001, 241. – Ausgangspunkt der Diskussion: A. Schulten, Tartessos, Hamburg 1922.

5 G. W. F. Hegel, Philosophie der Geschichte, Ed. Stuttgart 1961, 279.

6 Kenntnisreiche, allgemeine Einleitung bei W. Huß, Karthago, München 1995. – Die wichtigsten wissenschaftlichen Grundlagen der Gegenwart: Huß; ders. (Hrsg.), Karthago, Darmstadt 1992 (Wege der Forschung 654); W. Ameling, Karthago. Studien zu Militär, Staat und Gesellschaft, München 1993 (Vestigia 45); M. H. Fantar, Carthage. Approche d'une civilisation, 2 Bände, Tunis 1993; W. Huß, Die Karthager, München ²1994; K. Geus, Prosopographie der literarisch bezeugten Karthager, Leuwen 1994 (Studia Phoenicia 13); S. Lancel, Karthago, Düsseldorf 1998.

7 Siehe H. Mensching, Tunesien. Eine geographische Landeskunde, Darmstadt ³1979; F. Rakob, Die internationalen Ausgrabungen in Karthago, Gymnasium 92, 1985, 489–517; Taf. 13–24; H. G. Niemeyer, Das frühe Karthago und die phönizische Expansion im Mittelmeerraum, Göttingen 1989 (Veröffentlichungen der J. Jungius-Gesellschaft der Universität Hamburg 60).

8 Rakob (Anm. 7) 61.

9 P. Rouillard, Les Grecs et la péninsule Ibérique du VIIIe au IVe siècle avant J.-C., Paris 1991.

10 A. Schenk Graf von Stauffenberg, Trinakria. Sizilien und Großgriechenland in archaischer und frühklassischer Zeit, München 1963; H. Berve, Die Tyrannis bei den Griechen, 2 Bände, München 1967; L.-M. Hans, Karthago und Sizilien, Hildesheim 1983; M. I. Finley u. a., Geschichte Siziliens und der Sizilianer, München 1989.

11 Herodot 7, 167 – Übersetzung nach A. Horneffer.

12 L.-M. Hans, Zur Rolle Sardiniens in der karthagischen Handelspolitik im 4. Jh. v. Chr., Beiträge zur antiken Handelsgeschichte 4, 1985, 65–76; S. Moscati, Italia punica, Mailand 1986. Zu P. A. Barceló, Karthago und die Iberische Halbinsel vor den

Barkiden, Bonn 1988 (Antiquitas 1, 37) siehe M. Koch, Karthago und Hispanien in vorbarkidischer Zeit, Madrider Mitteilungen 41, 2000, 162–177.

[13] Vergleiche hierzu Huß 75–83 sowie R. Hennig, Terrae Incognitae, Band 1, Leiden [2]1944, 86–88 (zu Hanno).

[14] Jacob Burckhardt, Griechische Kulturgeschichte, Band 4, Darmstadt 1957, 61.

[15] Ebd.

[16] Dazu und zum Folgenden Huß 483–484.

[17] Eingehende Erörterung bei Ameling (Anm. 6). – Speziell auch B. Wollner, Die Kompetenzen der karthagischen Feldherrn, Frankfurt 1987.

[18] Th. Mommsen, Römische Geschichte, Band 1, Berlin [9]1903, 498.

[19] Huß 511–512; C. Bonnet u. a. (Hrsg.), Religio Phoenicia, Namur 1986 (Studia Phoenicia 4).

[20] L. E. Stager, Carthage: A View from the Tophet, in: Huß (Anm. 6) 353–369; M. G. Amadasi Guzzo, Die epigraphischen Zeugnisse aus dem Tofet von Motye und das Problem der Molk-Opfer, in: ebd., 370–393.

[21] Diodor 20, 14, 4–5.

[22] 2 Könige 23, 10; Jeremias 7, 31.

[23] Siehe zum Folgenden insbesondere A. Heuß, Die Gestaltung des römischen und des karthagischen Staates bis zum Pyrrhoskrieg (1943), in: ders., Gesammelte Schriften in 3 Bänden, Band 2, Stuttgart 1995, 1010–1065; Huß 86–92.

[24] Polybios 3, 22–25.

[25] B. Scardigli, I Trattati Romano-Cartaginesi, Pisa 1991.

[26] Polybios 3, 25, 3–9. – Übersetzung H. Drexler (auch im Folgenden).

[27] Siehe hierzu insbesondere die neueren Darstellungen von Huß 216–251; H. H. Scullard, Carthage and Rome, in: CAH Band 7,2, Cambridge [2]1989, 537–569; Bagnall 69–140; H.-J. Gehrke, Die Römer im Ersten Punischen Krieg, in: J. Spielvogel (Hrsg.), Res Publica Reperta, Stuttgart 2002, 153–171. – Eine eindringliche und kompetente militärgeschichtliche Monographie über die Punischen Kriege legte Le Bohec vor.

[28] Auszugehen ist von: A. Heuß, Der Erste Punische Krieg und das Problem des römischen Imperialismus, Darmstadt 1970 (Libelli 130) = ders., Gesammelte Schriften in 3 Bänden, Band 2, Stuttgart 1995, 1066–1147; F. Hampl, Zur Vorgeschichte des ersten und zweiten Punischen Krieges, in: ANRW 1,1, Berlin 1972, 412–441; K.-W. Welwei, Hieron II. von Syrakus und der Ausbruch des Ersten Punischen Krieges, Historia 27, 1978, 573–587.

[29] H. Berve, König Hieron II, München 1959 (Abhandlungen der Bayerischen Akademie der Wissenschaften, Phil.-hist. Klasse, N. F. 47).

[30] Polybios 1, 11, 2.

[31] Polybios 1, 20, 1.

[32] J. H. Thiel, A History of Roman Sea-Power before the Second Punic War, Amsterdam 1954.

[33] Vergleiche H. T. Wallinga, The Boarding-Bridge of the Romans, Groningen 1956; M. Redde, Mare nostrum, Paris 1986.

[34] G. K. Tipps, The Battle of Ecnomus, Historia 34, 1985, 432–465.

[35] Polybios 1, 37, 3.

[36] Polybios 1, 62.

[37] Polybios 1, 65, 6. – Zum Söldnerkrieg im Einzelnen: Huß 252–268; Scullard, CAH Band 7, 2, Cambridge [2]1989, 566–569; Seibert 12–23; Bagnall 143–161; Le Bohec 107–118.

[38] Gestützt auf P. A. Brunt, Italian Manpower 225 B.C.–A.D. 14, Oxford 1971 nimmt J. Vogt, Die Römische Republik, Freiburg [6]1973, 127–128 für das Jahr 265/4 292 000 waffenfähige Römer, eine Gesamtbevölkerung der römischen Bürger von etwa 900 000 Personen und eine Gesamtzahl von 2 175 000 Bundesgenossen an. – Für die karthagische Seite können vergleichbare Zahlen nicht genannt werden.

[39] Bagnall 133–140.

II. Die Barkiden – Hannibals Anfänge

[1] Zu den Einzelheiten des folgenden Geschehens siehe Huß 269–283; G. Brizzi, Annibale. Strategie e immagine, Spoleto 1984; H. H. Scullard, The Carthaginians in Spain, in: CAH Band 8, Cambridge [2]1988, 17–43; Seibert 23–24; ders., Forschungen 83–107; Bagnall 181–193; Le Bohec 115–118; Barceló 32–39; Lancel 48–53.

[2] Polybios 3, 11–12.

[3] L. Villaronga, Las monedas Hispano-Cartaginesas, Barcelona 1973; C. Alfaro-Asins, Las monedas de Gadir/Gades, Madrid 1988.

[4] F. R. Kramer, Massilian diplomacy before the Second Punic War, American Journal of Philology 49, 1948, 1–26; B. Cunliffe, La Gaule et ses voisins. Le grand commerce dans l'Antiquité, Paris 1993, 21–25.

[5] Zum Beispiel Seibert 9 und 39. – Siehe indessen Polybios 1, 64, wonach Hamilkar Barkas „durch Wagemut und Genialität den höchsten Preis" unter den Heerführern verdiene.

[6] Plutarch, Cato maior 8, 14.

[7] Th. Mommsen, Römische Geschichte, Band 1, Berlin [9]1903, 565.

[8] Diodor 25, 12.

[9] Polybios 2, 13, 7.

[10] Übersichten über die umfangreiche neuere Literatur finden sich bei K. H. Schwarte, Der Ausbruch des Zweiten Punischen Krieges. Rechtsfragen und Überlieferung, Wiesbaden 1983; Huß 284–285; Seibert 84–88; ders., Forschungen 141–142; U. Händl-Sagawe, Der Beginn des Zweiten Punischen Krieges. Ein historisch-kritischer Kommentar zu Livius Buch 21, München 1995. – Abdruck wichtiger Einzelstudien in Christ 77–191.

[11] Cassius Dio, frg. 48.

[12] Scardigli, Trattati 245–246.

[13] Vergleiche zum Folgenden: Huß 290–293; Seibert 55–62; ders., Forschungen 125–130. – Aus der speziellen Literatur insbesondere A. E. Astin, Sagunt und die Vorgeschichte des Zweiten Punischen Krieges, in: Christ 167–191.

[14] W. Hoffmann, Die römische Kriegserklärung an Karthago im Jahre 218, Rheinisches Museum 94, 1951, 69–88 = Christ 134–155; H. H. Scullard, Roms Kriegserklärung an Karthago im Jahr 218 v. Chr., in: Christ 156–166.

[15] Huß 288–289.

[16] Barceló 28.

[17] Livius 21, 18, 13–14. – Übersetzung von J. Feix (auch im Folgenden).

[18] Dazu generell: M. Zlattner, Hannibals Geheimdienst im Zweiten Punischen Krieg, Konstanz 1997 (Xenia 39).

[19] Polybios 3, 34.

[20] Polybios 3, 33. – Die Einzelheiten sind bei Huß 297 aufgeführt.

[21] Siehe Seibert, Feldherr 34, Abb. 53.

[22] Polybios 3, 35, 1; Livius 21, 23. – Dazu speziell: P. Barceló, Unterwegs mit Hannibal. Von Neukarthago zu den Pyrenäen, in: E. Olshausen, H. Sonnabend (Hrsg.), Stuttgarter Kolloquium zur Historischen Geographie des Altertums 7, 1999, Stuttgart 2002, 60–67.

[23] Siehe Anm. 14. – Anders Seibert 96.

[24] Polybios 3, 35, 8.

[25] Belege und Analyse in: H. Bengtson, Griechische Geschichte von den Anfängen bis in die römische Kaiserzeit, München [5]1977, 336–337.

[26] Belege und Einzelstudien zum Folgenden bei Seibert 91–95.

[27] Polybios 3, 42, 2–3.

[28] Livius 21, 27, 8–9.

III. Von der Rhône zum Po

[1] Polybios 3, 47–60; Livius 21, 31–38.

[2] Vergleiche die Übersichten bei F. W. Walbank, A historical Commentary on Polybius, Band 1, Oxford 1970, 382–383; Huß 284–285; Seibert 106–113. – Ausführliche Erörterung insbesondere der topographischen Fragen und der französischen Spezialliteratur bei Lancel 123–137.

[3] E. Meyer, Hannibals Alpenübergang, Museum Helveticum 15, 1958, 227–241; ders., Noch einmal Hannibals Alpenübergang, ebd. 21, 1964, 99–102. Nachdruck in Christ 195–221.

[4] M. de Lavis-Trafford, Le col alpin franchi par Hannibal, Travaux de la Société d'histoire et d'archéologie de Maurienne 13, 1956, 109–111; Mémorial du docteur Marc de Lavis-Trafford, ebd. 14, 1962 (St. Jean de Maurienne).

[5] Livius 21, 31, 9–10.

[6] Ammianus Marcellinus 15, 10–11. – Hierzu immer noch W. Sontheimer, Der Excurs über Gallien bei Ammianus Marcellinus mit besonderer Berücksichtigung des Berichtes über Hannibals Alpenübergang, Klio 20, 1925, 19–53 – obwohl in manchen Punkten von Meyer (Anm. 3) verworfen.

[7] Silius Italicus 3, 466–493.

[8] Um nur eine wichtige moderne Gegenposition zu nennen: Seibert 106: *Hannibal teilte sein Heer in zwei große Korps, von denen das eine nach Osten das Tal der Durance aufwärts zum Col de Mont Genèvre, das andere zunächst der Rhône folgend, dann ins Isèretal in Richtung Kl. Sankt Bernhard abbog.* Ausführlicher Seibert, Forschungen 195–200.

[9] H. H. Scullard, The Elephant in the Greek and Roman World, Ithaca N.Y. 1974.

[10] Polybios 3, 51, 3–5.

[11] Polybios 3, 55, 1–5.

[12] Polybios 3, 56, 3–4.

[13] Cornelius Nepos, Hannibal 3, 4.
[14] Seibert 113.
[15] Livius 21, 61, 4–11.
[16] Polybios 3, 72, 9–74, 11; Livius 21, 55, 2–56, 7.

IV. Die großen Schlachten der Jahre 217 und 216

[1] Zu seiner Person und seinen Aktivitäten: B. Meißner, Gaius Flaminius – oder wie ein Außenseiter zum Sündenbock wurde, in: K.-J. Hölkeskamp u. E. Stein-Hölkeskamp (Hrsg.), Von Romulus zu Augustus, München 2000, 92–105; L. Oebel, C. Flaminius und die Anfänge der römischen Kolonisation im 'ager Gallicus', Frankfurt 1993; H. Wild, Untersuchungen zur Innenpolitik des Gaius Flaminius, Diss. München 1994.

[2] Polybios 3, 75, 4–8. – Siehe zu den Einzelheiten: F. Gschnitzer, Das System der römischen Heeresbildung im zweiten punischen Krieg, Hermes 109, 1981, 59–85.

[3] Livius 58, 3–11.

[4] Seibert 150, Anm. 67.

[5] G. Holland, Die Augenerkrankung Hannibals, Legende und Wirklichkeit, in: M. Tost (Hrsg.), 10 Jahre Julius-Hirschberg-Gesellschaft, Wien 1996, 153–166. In einer sorgfältigen Analyse der einschlägigen antiken Quellen gelangte Holland zu dem Ergebnis, dass es sich bei der Erkrankung *am ehesten um eine beidseitige Conjunctivitis mit Hornhautbeteiligung des rechten Auges gehandelt* hat. Der Autor schließt sich der Auffassung des Cornelius Nepos an, wonach die Erkrankung *weder zur Erblindung noch zum Verlust eines Auges führte* (153).

[6] Die wichtigsten antiken Schilderungen des Geschehens: Polybios 3, 80–85; Livius 22, 3–6, 12. Weitere antike und moderne Literatur bei Seibert 152–156. – Auf Grund der geologischen Veränderungen im Norden des Trasimenischen Sees während der vergangenen rund 2200 Jahre ist die genaue topographische Fixierung der Kampfhandlungen sehr schwierig. Während Huß (317) die Kämpfe zwischen Monte Colognola, Torricella und Montigeto ansetzt, plädiert Bagnall (225–228) (mit Skizze), gestützt auch auf archäologische Indizien, für die Strecke zwischen Borghetto und Tuoro.

[7] H. Beck, Quintus Fabius Maximus – Musterkarriere ohne Zögern, in: K.-J. Hölkeskamp u. E. Stein-Hölkeskamp (Hrsg.), Von Romulus zu Augustus, München 2000, 79–91. – Siehe auch R. Rebuffat, Unus homo nobis cunctando restituit rem, Revue des Études Latines 60, 1983, 153–165.

[8] Cassius Dio, frg. 55.

[9] Livius 22, 11, 4.

[10] Polybios 3, 89, 2–4.

[11] Polybios 3, 92; Livius 22, 16.

[12] Seibert 170–171 mit Hinweis auf das Urteil von K. J. Beloch, Polybios' Quellen im dritten Buch, Hermes 50, 1915, 365: *Die Ochsengeschichte ist erfunden, um Fabius' Zauderstrategie zu verspotten.*

[13] Livius 22, 29, 8–30, 7.

[14] Zu Delbrücks Auseinandersetzung mit diesem Forscher siehe K. Christ, Von

Gibbon zu Rostovtzeff, Darmstadt ³1989, 176–181. – Zu Kromayer grundlegend der Nekrolog von O. T. Schulz, Bursians Jahrbücher. Biographisches Jahrbuch für Altertumskunde 62, 1936, 49–79. Zuverlässige Einführungen in die Quellenlage und in die umfangreiche Spezialliteratur bei: Huß 328–334; CAH Band 8, Cambridge ²1989, 558–560; Seibert 191–198; ders., Forschungen 227–232; Le Bohec 189–196; Lancel 174–183. – Von neueren Spezialstudien seien hervorgehoben: J. Kromayer u. G. Veith, Antike Schlachtfelder. Bausteine einer antiken Kriegsgeschichte, Band 3, 1 und 2, Berlin 1912, insbesondere Band 3, 1, 278–388 und Karte 8; A. Graf von Schlieffen, Cannae, in: ders., Gesammelte Schriften, Band 1, Berlin 1913, 25–266; H. Delbrück, Geschichte der Kriegskunst im Rahmen der politischen Geschichte, Band 1, Das Altertum, Berlin 2000 (ND von ³1920), 364–390; K. Lehmann, Das Cannae-Rätsel, Klio 24, 1931, 70–99; F. Cornelius, Cannae, Leipzig 1932 (Klio-Beiheft 26; ND 1963); D. Ludovico, La battaglia di Canne, Rom 1958 (mit instruktiven Luftaufnahmen); N. Degrassi, La zona archeologica di Canne della Battaglia, in: Studi Annibalici, 83–91; P. Kußmaul, „Der Halbmond von Cannae", Museum Helveticum 25, 1978, 249–257; M. Samuels, The Reality of Cannae, Militärgeschichtliche Mitteilungen 47, 1990, 7–29.

[15] Polybios 3, 113, 6–9.

[16] Polybios 3, 113, 8–9.

[17] Delbrück (Anm. 14) 364.

[18] Polybios 3, 117, 2–6.

[19] Polybios 3, 118, 1–2; 8–9.

[20] Livius 22, 50, 1–3; 22, 61, 10–15.

[21] Appian, Annibalike 26, 111.

[22] Graf von Schlieffen (Anm. 14), zitiert nach dem Nachdruck in Christ 224–225. – Der Hinweis auf Clausewitz und Napoleon I. erfolgte nach Delbrück (Anm. 14), 368. – Siehe dazu auch F. von Senger und Etterlin, Cannae, Schlieffen und die Abwehr, Wehrwissenschaftliche Rundschau 1963, 26–43; J. Kertész, Die Schlacht bei Cannae und ihr Einfluß auf die Entwicklung der Kriegskunst, Wissenschaftliche Beiträge der Martin-Luther-Universität Halle 38, 1980, 29–43; H. Nolte, Vom Cannae-Mythos, Göttingen 1991.

[23] Vergleiche A. Schulten, Tannenberg und Cannae, in: 4. Gruß der Universität Erlangen an ihre Studenten, 1917, 23–41; E. Kornemann, „Unser Hindenburg". Ansprache zur Feier des 70. Geburtstages des Generalfeldmarschalls am 2. Oktober 1917 im Museum in Tübingen, o. O., o. J., 3 bezeichnete Cannae als *die größte Umgehungsschlacht, die die Weltgeschichte kennt*, verglich sie mit Tannenberg, Hannibal mit Hindenburg (zitiert nach J. Breder, Die Konstruktion von „Ost" und „West" in den Arbeiten deutscher und sowjetischer Althistoriker der 1920er bis 1940er Jahre, Magister-Arbeit Oldenburg 2001, 32).

V. Roms Behauptung

[1] Siehe H. Beck u. U. Walter (Hrsg.), Die frühen römischen Historiker. Band 1, Darmstadt 2001, 206–207 (F 4, 13–14 mit Kommentar). – Livius 22, 51, 4.

[2] Livius 22, 51, 4.

[3] Livius 22, 58, 3.

[4] Vergleiche die Erörterung bei Huß 332–333; Seibert 200–201. – Lancel 183 weist darauf hin, dass auch B. Montgomery (A History of Warfare, London 1968, 97) zu Hannibals Kritikern zählt. Er selbst zeigt dagegen Verständnis für Hannibals Entscheidung.

[5] Plutarch, Cato maior 27. – Siehe hierzu: U. Vogel-Weidemann, Carthago delenda est: aitia and prophasis, Acta Classica 32, 1989, 79–95.

[6] Dazu besonders J. Kromayer, Hannibal als Staatsmann, Historische Zeitschrift 103, 1909, 237–273 (ND in Christ 242–274); E. Groag, Hannibal der Politiker, Wien 1929; A. Momigliano, Annibale politico, La Cultura 11, 1932, 61–72.

[7] E. D. Clark, A historical commentary on Plutarch's Marcellus. Diss. Ottawa 1991; S. Bocci, Introduzione, in: Plutarco, Pelopida – Marcello, Mailand 1998, 279–352. – Nach G. Lahusen (Die Bildnismünzen der Römischen Republik, München 1989, 20–21) stellen die Porträts auf den Vorderseiten der um 50 geprägten Denare des P. Cornelius Lentulus Marcellinus (siehe Tafel 2, 1; 46–49) nicht den Sieger über Syrakus dar, wie meist angenommen wird, sondern den Vater des Münzmeisters, den Konsul des Jahres 56.

[8] Th. Mommsen, Römische Geschichte, Band 1, Berlin ^{9}1903, 609.

[9] Vergleiche zum Folgenden insbesondere J. von Ungern-Sternberg, Capua im Zweiten Punischen Krieg. München 1975 (Vestigia 23).

[10] Livius 23, 2, 1.

[11] Livius 23, 10, 2.

[12] Livius 23, 7, 1–2.

[13] Livius 23, 18, 11–13.

[14] Seiberts Kritik (221–222) an der Überlieferung und den modernen Einschätzungen der Kämpfe jenes Jahre ist durchaus plausibel. Plausibel auch dessen Vermutung einer Stilisierung jener Ereignisse zum Ruhme der Scipionen.

[15] So der ehemalige britische Generalstabschef Sir Nigel Bagnall 248–249.

[16] Dazu im Einzelnen Huß 341; Seibert 241–242; 246–247.

[17] Polybios 7, 9, 1–17. Übersetzung nach A.-H. Chroust, Internationale Verträge in der Antike. Die diplomatischen Verhandlungen zwischen Hannibal und Philipp V. von Makedonien, in: Christ 283–291.

[18] G. Egelhaaf, Analekten zur Geschichte des zweiten Punischen Krieges, Historische Zeitschrift 53, 1885, 430–469 sowie die in Anm. 6 aufgeführten Titel.

[19] Livius 23, 33, 9–34, 2; Appian, Makedonike 1, 2–3; Zonaras 9, 4, 2 – dazu Seibert 242 und 244.

[20] E. Bikerman, An oath of Hannibal, Transactions of the American Philological Association 75, 1944, 87–102; ders., Hannibal's covenant, American Journal of Philology 73, 1952, 1–23; siehe Chroust (Anm. 17), 275–334.

[21] Vergleiche hierzu M. Errington, Geschichte Makedoniens, München 1984, 174–175; E. S. Gruen, The Hellenistic World and the Corning of Rome, Berkeley 1984, 359–360.

[22] W. Hoffmann, Hannibal und Sizilien, Hermes 89, 1961, 478–494 = Christ 335–357; Huß 350–351; Seibert 248–250.

[23] I. Schneider, Archimedes, Darmstadt 1979 (Erträge der Forschung 102).

[24] Plutarch, Marcellus 15.

[25] A. Demandt, Vandalismus, Berlin 1997, 99–103.

[26] H. H. Scullard, Scipio Africanus. Soldier and Politician, London 1970; K. Christ, Hannibal und Scipio Africanus, in: K. Fassmann u. a. (Hrsg.), Die Großen der Weltgeschichte, Band 1, München 1971, 771–783 = ders., Römische Geschichte und Wissenschaftsgeschichte, Band 1, Darmstadt 1982, 1–15; E. S. Gruen, The „Fall" of the Scipios, in: I. Malkin u. Z. W. Rubinsohn (Hrsg.), Leaders and masses in the Roman World, Leiden 1995, 59–90; K.-H. Schwarte, Publius Cornelius Scipio Africanus der Ältere – Eroberer zwischen West und Ost, in: K.-J. Hölkeskamp u. E. Stein-Hölkeskamp (Hrsg.), Von Romulus zu Augustus, München 2000, 106–119.

[27] Th. Mommsen, Römische Geschichte, Band 1, Berlin [9]1903, 632–633.

[28] Siehe hierzu E. Badian, Zöllner und Sünder. Unternehmer im Dienst der römischen Republik, Darmstadt 1997.

[29] Livius 23, 48, 5–6; 25, 3, 9–10.

[30] Zusammenfassend: A. J. Toynbee, Hannibal's Legacy, 2 Bände, London 1965; K. Christ, Krise und Untergang der Römischen Republik, Darmstadt [4]2000, 67–116; 492–500; 525–527.

[31] Eine knappe Skizze der Gesamtentwicklung bei K. Christ, Antike Numismatik, Darmstadt [3]1991, 52–59. – C. Nicolet, A Rome pendant la deuxième guerre punique. Technique financière et manipulations monétaires, Annales 18, 1963, 417–436; H. Zehnacker, Moneta, Paris 1973; M. H. Crawford, Roman Republican Coinage, 2 Bände, Cambridge 1974.

[32] P. Wuilleumier, Tarente, des origins à la conquête romaine, Paris 1939; Seibert 273–277.

[33] Livius 26, 14, 1–5.

[34] Th. Mommsen, Römische Geschichte, Band 1, Berlin [9]1903, 639.

[35] Polybios 3, 33, 18.

VI. Katastrophe und Flucht

[1] Livius 28, 40, 1–44.

[2] P. G. Walsh, Massinissa, Journal of Roman Studies 55, 1965, 149–160. – G. Hafner, Das Bildnis des Massinissa, Archäologischer Anzeiger 1970, 412–421; K. Fittschen, Die Bildnisse der mauretanischen Könige, Madrider Mitteilungen 15, 1974, 156–173. – Zu den Münzporträts des Syphax und des Massinissa siehe J. Mazard, Corpus nummorum Numidiae Mauretaniaeque, Paris 1955, 18, 19, 30 und 36. Danach Le Bohec 239.

[3] Livius 29, 25, 1–3.

[4] Polybios 15, 9, 2.

[5] Livius 30, 32, 4.

[6] Siehe die Materialien bei Huß 416–420; Seibert 466–471; Bagnall 363–371. – Aus der älteren Spezialliteratur seien hervorgehoben: Th. Mommsen, Zama, in: ders., Gesammelte Schriften, Band 4, Berlin 1906, 36–48; K. Lehmann, Der letzte Feldzug des hannibalischen Krieges, Leipzig 1894; G. Veith, in: J. Kromayer u. G. Veith, Antike Schlachtfelder, Band 3, 2, Berlin 1912, 617–633; H. Delbrück, Geschichte der Kriegskunst im Rahmen der politischen Geschichte, Band 1, Das Altertum (ND von [3]1920), Berlin 2000, 437–441; 450–453. Für Delbrück war Zama

die erste Schlacht in der Weltgeschichte, in der uns die Treffen-Taktik als ein großes neuentdecktes Prinzip maßgebend und entscheidend für die Schlachten-Führung entgegentritt. In der Treffen-Aufstellung stehen die taktischen Körper hintereinander, so fern, daß jeder sich selbständig bewegen, so nah, daß sie sich unmittelbar unterstützen können (440). Nach ihm hatte Scipio diese neue Taktik in Spanien erprobt (445), eine Taktik, welche gleichzeitig auch die Lehren aus Cannae zog.

[7] Polybios 15, 9–14.

[8] Polybios 15, 16, 1–5.

[9] Über die Kontroverse orientiert kritisch Seibert 472, Anm. 54.

[10] Polybios 15, 18. – Zu den Einzelheiten siehe F. Gschnitzer, Die Stellung Karthagos nach dem Frieden von 201, Wiener Studien 79, 1966, 276–289; H. H. Schmitt, Die Verträge der griechisch-römischen Welt von 338 bis 200 v. Chr., München 1969, 548 (Die Staatsverträge des Altertums 3); B. Scardigli, I trattati romano-cartaginesi, Pisa 1991, 295–301.

[11] P. Kneißl, Die Siegestitulatur der römischen Kaiser, Göttingen 1969, 20–21.

[12] H. H. Scullard, Roman Politics 220–150 B.C., Oxford ²1973, 290–303; E. S. Gruen, The „Fall" of the Scipios, in: I. Malkin u. Z. W. Rubinsohn (Hrsg.), Leaders and masses in the Roman World, Leiden 1995, 59–90.

[13] B. Kreck, Untersuchungen zur politischen und sozialen Rolle der Frau in der späten römischen Republik, Diss. Marburg 1975, 47–105.

[14] K. Christ, Krise und Untergang der Römischen Republik, Darmstadt ⁴2000; Bringmann 121–134.

[15] F. Taeger, Charisma, Band 2, Stuttgart 1960, 16 ff.; M. Clauss, Kaiser und Gott. Herrscherkult im römischen Reich, Stuttgart – Leipzig 1999.

[16] Th. Mommsen, Römische Geschichte, Band 1, Berlin ⁹1903, 672 meinte: ... *diese verfaulte Oligarchie wurde auf Hannibals Antrag über den Haufen geworfen und ein demokratisches Regiment eingeführt, wie es den Verhältnissen der Bürgerschaft angemessen war.*

VII. Neue Kämpfe und Ende

[1] Zur Einleitung: H.-J. Gehrke, Geschichte des Hellenismus, München ²1995. Grundlegend noch immer das klassische moderne Werk von M. Rostovtzeff, Gesellschafts- und Wirtschaftsgeschichte der hellenistischen Welt, 3 Bände, Sonderausgabe Darmstadt 1998 mit einer Einleitung von H. Heinen. – Daneben speziell: E. S. Gruen, The Hellenistic World and the Coming of Rome, 2 Bände, Berkeley 1984; J. L. Ferrary, Philhellénisme et impérialisme, Rom 1988.

[2] Livius 35, 43, 6.

[3] Plutarch, Lucullus 31, 4–6.

[4] Siehe speziell C. Habicht, Über die Kriege zwischen Pergamon und Bithynien, Hermes 84, 1956, 90–110; ders., Prusias 1, RE 23,1, 1957, 1098–1099.

[5] Seibert 526.

[6] H. K. Kandlbinder, Die historische Bedeutung von Gnaeus Manlius Vulso, dem römischen Konsul des Jahres 189 v. Chr., Diss. München 1956; J. Grainger, The Campaign of Cn. Manlius Vulso in Asia Minor, Anatolian Studies 45, 1995, 33–42.

[7] Th. Mommsen. Römische Geschichte, Band 1, Berlin ⁹1903, 752.

[8] E. Badian, Titus Quinctius Flamininus: Philhellenism and „Realpolitik", Cincinnati 1973; L.-M. Günther, Titus Quinctius Flamininus – Griechenfreund aus Gefühl oder Kalkül, in: K.-J. Hölkeskamp u. E. Stein-Hölkeskamp (Hrsg.), Von Romulus zu Augustus, München 2000, 120–130.

[9] Livius 39, 51, 9–10. – Übersetzung von J. Seibert.

VIII. Antike und moderne Hannibal-Bilder

[1] Dieses Kapitel fußt großenteils auf meiner, einst Heinrich Büttner gewidmeten Studie „Zur Beurteilung Hannibals", Historia 17, 1968, 461–495 = Christ 361–407. Die hier ergänzte Neufassung unterscheidet sich dadurch, dass sie einerseits gestrafft, andererseits wesentlich erweitert wurde. Quellenzitate und Begriffe wurden grundsätzlich übersetzt, die reichhaltige Dokumentation im Text wie in den Anmerkungen auf wichtigste Angaben beschränkt, die Forschungen der vergangenen Jahrzehnte zusätzlich berücksichtigt. Für Spezialuntersuchungen sei jedoch nach wie vor auf die Erstveröffentlichung verwiesen. – Die moderne Spezialliteratur zu den Quellen erschließen Seiberts Forschungen 1–56 sowie G. Brizzi, Annibale. Strategie e immagine, Spoleto 1984, 130–170.

[2] Zu dessen Hannibal-Bild Walbank, Band 2, 150–155.

[3] Polybios 3, 9, 1–5.

[4] Polybios 9, 22, 1–26, 11.

[5] Polybios 33, 86, 11.

[6] E. Burck, Das Bild der Karthager in der römischen Literatur, in: J. Vogt (Hrsg.), Rom und Karthago, Leipzig 1943, 297–345; M. Dubuisson, Das Bild der Karthager in der lateinischen Literatur, in: W. Huß (Hrsg.), Karthago, Darmstadt 1992, 227–238.

[7] FgrHist 175, 176. – F. Jacoby, Sosylos 53–56, RE 3A,1, 1927, 1204–1206.

[8] Siehe H. Beck u. U. Walter (Hrsg.), Die frühen römischen Historiker, Band 1, Darmstadt 2001.

[9] H. J. Thiel, Punica fides, Mededelingen der Koninklijke Nederlandse Akademie van Wetenschappen 17,9, 1954.

[10] Livius 21, 1, 3.

[11] M. Gelzer, Römische Politik bei Fabius Pictor, Hermes 68, 1933, 129–166 = ders., Kleine Schriften, Band 3, Wiesbaden 1964, 51–92.

[12] Vergleiche hierzu zuletzt: M. Fuhrmann, Geschichte der römischen Literatur, Stuttgart 1999, 96 ff.; W. Suerbaum, Die archaische Literatur. Von den Anfängen bis Sullas Tod, München 2002, 345–347; Beck u. Walter (Anm. 8).

[13] Cicero, Laelius 8, 28.

[14] Cicero, de divinatione 1, 24, 48; de oratore 1, 48, 210.

[15] Cicero, pro Sestio 68, 142.

[16] Cornelius Nepos 21, 3, 3. – J. Geiger, Cornelius Nepos and Ancient Political Biography, Wiesbaden 1985.

[17] Cornelius Nepos 23, 1, 1.

[18] Cornelius Nepos 5, 2.

[19] Diodor 26, 2–29, 19. – Siehe auch K. Meister, Die griechische Geschichtsschrei-

bung, Stuttgart 1990, 171–174; O. Lendle, Einführung in die griechische Geschichtsschreibung, Darmstadt 1992, 242–244.

20 Pompeius Trogus 28, 4, 6–31, 2, 1. – Siehe zu diesem Komplex O. Seel, Eine römische Weltgeschichte, Nürnberg 1972; H. Bellen, Metus gallicus – metus punicus (Abhandlungen der Akademie der Wissenschaften 1985, 3), Mainz 1985.

21 Pompeius Trogus 31, 3, 5.

22 Pompeius Trogus 32, 4, 8–10.

23 Siehe zum Folgenden insbesondere W. Hoffmann, Livius und der zweite Punische Krieg, Leipzig 1942; P. G. Walsh, Livy. His Historical Aims and Methods, Cambridge 1961, besonders 103–105; 124–126; ders., Livy, Oxford 1974; U. Händl-Sagawe, Der Beginn des 2. Punischen Krieges. Ein historisch-kritischer Kommentar zu Livius Buch 21, München 1995.

24 Livius 21, 3, 6; 21, 4, 2.

25 Livius 27, 33, 9.

26 Livius 23, 45, 4.

27 Livius 21, 4, 2–10.

28 Livius 21, 4, 9. – Hierzu speziell W. Huß, Hannibal und die Religio, in: Studia Phoenicia 4. Religio Phoenicia, Namur 1986, 223–238.

29 A. Klotz, Studien zu Valerius Maximus und den Exempla, München 1942 (Sitzungsberichte der Bayerischen Akademie der Wissenschaften, Phil.-hist. Abteilung 1942, 5); C. Skidmore, Practical Ethics for Roman Gentlemen. The Work of Valerius Maximus, Exeter 1996; M. Fuhrmann, Geschichte der Römischen Literatur, Stuttgart 1999, 297–299.

30 Plinius, naturalis historia 34, 32.

31 Horaz, carmen 4, 4.

32 Lukan 1, 350; 4, 736–740; 8, 286. – W. D. Lebek, Lucans Pharsalia, Göttingen 1976.

33 Martial 9, 43, 9; 13, 73. – N. Holzberg, Martial, Heidelberg 1988.

34 Martial 4, 14.

35 Silius Italicus, Punica 1, 56–65. Übersetzung von H. Rupprecht, Silius Italicus, Punica, Mittenfels 1991. – C. Santini, Silius Italicus and his View of the Past, Amsterdam 1991.

36 Juvenal, Satire 10, 157–167. – Übersetzung von A. Maisack in: O. Weinreich, Römische Satiren, Zürich 1949, 272–273. Siehe auch K. Christ, J. Burckhardt und die Römische Geschichte, Saeculum 14, 1963, 91–92. – G. Highet, Juvenal the Satirist, Oxford 1954.

37 In den Selbstdarstellungen Alexanders des Großen, Hannibals und Scipios vor dem Totenrichter Minos im Streit um den Rang des größten Feldherrn wird zwar Alexander die erste, Scipio die zweite, Hannibal die dritte Stelle zuerkannt, doch Hannibal – *auch er ist auf keine Weise zu verachten* – wird nicht unsympathisch dargestellt: *Wiewohl ich mich für nichts als einen bloßen Menschen ausgab, nahm ich es doch mit den größten Meistern in der Kriegskunst und mit den streitbarsten Soldaten in der Welt auf und errang meine Siege über keine Medier und Armenier, die schon davonlaufen, wenn sie einen Feind sehen … – Ich hingegen stand meinem Vaterlande vor, ohne mir mehr Gewalt herauszunehmen, als es mir anvertraute; und da es mich zurückberief, als sich die Feinde mit einer großen Flotte an unseren Küsten sehen lie-*

ßen, gehorchte ich augenblicklich, kehrte in den Privatstand zurück und ertrug, selbst da ich unbillig verurteilt wurde, mein Schicksal mit Gelassenheit. – Lukian, Totengespräche 12; zitiert nach: Lukian, Sämtliche Werke, Band 2, übersetzt nach C. M. Wieland von H. Floerke, Berlin 1922, 169–170.

38 Florus 1, 22, 2. – W. den Boer, Florus und die römische Geschichte, Mnemosyne 18, 1965, 366–387; J. M. Alonso-Núñez, Die politische und soziale Ideologie des Geschichtsschreibers Florus, Bonn 1983.

39 Florus 22, 16.

40 Florus 22, 20–44.

41 Florus 22, 58.

42 B. Scardigli, Die Römerbiographien Plutarchs, München 1979; dies. (Hrsg.), Essays on Plutarch's Lives, Oxford 1995.

43 Die wichtigsten Materialien sowie Text und Übersetzung der einschlägigen Partien finden sich in dem von K. Brodersen herausgegebenen Band Appian von Alexandria, Römische Geschichte. Erster Teil. Die römische Reichsbildung. Übersetzt von O. Veh, Stuttgart 1987.

44 Cassius Dio, frg. 54, 1–11. – E. Gabba, Sulla Storia Romana di Cassio Dione, Rivista Storica Italiana 67, 1955, 289–333; F. Millar, A Study of Cassius Dio, Oxford 1964.

45 Zonaras 9, 21, 7. – Seibert, Feldherr 74 kommt das Verdienst zu, daran erinnert zu haben, dass – einem Wunsch von Kemal Atatürk entsprechend – bei Gebze (Libyssa) im Jahre 1981 eine eindrucksvolle Gedenkstätte für Hannibal errichtet wurde.

46 Siehe auch Herodian 4, 8, 5. – J. Vogt, Das Puniertum und die Dynastie des Septimius Severus, in: ders. (Hrsg.), Rom und Karthago, Leipzig 1943, 346–366.

47 Scriptores Historiae Augustae, Pescennius Niger 11, 5.

48 Augustin, de civitate dei 3, 19, 11–12. – Eine beiläufige positive Äußerung liegt bereits bei Laktanz, divinae institutiones 2, 16, 17 vor.

49 Eutrop 3, 10, 1.

50 Sextus Aurelius Victor, de Caesaribus 37.

51 Orosius 4, 17.

52 Rutilius Namatianus, de reditu suo 1, 128.

53 Claudius Claudianus, de consultu Stilichonis 3, 144–148.

54 Sidonius Apollinaris 5, 343.

55 In diesem Abschnitt wird auf die Darstellung von Seibert, Feldherr 6 zurückgegriffen.

56 E. Voutiras, in: P. C. Bol (Hrsg.), Forschungen zur Villa Albani. Katalog der Bildwerke, Band 2, Berlin 1990, 71–73.

57 J. D. Breckenridge, Hannibal as Alexander, Ancient World 7, 1983, 111–128.

58 G. C. Picard, Le problème du portrait d'Hannibal, Karthago 12, 1963/4, 31–41.

59 G. Hafner, Das Bildnis Hannibals, Madrider Mitteilungen 14, 1973, 143–150.

60 E. S. G. Robinson, Punic Coins in Spain, in: Essays on Roman Coinage presented to H. Mattingly, Oxford 1956, 34–53.

61 R. Merkelbach, Griechische Papyri der Hamburger Staatsbibliothek. Hrsg. vom Seminar für Klassische Philologie der Universität Hamburg, Hamburg 1954,

Nr. 129, Kolumne 6; A. Momigliano, Hochkulturen im Hellenismus, München 1979, 55.

[62] Im Anschluss an die Primärpublikation des folgenden Teils gab auch J. Seibert (Forschungen, 57–82) einen materialreichen Überblick über die Hannibal-Bilder der modernen Forschung. Er berücksichtigte ergänzend insbesondere die speziellen fachwissenschaftlichen Akzente, während hier deren Stellung im modernen Geschichtsbild Vorrang besitzt. – Wenn die Werke der im Folgenden namentlich genannten Autoren in der Bibliographie aufgeführt sind, werden sie nicht eigens zitiert.

[63] Montesquieu, Betrachtungen über die Ursachen von Größe und Niedergang der Römer. Hrsg. von L. Schuckert, Bremen o. J., 32 und 35.

[64] Mémorial de Sainte-Hélène, zitiert nach S. Lancel, Hannibal, Düsseldorf 2000, 369. – Dazu J. W. Spaeth, Hannibal und Napoleon, The Classical Journal 24, 1928/9, 291–293.

[65] B. G. Niebuhr, Vorträge über römische Geschichte, an der Universität zu Bonn gehalten. Hrsg. von M. Isler, Band 2, 1847, 66.

[66] Th. Mommsen, Römische Geschichte, Band 1, Berlin [9]1903, 751.

[67] Ebd. 593–594.

[68] St. Gsell hat in seiner Histoire ancienne de l'Afrique du Nord, Band 3, Paris 1918, 141–142 Hannibals Charakter und seine militärischen Qualitäten, insbesondere „l'imagination, le jugement et la volonté" ebenso hoch veranschlagt wie U. Kahrstedt in seiner „Geschichte der Karthager von 218–146", Berlin 1913, 573–578. Es ist bezeichnend, dass T. Lenschau seinem Artikel in der RE 7, 1912, 2323–2351, die lapidare Wertung voranstellte: ... *der größte Feldherr des Altertums.*

[69] G. Egelhaaf, Analekten zur Geschichte des zweiten Punischen Krieges, Historische Zeitschrift 53, 1885, 430–469. Zuletzt ders., Hannibal, Stuttgart 1922.

[70] A. Momigliano, Annibale politico, La Cultura 11, 1932, 72.

[71] W. Kolbe, Die Kriegsschuldfrage von 218 v. Chr. Geb., Sitzungsberichte Heidelberg, Phil.-hist. Klasse 1933/4, 4; G. De Sanctis, Hannibal und eine „Kriegsschuldfrage" der Antike (1932), in: Christ 109–133; W. Otto, Eine antike Kriegsschuldfrage. Die Vorgeschichte des 2. Punischen Krieges, in: Christ 77–108.

[72] Ed. Meyer, Hannibal und Scipio, in: E. Marcks u. K. A. von Müller, Meister der Politik, Band 1, Stuttgart 1922, 65–117, hier 79–81.

[73] Exemplarisch: „Führertum". 26 Lebensbilder von Feldherren aller Zeiten. Auf Veranlassung des Oberkommandos der Wehrmacht bearbeitet von Offizieren der Wehrmacht und zusammengestellt von General der Artillerie von Cochenhausen. Mit einem Geleitwort des Chefs des Oberkommandos der Wehrmacht Generalfeldmarschall Keitel, [4]1941. – Die Hannibal-Vita (33–47) stammt aus der Feder des damaligen Oberstleutnants und späteren Luftwaffen-Inspekteurs der Bundesrepublik General Josef Kammhuber.

[74] Siehe die Beiträge von F. Schachermeyr und F. Miltner in J. Vogt (Hrsg.), Rom und Karthago, Leipzig 1943, 41 und 259.

[75] G. W. F. Hegel, Vorlesungen über die Philosophie der Geschichte, Stuttgart 1961, 424.

[76] J. Burckhardt, Historische Fragmente. Hrsg. von E. Dürr, Stuttgart 1957, 15; K. Christ, J. Burckhardt und die Römische Geschichte, Saeculum 14, 1963, 103.

[77] L. von Ranke, Weltgeschichte, Band 2, München [5]1922, 140, 115 und 107.

[78] O. Spengler, Der Untergang des Abendlandes, (ND) München 1963, 151, 188, 445, 788, 1089. – Zur Bedeutung von Spenglers Werk aus althistorischer Sicht siehe J. Vogt, Wege zum historischen Universum, Stuttgart 1961, 51–53; A. Demandt u. J. Farrenkopf (Hrsg.), Der Fall Spengler, Köln 1994.

[79] A. J. Toynbee, A Study of History, Band 2, London [7]1956, 162; Band 6, London [2]1955, 333.

[80] A. J. Toynbee, Hannibal's Legacy, Band 2, London 1965, 19.

[81] Siehe J. Vogt, Toynbees Rückkehr zur Römischen Geschichte, Historia 16, 1967, 119–128.

[82] Toynbee (Anm. 80) 162.

[83] W. Hoffmann, Hannibal, Göttingen 1962. Die wichtigsten Spezialstudien sind in Christ 40–74; 134–155; 335–357 abgedruckt. Siehe auch W. Hoffmann, Roms Aufstieg zur Weltherrschaft, in: G. Mann u. A. Heuß (Hrsg.), Propyläen Weltgeschichte, Band 4, Berlin 1963, 97–174.

[84] A. Heuß, Römische Geschichte, Braunschweig 1960, 74, 81–84.

[85] H. Bengtson, Grundriß der Römischen Geschichte mit Quellenkunde, Band 1, München [3]1982, 102.

[86] J. Seibert (Hrsg.), 100 Jahre Alte Geschichte an der Ludwig-Maximilians-Universität München (1901–2001), Berlin 2002, 206.

[87] C. A. Julien u. C. Courtois, Histoire de l'Afrique du Nord, Band 1, Paris [2]1968.

[88] E. Lipinski (Hrsg.), Dictionnaire de la civilisation phénicienne et punique, Turnhout 1992.

[89] A. Ennabli (Hrsg.), Pour sauver Carthage, Paris 1992.

[90] Y. Le Bohec, Histoire militaire des guerres puniques, Paris 1996, 155 und 157.

[91] S. Lancel, Hannibal, Düsseldorf 2000, 189.

[92] C. Nicolet, L'inventaire du monde. Géographie et politique aux origines de l'Empire romain, Paris 1988, 201–203, 301–303.

[93] Lancel (Anm. 91) 370–371.

[94] Die wichtigsten Titel der einschlägigen Spezialuntersuchungen sind in den Arbeiten von G. Brizzi aufgeführt.

[95] Deutsche Übersetzung von P. Kneißl bei Christ 109–133, hier: 126, 131, 129–130, 133.

[96] Zum Beispiel: S. Moscati, Fenici e Cartaginesi in Sardegna, Mailand 1968; ders., Tra Cartagine e Roma, Mailand 1971.

[97] Studi Annibalici. Atti del Convegno svoltosi a Cortona – Tuoro sul Trasimeno – Perugia. Ottobre 1961, Cortona 1964 (Accademia Etrusca di Cortona, Annuario 12, 19, 61–4).

[98] F. De Martino, Wirtschaftsgeschichte des alten Rom, München 1985, 75–84.

[99] Storia di Roma, Band 2, L'impero mediterraneo. La repubblica imperiale, Turin 1990, besonders die Beiträge von E. Gabba, 55–59; 189–193; G. Clemente 39–45. – Die Titel weiterer einschlägiger Studien von E. Gabba sind versammelt in: A. Baroni (Hrsg.), E. Gabba. Bibliografia 1949–1995, Como 1996.

[100] Auch in deutschen Übersetzungen: Sir Gavin de Beer, Hannibal. Ein Leben gegen Rom, München 1970; E. Bradford, Hannibal, München 1986.

[101] Zu A. J. Toynbee, Hannibal's Legacy, 2 Bände, London 1965 siehe insbesondere P. A. Brunt, Italian Manpower, Oxford 1971, 417–434; 645–660.

[102] Mémorial du docteur Marc de Lavis-Trafford, St. Jean-de-Maurienne 1962. – Zu G. De Beer, Alps and Elephants, London 1955 siehe E. Meyer, in: Christ 215–216; ders., Hannibal's march, London 1967; J. Hoyte, Trunk Road for Hannibal, London 1960; D. Proctor, Hannibal's March in History, Oxford 1971.

[103] G. K. Jenkins u. R. B. Lewis, Carthaginian Gold and Electron Coins, London 1953; M. H. Crawford, Coinage and Money under the Roman Republic, London 1985.

[104] B. H. Liddel Hart, Der Feldherr. Die Taten des Publius Cornelius Scipio Africanus, München 1938; J. F. Lazenby, Hannibal's War, Warminster 1978.

[105] N. Bagnall, Rom und Karthago. Der Kampf ums Mittelmeer, Berlin 1995, 411–414, 416.

[106] CAH Band 8, Cambridge [1]1930, 107.

[107] J. Briscoe, The Second Punic War, in: CAH Band 7,2, Cambridge [2]1989, 44–80.

IX. Hannibals Persönlichkeit

[1] A. Dihle, Studien zur griechischen Biographie, Göttingen 1956 (Abhandlungen der Akademie der Wissenschaften Göttingen, Phil.-hist. Klasse 3, 37); A. Momigliano, The Development of Greek Biography, Cambridge/Mass. 1971; H. Sonnabend, Geschichte der antiken Biographie, Stuttgart 2003. – Am Beginn dieses Kapitels werden Formulierungen von Christ 406–407 wieder aufgenommen.

[2] Cassius Dio 13, frg. 54, 10.

[3] Siehe zum Beispiel G. Charles-Picard, Le portrait d'Hannibal: hypothèse nouvelle, in: Studi Annibalici, 195–207.

[4] In dem Büchlein von G. Audisio, Hannibal, Paris 1961, das vor allem durch die Wiedergaben wenig bekannter Hannibal-Bilder aus Miniaturen des Mittelalters und der Neuzeit sowie durch die Zusammenstellung weiterer Hannibal-Bildnisse in Medaillen, Gobelins und Zeichnungen anregend ist, wurde dieser Aspekt besonders betont.

[5] Livius 21, 4, 5–9.

X. Karthagos Untergang

[1] Siehe zu diesem Kapitel insbesondere: B. L. Hallward, The Fall of Carthage, in: CAH Band 8, Cambridge 1930, 466–484; G. Walter, La destruction de Carthage, Paris 1947; Huß 425–435; W. V. Harris, Rome and Carthage, in: CAH Band 8, Cambridge [2]1989, 142–162; Bringmann 145 ff.

[2] Grundlegend: W. Hoffmann, Die römische Politik des 2. Jahrhunderts und das Ende Karthagos, Historia 9, 1960, 309–344.

[3] P. G. Walsh, Massinissa, Journal of Roman Studies 55, 1965, 149–160; H. W. Ritter, Rom und Numidien, Lüneburg 1987.

[4] Polybios 36, 16.

[5] M. Gelzer, Nasicas Widerspruch gegen die Zerstörung Karthagos, Philologus 86, 1931, 261–299.

[6] Siehe dazu Hoffmann (Anm. 2).

[7] Harris (Anm. 1) 147–148; dort wird auch auf das beträchtliche Anwachsen der Bevölkerungszahl Karthagos hingewiesen.

[8] Ebd. 155.

[9] Th. Mommsen, Römische Geschichte, Band 2, Berlin ^{9}1903, 27.

[10] H. H. Scullard, Scipio Aemilianus and Roman Politics, Journal of Roman Studies 50, 1960, 59–74; A. E. Astin, Scipio Aemilianus, Oxford 1967; M. Zahrnt, Publius Cornelius Scipio Aemilianus – der intrigante Enkel, in: K.-J. Hölkeskamp u. E. Stein-Hölkeskamp (Hrsg.), Von Romulus zu Augustus, München 2000, 159–171.

[11] Appian, Karthagisches Buch 128–130.

[12] Th. Mommsen, Römische Geschichte, Band 5, Berlin 1885, 623.

[13] M. Bénabou, La résistance africaine à la romanisation, Paris 1976; W. Röllig, Das Punische im Römischen Reich, Bonner Jahrbücher 40, 1980, 285–299; M. Le Glay, Les premiers temps de la Carthage romaine, in: Histoire et Archéologie de l'Afrique du Nord, Paris 1985, 235–247; G. Picard, La Civilisation de l'Afrique romaine, Paris 21990.

[14] K. Christ, Sulla, München ^{2}2003.

Abkürzungen

ANRW	Aufstieg und Niedergang der Römischen Welt. Hrsg. von H. Temporini und W. Haase. Berlin 1972 ff.
Bagnall	N. Bagnall, Rom und Karthago, Berlin 1995.
Barceló	P. Barceló, Hannibal, München 1998.
Bringmann	K. Bringmann, Geschichte der Römischen Republik, München 2002.
CAH	The Cambridge Ancient History.
Christ	K. Christ (Hrsg.), Hannibal, Darmstadt 1974 (Wege der Forschung 371).
DNP	Der Neue Pauly, Stuttgart 1996 ff.
Huß	W. Huß, Geschichte der Karthager, München 1985 (Handbuch der Altertumswissenschaft 3, 8).
Lancel	S. Lancel, Hannibal, Düsseldorf 2000.
Le Bohec	Y. Le Bohec, Histoire militaire des guerres puniques, Paris 1996.
RE	Pauly's Real-Encyclopädie der classischen Altertumswissenschaft.
Seibert	J. Seibert, Hannibal, Darmstadt 1993.
Seibert, Feldherr	J. Seibert, Hannibal. Feldherr und Staatsmann, Mainz 1997.
Seibert, Forschungen	J. Seibert, Forschungen zu Hannibal, Darmstadt 1993.
Studi Annibalici	Studi Annibalici. Atti del Convegno svoltosi a Cortona – Tuoro sul Trasimeno – Perugia. Ottobre 1961, Cortona 1964 (Accademia Etrusca di Cortona, Annuario 12, 1961–4).
Walbank	F. W. Walbank, A Historical Commentary on Polybius, 3 Bände, Oxford 1957–79.

Literatur

Ameling, W., Karthago. Studien zu Militär, Staat und Gesellschaft, München 1993.
Andreosi, M. (Hrsg.), Die Phönizier, Hamburg 1988.
Astin, A. E., Scipio Aemilianus, Oxford 1967.
Bagnall, N., Rom und Karthago, Berlin 1995.
Barceló, P. A., Karthago und die Iberische Halbinsel vor den Barkiden, Bonn 1988.
Barceló, P. A., Hannibal, München 1998.
Bellen, H., Metus gallicus – metus punicus, Mainz 1985.
Bender, P., Untersuchungen zur Vorgeschichte des 2. Punischen Krieges, Diss. Hamburg 1954.
Berve, H., König Hieron II, München 1959.
Bleckmann, B., Die römische Nobilität im Ersten Punischen Krieg, Berlin 2002.
Bringmann, K., Geschichte der Römischen Republik, München 2002.
Briscoe, J., The Second Punic War, in: CAH Band 8, Cambridge ²1989, 44–80.
Brizzi, G., Annibale. Strategie e immagine, Spoleto 1984.
Brizzi, G., Studi di Storia Annibalica, Faenza 1984.
Bunnens, G., L'expansion phénicienne en Méditerranée, Brüssel 1979.
Camps, G., Aux Origins de la Berberie. Massinissa ou les débuts de l'histoire, Libyca 8,1, 1960.
Carcopino, J., Grandeur et Faiblesses d'Hannibal, in: ders., Profils des Conquérants, Paris 1961, 109–237.
Carradien, I. A. u S. La Niece, The Libyan War and Coinage, NC 1988, 33–52.
Charles-Picard, G., Das wiederentdeckte Karthago, Frankfurt 1957.
Charles-Picard, G., Hannibal, Paris 1967.
Charles-Picard, G. und C., Karthago. Leben und Kultur, Stuttgart 1983.
Christ, K. (Hrsg.), Hannibal, Darmstadt 1974.
Christ, K., Hannibal und Scipio Africanus, in: ders., Römische Geschichte und Wissenschaftsgeschichte, Band 1, Darmstadt 1982, 1–15.
Cintas, P., Manuel d'archéologie punique, 2 Bände, Paris 1970–6.
Clemente, G. u. a. (Hrsg.), Storia di Roma, Band 2,1, La repubblica imperiale, Turin 1990.
Combet, B. Farnoux, Les guerres puniques, Paris 1960.
Cornelius, F., Cannae, Leipzig 1932 (ND 1963).
Cornell T. u. a. (Hrsg.), The Second Punic War: A Reappraisal, London 1996.
De Beer, G., Alps and Elephants, London 1955.
De Beer, G., Hannibal. Ein Leben gegen Rom, München 1970.
De Sanctis, G., Storia dei Romani, Band 3,2, Florenz ²1968.
Devijver, H. u. E. Lipinski (Hrsg.), Punic Wars, Löwen 1989.
Eckstein, A. M., Senate and General. Individual Decising-making and Roman Foreign Relations 264–194 B.C., Berkeley 1987.
Egelhaaf, G., Hannibal, Stuttgart 1922.
Ehrenberg, V., Karthago, Leipzig 1927.

Eucken, H. C., Probleme der Vorgeschichte des 2. Punischen Krieges, Diss. Freiburg 1968.
Fantar, M., Carthage. Approche d'une civilisation. 2 Bände, Tunis 1993.
Frederiksen, M., Campania, Oxford 1984.
Gabba, E. u. G. Vallet (Hrsg.), La Sicilia antica, Band 2,1, Neapel 1980.
Gehrke, H.-J., Die Römer im Ersten Punischen Krieg, in: J. Spielvogel (Hrsg.), Res Publica Reperta, Stuttgart 2002, 153–171.
Geus, K., Prosopographie der literarisch bezeugten Karthager, Löwen 1994.
Grimal, P., Le siècle des Scipions, Paris ²1975.
Groag, E., Hannibal der Politiker, Wien 1929 (ND Rom 1967).
Gruen, E., The Hellenistic World and the Coming of Rome. 2 Bände, Berkeley 1984.
Gsell, S., Histoire ancienne de l'Afrique du Nord. 8 Bände, Paris 1914–1928 (ND Osnabrück 1972–79).
Händl-Sagawe, U., Der Beginn des 2. Punischen Krieges. Ein historisch-kritischer Kommentar zu Livius Buch 21, München 1995.
Hampl, F., Zur Vorgeschichte des ersten und zweiten Punischen Krieges, in: ANRW 1,1, Berlin 1972, 412–441.
Hans, L.-M., Karthago und Sizilien, Hildesheim 1983.
Harris, W. V., War and Imperialism in Republican Rome, 327–70 B.C., Oxford 1979.
Harris, W. V., Rome and Carthage, in: CAH Band 8, Cambridge ²1989, 142–162.
Hennebert, E., Histoire d'Annibal, 3 Bände, Paris 1870–91.
Hennig, R., Terrae Incognitae, Band 1, Leiden ²1944.
Hölkeskamp, K.-J. u. E. Stein-Hölkeskamp (Hrsg.), Von Romulus zu Augustus, München 2000.
Hoffmann, W., Livius und der zweite punische Krieg, Leipzig 1942.
Hoffmann, W., Die römische Politik des 2. Jahrhunderts und das Ende Karthagos, Historia 9, 1960, 308–344.
Hoffmann, W., Hannibal, Göttingen 1962.
Hoyos, D., Unplanned Wars. The Origins of the First and Second Punic Wars, Berlin 1998.
Huß, W., Geschichte der Karthager, München 1985.
Huß, W. (Hrsg.), Karthago, Darmstadt 1992.
Huß, W., Karthago, München 1995.
Jahn, J., Karthago und Nordafrika (Literaturüberblick der griechischen Numismatik), Chiron 7, 1977, 411–485.
Jenkins, G. K. u. R. B. Lewis, Carthaginian Gold and Electrum Coins, London 1963.
Jenkins, G. K., Coins of Punic Sicily, Schweizerische Numismatische Rundschau 50, 1971, 25–78; 53, 1974, 23–41; 56, 1977, 5–65.
Kahrstedt, U., Geschichte der Karthager von 218–146, Berlin 1913.
Katzenstein, H. J., The History of Tyre, Jerusalem 1973.
Klotz, A., Zu Hannibals Alpenübergang, Erlangen 1925.
Koch, M., Tarschisch und Hispanien, Berlin 1984.
Koch, M., Karthago und Hispanien in vorbarkidischer Zeit, Madrider Mitteilungen 41, 2000, 162–177.

Koch, M., Überlegungen zur Geschichte der Iberischen Halbinsel im 1. Jahrtausend v. Chr., in: T. Ulbert (Hrsg.), Hispania Antiqua, Mainz 2001, 235–274.
Kolbe, W., Die Kriegsschuldfrage von 218 v. Chr. Geb., Heidelberg 1934.
Krings, V. (Hrsg.), La Civilisation phénicienne et punique. Manuel de recherche, Leiden 1995.
Kromayer, J., Hannibal als Staatsmann, Historische Zeitschrift 103, 1909, 237–273.
Kromayer, J. u. G. Veith, Antike Schlachtfelder, Band 3, 1 und 2, Berlin 1912.
Kukofka, D.-A., Süditalien im Zweiten Punischen Krieg, Frankfurt 1990.
Lancel, S., Carthage, Paris 1992.
Lancel, S., Hannibal, Düsseldorf 2000.
Lapeyre, G.-G. u. A. Pellegrin, Carthage punique (814–146 avant J.-C.), Paris 1942.
Lazenby, J. F., Hannibal's War, Warminster 1978.
Lazenby, J. F., The First Punic War, London 1996.
Le Bohec, Y., Histoire militaire des guerres puniques, Paris 1995.
Lehmann, K., Hannibals letzter Kriegsentwurf, Leipzig 1908.
Lehmann, K., Das Cannae-Rätsel, Klio 24, 1931, 70–99.
Liddel Hart, B. H., Der Feldherr. Die Taten des Publius Cornelius Scipio Africanus, München 1938.
Ludovico, B. D., La battaglia di Canne, Rom 1958.
Mantel, N., Poeni foedifragi. Untersuchungen zur Darstellung römisch-karthagischer Verträge zwischen 241 und 201 v. Chr. durch die römische Historiographie, München 1991.
Marchetti, P., Histoire économique et monétaire de la deuxième guerre punique, Brüssel 1978.
Mazzarino, S., Introduzione alle guerre puniche, Catania 1947.
Meyer, E., Hannibals Alpenübergang, Museum Helveticum 15, 1958, 227–241; 21, 1964, 99–102.
Meyer, Ed., Untersuchungen zur Geschichte des zweiten Punischen Krieges, in: ders., Kleine Schriften, Band 2, Halle [2]1924, 331–461.
Momigliano, A., Annibale politico, La Cultura 11, 1932, 61–72 = ders., Quinto contributo alla storia degli studi classici e del mondo antico, Band 1, Rom 1975, 333–345.
Mommsen, Th., Zama, in: ders., Gesammelte Schriften, Band 4, Berlin 1906, 36–48.
Moscati, S., Die Phöniker, Zürich 1966.
Moscati, S., I Fenici e Cartagine, Torino 1972.
Moscati, S., Die Karthager, Stuttgart 1984.
Neumann, C. u. G. Faltin, Das Zeitalter der punischen Kriege, Breslau 1883.
Nicolet, C., À Rome pendant la seconde guerre punique, Annales E.S.C. 18, 1963, 417–436.
Niemeyer, H. G., Das frühe Karthago und die phönizische Expansion im Mittelmeer, Göttingen 1989.
Niemeyer, H. G., Die frühe phönizische Expansion im Mittelmeer, Saeculum 50, 1999, 153–175.
Pais, E., Storia di Roma durante le guerre puniche, 2 Bände, Turin [2]1935.
Palmer, R. E. A., Rome and Carthage at Peace, Stuttgart 1997.

Panvini Rosati, F., La monetazione annibalica, in: Studi Annibalici, Cortona 1964, 167–180.
Parrot, A. u.a., Die Phönizier, München 1977.
Piganiol, A., La Conquête romaine, Paris [5]1967.
Proctor, D., Hannibal's March in History, Oxford 1971.
Rich, J. W., Declaring war in the Roman Republic in the Period of Transmarine Expansion, Brüssel 1976.
Richardson, J. D., Hispaniae. Spain and the Development of Roman Imperialism, 218–82 B.C., London 1986.
Ritter, H. W., Rom und Numidien, Lüneburg 1987.
Robinson, E. S. G., Punic Coins in Spain, in: Essays on Roman Coinage presented to H. Mattingly, Oxford 1956, 34–53.
Robinson, E. S. G., Carthaginian and Other South Italian Coinages of the Second Punic War, NC 1964, 37–64.
Rosenstein, N., Marriage and Manpower in the Hannibalic War, Historia 51, 2002, 163–191.
Roussel, D., Les Siciliens entre les Romains et les Carthaginois à l'époque de la première guerre punique, Paris 1970.
Scardigli, B., I Trattati Romano-Cartaginesi, Pisa 1991.
Scharff, A., Der Ausgang des Tarentinischen Krieges als Wendepunkt in der Stellung Roms zu Karthago, Diss. Rostock 1929.
Schlieffen, A. Graf von, Cannae, in: ders., Gesammelte Schriften, Band 1, Berlin 1913, 25–266.
Schmitt, T., Hannibals Siegeszug. Historiographische und historische Studien vor allem zu Polybios und Livius, München 1991.
Schwarte, K.-H., Der Ausbruch des zweiten punischen Krieges – Rechtsfrage und Überlieferung, Wiesbaden 1983.
Scullard, H. H., Scipio Africanus in the Second Punic War, Cambridge 1930.
Scullard, H. H., Roman Politics 220–150 B.C., Oxford 1951.
Scullard, H. H., Scipio Africanus. Soldier and Politician, London 1970.
Scullard, H. H., The Elephant in the Greek and Roman World, Ithaca N.Y., 1974.
Scullard, H. H., The Carthaginians in Spain, in: CAH Band 8, Cambridge 1930, 17–43.
Scullard, H. H., Carthage and Rome, in: CAH Band 7, 2, Cambridge [2]1989, 486–569.
Seibert, J., Hannibal, Darmstadt 1993.
Seibert, J., Forschungen zu Hannibal, Darmstadt 1993.
Seibert, J., Hannibal. Feldherr und Staatsmann, Mainz 1997.
Shean, J. F., Hannibal's mules: the logistical limitations of Hannibal's army and the battle of Cannae, Historia 45, 1996, 159–187.
Stepper, R., Roman-Carthaginian relations: from cooperation to annihilation, in: A. V. Hartmann u. B. Heuser (Hrsg.), War, Peace and World Orders in European History, London 2001,72–83.
Storm, E. (Hrsg.), Massinissa. Numidien im Aufbruch. Ein Forschungsbericht, Schriften der Wissenschaftlichen Gesellschaft an der J. W. Goethe-Universität Frankfurt am Main 16, Frankfurt am Main 2001.
Studi Annibalici, Cortona 1964.

Täubler, E., Die Vorgeschichte des zweiten punischen Krieges, Berlin 1921.
Tammler, U., Der römische Senat in der Zeit des Zweiten Punischen Krieges (218–201), Diss. Bonn 1971.
Thiel, J. H., A History of Roman Sea-Power before the Second Punic War, Amsterdam 1954.
Toynbee, A. J., Hannibal's Legacy, 2 Bände, Oxford 1965.
Ungern-Sternberg, J. von, Capua im Zweiten Punischen Krieg, München 1975.
Vogt, J. (Hrsg.), Rom und Karthago, Leipzig 1943.
Vogt, J., Das Hannibalporträt im Geschichtswerk des T. Livius und seine Ursprünge, Diss. Freiburg 1953.
Walbank, F. W., A Historical Commentary on Polybius, 3 Bände, Oxford 1957–79.
Wallinga, H. T., The Boarding-Bridge of the Romans, Groningen 1956.
Wallner, B., Die Kompetenzen der karthagischen Feldherrn, Frankfurt 1987.
Walsh, P. G., Massinissa, JRS 55, 1965, 149–160.
Warmington, B. H., Karthago, Wiesbaden ²1964.
Welwei, K.-W., Hieron II. von Syrakus und der Ausbruch des Ersten Punischen Krieges, Historia 27, 1978, 573–587.
Will, W., Mirabilior adversis quam secundis rebus. Das Bild Hannibals in der 3. Dekade des Livius, WJA 9, 1983, 157–171.
Zielinski, T., Die letzten Jahre des zweiten punischen Krieges, Leipzig 1880.

Zeittafel

Phöniker	
11. Jh. v. Chr.	Phönikische Städte (besonders Sidon, Tyros) gründen im westlichen Mittelmeer Handelsniederlassungen (Malta, Palermo, Biserta, Utica, Malaca, Gades)
Karthago	
ca. 814/2?	Gründung Karthagos
6. Jh.	Wichtigste Kolonie von Tyros im westlichen Mittelmeer; Schutzmacht der Phöniker auf Sizilien
Ende 6. Jh.	Erkundungsfahrten (Hanno – Westafrika; Himilko – Nordwesteuropa)
5. Jh.	Kämpfe mit den Griechen Siziliens
366	Friedensvertrag mit Dionysios II.
Rom und Karthago	
Mythos	Dido und Aeneas
5. Jh.	1. Römisch-Karthagischer Vertrag
348	2. Römisch-Karthagischer Vertrag
343	3. Römisch-Karthagischer Vertrag
306	4. Römisch-Karthagischer Vertrag
279/8	5. Römisch-Karthagischer Vertrag
1. Punischer Krieg	
265?	Karthagische Garnison in Messana
264	Römische Intervention
263	4 Legionen in Sizilien – Friedensschluss mit Hieron II.
262	Karthagische Truppen in Akragas
261	Fall von Akragas – Römischer Flottenbau
260	Seekrieg; Sieg des C. Duilius bei Mylae
256–254	Römische Invasion in Nordafrika
255	Römische Niederlage bei Tunes, Regulus gefangen
254	Evakuierung der römischen Truppen; Römische Flotte bei Camarina durch Sturm vernichtet
253	Römische Intensivierung des Landkrieges auf Sizilien
250	L. Caecilius Metellus schlägt Hasdrubal bei Panormos Lilybaion und Drepana erfolgreich verteidigt
249	Niederlage der römischen Flotte bei Drepana
248–244	Karthagische Plünderungen an den italischen Küsten
247–241	Hamilkar Barkas verteidigt den Westen Siziliens
241	Römischer Seesieg bei den Aegatischen Inseln – Friedensschluss
Hannibal	
247	Geburt Hannibals
241–238	Söldneraufstand vor Karthago

237	Hamilkar Barkas leitet die Spanien-Invasion
229	Tod Hamilkars – Sein Schwiegersohn Hasdrubal wird Nachfolger
227?	Anlage von Neukarthago
226/5	Ebrovertrag
221	Hasdrubals Tod – Hannibal wird dessen Nachfolger
219	Auseinandersetzung um Sagunt löst die römische Kriegserklärung aus
218	Hannibals Zug durch die Pyrenäen, zur Rhône, durch die Alpen Siege am Ticinus und an der Trebia
217	Schlacht am Trasimenischen See – Cn. und P. Scipio in Spanien
216	August: Schlacht bei Cannae; Abfall verbündeter italischer Städte von Rom, besonders Capua
215	Bündnis Hannibals mit Philipp V. von Makedonien; Syrakus tritt auf die Seite Karthagos
213/2	Belagerung von Syrakus; Hannibal nimmt Tarent
211	Hannibals Vorstoß auf Rom; Capua fällt Niederlage der Scipionen in Spanien
210	Der junge P. Cornelius Scipio erobert Neukarthago
209/8	Scipio siegt bei Baecula; Q. Fabius Maximus nimmt Tarent; Hannibals Bruder Hasdrubal zieht nach Italien
207	Untergang Hasdrubals am Metaurus
206	Sieg Scipios bei Ilipa; Ende der Barkidenherrschaft in Spanien
204/3	Scipios Landung in Nordafrika; Sieg an den Großen Ebenen; Hannibal räumt Italien
202	Scipio siegt bei Zama
201	Römisch-karthagischer Friedensschluss
199	Hannibals Absetzung
196	Wahl Hannibals zum Sufeten; Steuerreform
195	Hannibals Flucht zu Antiochos III.
193/189	Militärischer Berater des Antiochos III. in dessen Kampf gegen Rom
189/7	Zuflucht in Gortyn (Kreta) und beim armenischen König Artaxias
186	Zuflucht bei König Prusias von Bithynien, Teilnahme an dessen Kämpfen gegen Pergamon
183	Freitod Hannibals – Scipio Africanus gestorben
150	Sieg Massinissas über Karthago
149–146	3. Punischer Krieg
146	Untergang Karthagos – Römische Provinz Africa

Register

Abbildungsnachweis

Abb. 1: Die phönizisch-punische Welt im westlichen Mittelmeeraum. DNP Band 9, hrsg. von H. Cancik und H. Schneider, Sp. 923f., s.v. „Phönizier, Punier". Stuttgart 2000, J. B. Metzlersche Verlagsbuchhandlung und Carl Ernst Poeschel Verlag GmbH.

Abb. 2: Punische Küstenbebauung. Aus: F. Rakob, Die internationalen Ausgrabungen in Karthago (1985), in: W. Huß (Hrsg.), Karthago, Darmstadt 1992, 61, Abb. 10.

Abb. 3: Karthago im 3. und 2. Jahrhundert v. Chr. Aus: W. Huß, Karthago, München 1995, 17.

Abb. 5: Hieron II. Hirmer Verlag Foto-Archiv.

Abb. 6: Corvus. CAH Band 7, 2, Cambridge ²1989, 551.

Abb. 8: Die Iberische Halbinsel zur Zeit Hannibals. Aus: P. Barceló, Hannibal, München 1998, 23.

Abb. 9: Hannibals Zug nach Italien. Aus: ebd. 52.

Abb. 10: Hannibals Alpenübergang. Skizze von K. Strobel in W. Huß, Geschichte der Karthager, München 1985, 301.

Abb. 11: Trasimenischer See. N. Bagnall, Rom und Karthago, Berlin: Siedler Verlag 1995, 226. Peter Palm, Berlin.

Abb. 12: Cannae. Skizze von K. Strobel bei W. Huß, Geschichte der Karthager, München 1985, 329.

Abb. 13: Philipp V. Hirmer Verlag Foto-Archiv.

Abb. 14: Gelon II. Hirmer Verlag Foto-Archiv.

Abb. 15: Hieronymos. Hirmer Verlag Foto-Archiv.

Abb. 17: Scipio Africanus. Bildarchiv Foto Marburg (Aufn. 1213.294).

Abb. 19: Roma und Dioskuren. Hirmer Verlag Foto-Archiv.

Abb. 20: Nordafrika in der letzten Kriegsphase. Barceló, Hannibal 85.

Abb. 21: Porträts des Massinissa und des Syphax. Aus: Y. Le Bohec, Histoire militaire des guerres puniques, Paris 1995, 239.

Abb. 22: Afrika 204–202 v. Chr. – J. Seibert, Hannibal, Darmstadt 1993, Karte 7.

Abb. 24: Stationen der Flucht Hannibals. Barceló, Hannibal, 104.

Abb. 25: Antiochos III. Hirmer Verlag Foto-Archiv.

Abb. 26: Prusias I. Hirmer Verlag Foto-Archiv.

Abb. 27: T. Quinctius Flamininus. Hirmer Verlag Foto-Archiv.

Abb. 28: Marmorbüste Hannibals? Archiv für Kunst und Geschichte, Berlin.

Abb. 29: Marmorherme der Villa Albani, Rom. Brunn-Bruckmann's Denkmäler griechischer und römischer Skulptur Nr. 280.

Abb. 30: Bronzebüste aus Volubilis. Ny Carlsberg Glyptotek, Copenhagen.

Abb. 31: Porträt Hannibals? DAI Rom (Neg.-Nr. 52.170).

Abb. 32: Silbermünzen aus Spanien. Hirmer Verlag Foto-Archiv.

Abb. 34: Plan Karthagos. Aus: Le Bohec 297.